我国城镇化进程中
失地农户劳动供给决策
与就业发展研究

陈　浩◎著

中国财经出版传媒集团

经济科学出版社

Economic Science Press

图书在版编目（CIP）数据

我国城镇化进程中失地农户劳动供给决策与就业发展研究/
陈浩著 . —北京：经济科学出版社，2019.5
ISBN 978 - 7 - 5218 - 0418 - 8

Ⅰ.①我… Ⅱ.①陈… Ⅲ.①土地征用 - 农民 - 劳动
就业 - 研究 - 中国 Ⅳ.①F323.6

中国版本图书馆 CIP 数据核字（2019）第 055997 号

责任编辑：周国强
责任校对：王肖楠
责任印制：邱 天

我国城镇化进程中失地农户劳动供给决策与就业发展研究
陈 浩 著
经济科学出版社出版、发行 新华书店经销
社址：北京市海淀区阜成路甲 28 号 邮编：100142
总编部电话：010 - 88191217 发行部电话：010 - 88191522
网址：www. esp. com. cn
电子邮件：esp@ esp. com. cn
天猫网店：经济科学出版社旗舰店
网址：http://jjkxcbs. tmall. com
固安华明印业有限公司印装
710 × 1000 16 开 15.5 印张 290000 字
2019 年 5 月第 1 版 2019 年 5 月第 1 次印刷
ISBN 978 - 7 - 5218 - 0418 - 8 定价：78.00 元
（图书出现印装问题，本社负责调换。电话：010 - 88191510）
（版权所有 侵权必究 打击盗版 举报热线：010 - 88191661
QQ：2242791300 营销中心电话：010 - 88191537
电子邮箱：dbts@esp. com. cn）

前　　言

　　推进新型城镇化战略是我国新时期引领社会经济改革发展的重要方略，新型城镇化战略的核心是实现人的城镇化发展。失地农民是伴随城镇化农地征用所形成的一类特殊转型群体，推动失地农民的可持续发展和市民化转型是衡量新型城镇化质量水平的核心标志。就业是民生之本，同时也是个体重要的发展能力，促进失地农民的有效就业增长对于保障其家庭可持续生计水平和提升转型发展能力至关重要。然而，在当前城镇化制度变迁背景下，不同失地农民之间显现出显著的就业发展差距与分化特征，久之将引致这一群体分化风险。造成失地农民就业分化的原因固然很多，除了受到征地变化这一重要外部环境因素的直接拉力影响之外，更可能存在着某种内在推力因素的关键作用。依据农户理论观点，农民个体就业行为是由农户家庭内部劳动供给决策机制所内生决定的。因此，选择从家庭劳动决策角度，深入研究城镇化背景下失地农户劳动供给决策变迁机制与决策模式的异化效应，将有利于深度把握和诠释失地农户家庭成员的就业分化发展特性和演变规律，具有重要的理论研究价值和现实意义。

　　本书以新时期我国深入推进新型城镇化战略为研究背景，以适应新型城镇化要求下促进失地农民有效就业发展为研究定位，立足国内外理论研究前沿，基于家庭劳动决策视角，循着"家庭决策要素→农户劳动供给决策模式→成员就业行为"的基本研究逻辑与主线，构筑了一个基于城镇化征地进程中家庭劳动供给决策转型异化效应下的失地农户就业结构分化与行为演化的理论架构，深入剖析了其中的内在机理与影响因素，提出了"由家庭劳动决策模式的异化是推动失地农户就业分化演变发展的内在驱动力，而家庭人力资本与征地政策构成了影响失地农户劳动决策模式选择的内部和外部两层重要因素"这一核心研究观点；进而运用全国 2294 个农户实地调查数据，对东、中、西部不同地区征地前后的农户家庭就业结构分化和就业形态变化状况进行了比较分析,在此基础上开发出一套失地农户劳动决策模式类型的测度量表模型,并对样本地区失地农户劳动供给决策模式类型及其特征进行了测度分析,进一步运用多元 Logistic 模型实证研究了影响失地农户劳动决策模式类型选择的因素体系;重点从静态和动态不同角度,分别运用质性案例法和演化博弈法等方法,对失地农户劳动供给模式的异化演变与农户家庭就业结构分化及成员就业行为演化之间的内在关系进行深入探讨,研究结果充分支持与验证了本课题的核心观点和相关假设;最后,从把握和引导失地农户劳动供给决策模式出发,提出了短期和长期促进失地农民有效就业发展的战略思路与政策建议。

本书形成的相关研究成果,丰富拓展了农户劳动供给、失地农民就业等领域的理论研究,具有较好的理论创新;同时对有关部门围绕扶持失地农户积极就业发展的公共决策,也有一定的参考价值,有助于深度推进新型城镇化发展。

目 录
CONTENTS

第 1 章

导　　论

1.1　问题的提出与研究意义

改革开放以来，基于国情特点，中国城乡转型过程走了一条以农村工业化与城镇化为核心的非农化发展模式，而伴随之的是持续的农地非农化征用行为，由此导致了具有中国特色的失地农民群体的形成及其规模持续拓展。根据《中国改革开放 30 年国土统计报告》统计，1987～2001 年期间，全国非农建设占用耕地共 3395 万亩，估计至少有 3400 万农民因此完全失去或部分失去土地。而进入"十二五"以来，随着国家确立以新型城镇化作为推动新时期经济增长和城乡结构转型的重要载体（马晓河，2012），由城镇化进一步加速了农村非农化发展进程，大量农业用地被非农化征地，导致失地农民的规模数量持续攀升。据中科院地理科学与资源研究所刘彦随（2015）测算，截至 2014 年底，我国城市建设用地达 3500 万公顷，约为 5.25 亿亩，而农村的建设用地是这一数字的 4 倍，由农地征用所形成的失地、半失地农民数累计已达 1.12 亿人以上。如果照此速度下去，预计 2030 年我国失地农民将达到 1.8 亿人，其中约有 8000 万人将面临不同程度的生存困境。失地农民具有典型的转型时期社会群体特征，显然，面对如此庞大的失地农民群体，如何妥善解决其个体及家庭生计保障与转型发展问题，其意义重大。而只有积极稳妥地解决失地农民的可持续生计保障问题，增强其非农化转型发展能力，才能有助于实现从传统农民向现代市民的成功转型，从而为新时期新型城镇化战略的纵深化发展创造良好的条件，同时对防范、化解转型期社会矛盾和维系社会稳定也具有重要意义。

就业是民生发展之本，相比一般社会保障而言，就业具有某种"积极主动保障"效应,在农民非农化转型的进程中,非农就业发展发挥了极其重要的推动作用,对此,经典发展经济学理论深入阐释了农民就业结构由农业向非农就业转移过程是城乡二元结构转型发展的重要动力,而大量研究也表明,由非农就业及其形成的综合福利效应,也构成了推动迁移农民最终获得城市市民化生存所必需的经济能力、社会能力与心理能力的核心前提和基础。因此,从根本上讲,构筑失地农民的有效就业特别是非农就业的发展机制,这是促进失地农民平稳转型进而最终市民化发展的关键环节与长效之策,也是体现以人为本的新型城镇化发展的战略要求。

然而,初步调查显示,当前不同失地农民在征地前后的就业发展状况变化呈现出显著的差异性特征:一方面,就业模式的变化。一些原先从事纯农业或者兼业等涉农就业的农户家庭直接受到征地的冲击,这些家庭成员面临着从涉农向非农的就业模式转型,但也可能陷入失业状态;另一方面,则是农民就业结构和行为的变化。伴随征地过程及其政策效应,不同农户家庭成员的就业行为也发生某种变迁,特别是那些征地前已从事非农就业的成员,其征地后围绕着劳动参与率、劳动时间、就业形态、职业层次以及工资收入等诸多方面呈现显著分化演变态势。

那么,为什么不同失地农民的就业发展会存在显著的差异和分化特征?除了受到征地这一重要外部环境变迁的拉力因素影响之外,是否存在着某种内在推力机制?这种内在推力机制的内涵与机理何在?其形成演变的核心动因是什么?对失地农民就业结构的静态影响效应如何?进一步考察,内在推力和外在拉力因素的相互演进作用是否构成对失地农民就业行为的持续动态影响?这构成了本书力图解决的核心问题。

按照劳动供给理论,个体就业行为是其主体基于外部环境约束下的自我劳动供给决策行为,家庭学派认为,家庭是个体的最基本组织单位,家庭行为会显著影响到个体行为,而农户理论则认为,农民个体就业行为安排将由农户家庭内部劳动供给决策机制内生地决定。由于农户家庭是个微观经济组织系统,农户决策者(一般为户主)将基于既有家庭经济资源等约束条件下,以谋求家庭整体收益极大化和风险极小化为目标配置家庭劳动资源,形成家庭内部劳动分工决策(Stark,1989)。受禀赋条件不同和农户决策者异质性影响,既定时点下,不同农户家庭的劳动供给决策机制及其模式存在差异,从而体现为静态视角下不同农户家庭成员的劳动参与率和劳动就业模式的分化;而与此同时,农户家庭劳动供给决策模式也受到外部环境变化影响而不断演变,这将推动农户成员就业发展形态的持续动态演化。因此,研究农户家庭劳动供给决策与失地农民就业发展关系问题具有重要的理论价值。

　　土地既是农户家庭的重要经济资源，也是一些农户家庭成员的主要就业资源。在当前我国城镇化制度变迁的背景下，伴随城镇化发展的农地征用行为，农户家庭的农地资产面临着不同方式的置换和转化，这不仅将改变农户经济结构与经济行为，同时也将构成对农户劳动供给决策的深度影响，而值得注意的是，受不同农户资源禀赋与家庭决策机制差异的影响，城镇化征地发展对不同失地农户家庭的劳动供给决策行为也存在显著偏差效应，不同失地农户将形成不同类型的劳动决策模式，既有积极类型的，也有消极类型的，而基于差异化的劳动决策模式将导致不同失地农户就业结构及其就业发展的深度分化。因此，有必要从失地农户的实际出发，通过深入研究城镇化变迁下不同失地农户家庭的劳动供给决策演变及其决策模式类型的形成与作用机制，将有利于深度诠释当前不同失地农民就业参与行为和就业形态差异的形成内因，进而探寻一套基于促进失地农户劳动决策模式的转型升级，以实现失地农民非农就业长效化发展的战略思路和实施体系，这对相关部门来说也具有极其重要的现实迫切性。

　　基于此，本书选择基于家庭劳动决策视角，深入研究城镇化征地背景下农户劳动供给决策模式类型及其形成机制，从静态和动态等不同角度，实证分析失地农户不同劳动供给决策类型与家庭就业结构分化及成员就业行为演变的内在关系，进而探讨新时期促进失地农户就业发展与城镇市民化转型的短期/长期路径和公共政策，具有重要的理论和现实意义。

1.2　相关研究述评及未来研究方向

1.2.1　相关研究述评

　　失地农民是特定国家或地区在城乡转型发展进程中伴随农地非农化征用所产生的一类特殊农民形态。西方最早的失地农民问题源于英国的"圈地运动"，但发达国家由于普遍没有户籍制度和城乡二元体制分割，且存在高度发达的市场经济环境，土地产权私有化，使得被征地农民在就业等经济决策和迁移方面较少受到制约，农民征地过程具备某种"诱致性"制度特征。因此，国外学者对失地农民问题的关注，主要集中于征地市场化背景下的农民权益博弈与契约行为及其后续市民化发展问题；而我国失地农民问题的形成则是受到长期存在的户籍与城乡分割体制以及"自上而下"的工业化及城镇化征地等"强制性"制度变迁的双重制约，这使得我国失地农民问题更为突出和复杂，涉及面更广，涵盖从征地制度、征地权益、补偿安置、就业发展、社会保障、适应性以及市民化转型等多方面领域。近年来形成了大量的相关研究文献，基于本书研究目的，这里仅作一粗线条的国内外关于失地农民问题研究综述。

1.2.1.1 征地制度及对失地农民的影响

国外学者研究发现，私有化土地改革将恶化农民贫困水平。例如，费恩赛德（Fearnside，2001）通过对拉丁美洲的研究认为，土地改革不够彻底和完善，使农民的贫困问题难以解决，甚至进一步恶化土地分配的不平等。赫林（Herring，1999）主张土地改革应该以效率和公平为价值导向，坚持有利于提高土地生产率和增加社会财富的持久变革战略。贝里（Berry，2010）认为土地产权和利益分配的不公平将会导致经济运行的扭曲，加剧整个社会的不公平，而明确公平、合理的土地产权将会促进土地的合理利用和相应技术的进步，刺激对土地的投资，增加土地交易机会，减少贫穷，有利于整个社会经济的发展和稳定。国内学者研究认为，现有土地产权与征地制度的不合理是造成失地农民征地权益受损的根源。例如，徐金燕和陆自荣（2011）认为土地产权不清晰、征地范围不明确、征地权行使和征地补偿不规范及农民社会保障制度的缺失，导致失地农民权益受损；文学禹（2009）主要从土地产权主体不明确、现行土地征用补偿制度的缺陷、地方政府政绩和经济利益的驱动、忽视农民的社会政治角色等方面阐述失地农民权益缺乏保障的原因；杨继瑞（2013）系统梳理分析了我国征地制度的变革脉络及其影响；程怀儒（2014）认为解决失地农民权益受损的关键在于变革当前征地方式，并且运用市场机制建立共同的利益分享模式，着力构建失地农民权益保护的长效机制。

1.2.1.2 失地农民征地补偿和权益保障

侧重研究农地非农化过程中农民征地补偿权益状况与福利水平问题。布鲁姆（Blume，2001）等从假设政府征用土地是以社会福利最大化为决策来源的角度，提出了零补偿观点。费舍尔和夏皮罗（Fischel&Shapiro，1999）提出在政府依据福利最大化对土地进行征用的情形下，补偿标准应相当于农地非农化市场价值的一部分。埃德·诺萨（Ed Nosal，2007）提出了一个可能存在私人激励和非社会最优情况下的政府征用地决策模型——补偿模型，这个模型在于执行社会最优分配的税收，揭示了被征地者应该得到完全的市场价值模型。

国内一些学者对征地中的失地农民权益受损状况进行了分析。周其仁（2001）、朱明芬（2003）、钱忠好（2007）、臧俊梅和王万茂（2008）等分别从非农开发模式、农地产权缺陷、征地补偿安置方式等不同视角，解释了征地过程中征地农民经济社会权益受损状况及其解决对策。任凤莲（2009）指出我国征地补偿中存在四个问题：一是农地产权模糊不清，补偿受益主体不明；二是征地补偿范围过窄，相关权利补偿不足；三是征地补偿标准较低，长远生计难以维持；四是利益分配不尽合理，严重侵害受偿权利。

针对失地农民权益受损的原因方面。王小宁（2010）基于权利—支配模式，通过分析征地过程中有关利益主体在交易过程中的博弈来探析失地农民权益受损的原因：一是政府缺乏对征地行为的有效监督和约束；二是农民处于弱势地位的土地出让行为。王俊凤（2012）认为深层次的权利失衡导致农民权益受损。陈美球、黄靓和王亚平（2009）通过对江西省 7 个镇的失地农户的调查，其研究结果表明对土地征用制度政策的了解较为模糊，安置补偿工作不透明是矛盾中的焦点。费玲玲（2013）以安徽省为例，分析现行失效的征地安置补偿制度的存在是产生一系列问题的原因。李明月和胡竹枝（2008）认为安置不好、补偿过低、补偿标准有失公平是造成一系列问题的主要原因，由此导致失地农民对安置制度的不满意。

在化解失地农民权益受损的对策方面。安民兵（2013）指出必须通过一系列法律和制度充分保障失地农民的权益；金晶和张兵（2010）认为要改革现有的征地补偿安置方式，应结合失地农民安置补偿模式的意愿表达，构建以社会保障基金为基础，以养老、医疗、就业和最低生活保障为核心内容的多元化安置补偿模式；王晓刚（2014）提出要结合多种安置方式以取代单一货币补偿安置，解决失地农民的可持续生计。

1.2.1.3　失地农民的就业发展问题

失地对农民的就业影响方面。李富田（2005）、朱冬梅（2008）认为被征地农民是社会就业弱势群体，失地将带来失业，因此要构建社会支持网给予就业扶助。李琴和孙良媛（2009）等研究认为，教育、培训等人力资本投资有助于降低被征地农民非自愿性失业风险。陈浩等（2013）通过对长三角地区 858 户失地农民调研数据进行实证研究，研究发现征地后农民就业状况发生显著变化，总体上失地农民的短期非农收入和养老保障水平得到了一定改善，其中对中低层农民的改善效应尤为明显，但在就业模式和非农职业层次方面呈现出显著分化态势。翟年祥等（2012）也指出由于政府和企业的就业安置能力有限，失地农民就业渠道狭窄，随着城市化的不断推进和征地拆迁规模的扩大，务农、务工两大就业容量大幅度下降。黄建伟（2010）深入失地农民家庭进行结构性访谈发现失地前后就业特征有所变化并存在一些问题：就业岗位更换频繁、维权意识薄弱、就业前景不乐观、市场导向意识不强、自主创业障碍较多、金融支持力度不够。

失地后的农民就业发展。谢勇（2010）、李飞（2010）分析了被征地农民的再就业行为，认为人力资本、社会资本对被征地农民的职业获得具有显著影响。而张晖和温作民（2012）认为，适量的拆地补偿有助于促进被征地农民创业。王晓刚（2012）分析认为目前失地农民的就业现状表现为数量巨大且分布不均，就业渠道狭窄，收入缺乏稳定性，隐性失业显性化，就业意愿差异较大等方面，就业难本质上是农村土地产权制度、征地安置政策等制度设计与制度安排的缺陷。王勇等（2011）也指出再就业率低，就业渠道狭窄，就业质量不高和就业环境不良是失地农民就业所遭遇的困境，而政府决策失误、就业岗位不足和自身素质不高是导致失地农民就业困难的主要原因。马继迁等（2015）研究得出人力资本对失地农民的工作获得具有显著的正向影响，而政治资本对失地农民的工作获得则产生明显的负向影响。

1. 2. 1. 4　失地后农民的社会融入及适应性

王慧博（2011）认为失地农民的社会融入尚未完成，主要体现在：一是生产方式的融入不顺利，失地农民市民化的经济基础不牢靠；二是生活方式难以融入城市生活，失地农民市民化的社会基础有障碍。李倩等（2012）通过对失地农民社会交往考量的分析后发现，失地农民在进入城市后呈现出未能适应城市社会交往规则的现象特征，同时指出分类观念下的内倾性交往是失地农民不能适应城市社会交往规则的深层原因，也是失地农民市民化困境的症结所在。李飞等（2011）基于江苏省扬州市两个失地农民社区的调查发现失地农民的社会交往认知变迁缓慢，未能完全内化城市社会交往规则，呈现出认知变迁滞后于行为本身的变迁。冀县卿等（2011）利用 469 户失地农民的调查数据发现，人力资本不足、物质资本缺乏、社会资本薄弱是失地农民城市适应性较差的主要原因。吴秀娟等（2009）抽样调查苏北地区，发现失地农民的心理健康问题严重，且失地农民的心理健康存在个体差异，职业、年龄、性别、受教育程度、婚姻及家庭状况、社会保障状况、个人生活习惯、与社会的联系是影响失地农民心理健康的因素。王彩芳（2013）通过对 J 市三个安置小区的调查，发现失地农民的社会交往网络依然保持着农村熟人社会人际交往的内倾化、同质化特征，与城市开放式、多样化交往存在较大差距。韩丹（2011）对南京市栖霞区幕府山庄社区调查发现，44.8％ 的失地农民社会关系纽带仍以血缘、地缘为主，沿袭着传统乡村社会的特色。

1.2.1.5　失地农民市民化发展及其障碍

国外学者侧重对城镇化中农民向市民转变问题进行研究。从马克思主义经典社会学的社会阶级理论到韦伯"三位一体"社会分层模型再到吉登斯（A. Giddens）、英克尔斯（Alex Inkeles）等的现代性理论范式，阐述了农民与市民作为两大社会群体阶层间从对立冲突到转换融入的复杂社会变迁过程，进而构成了推动城乡结构转型和现代化发展的核心动力。而英国社会学家马歇尔（Marshall，1987）是现代市民权研究的开山鼻祖，首次提出了一个包含民事权、政治权、社会权三个基本维度的市民权的基本分析框架，并且每一种权利要素都是与相应的制度机构相连。特纳（Turner，1990）认为"市民"不仅仅是生活于城市的个体，并且还指拥有市民身份属性、拥有充分市民权利的个体。格琳（Glenn，2011）认为"市民身份"不是一个固定的单纯意义上的法律身份，而是通过日常市民实践活动与过去的农民身份相斗争而形成的一个流态的身份。

国内学者更多关注失地农民市民化发展中存在的种种障碍。第一，素质障碍。李国梁和钟奕（2013）认为文化素质低是造成失地农民市民化困境的最重要内因，失地农民职业素质偏低也称为市民化过程的重要内部障碍性因素之一；周毕芬（2015）认为失地农民因为自身人力资本水平偏低和社会资本存量不足，导致自身受到功能性排斥。第二，认同障碍。林乐芬（2009）以南京、无锡和苏州为样本区，调查分析了被征地农民市民化现状、问题和对策；王慧博（2011）认为导致失地农民社会融入难的原因之一在于市民心理认同感不强，过度留恋过去的生活方式，人际交往方式仍滞留在初级阶段。第三，制度性障碍。包括征地补偿制度、安置政策及社会保障制度等。李永友等（2011）基于浙江省富阳等地的实地调查发现较低的征地过程信息透明度和农用地征转用增值收入分配决策缺乏民主化不利于失地农民市民化的心理认同，缺乏长效的就业安置阻碍了失地农民的市民身份归属；赵爽（2007）发现失地农民就业安置存在明显的制度缺陷，二元用工制度中的区别对待和保障制度下的区别对待，使失地农民面临随时失业的风险，并且在失业后缺乏基本的生活保障制度和再就业扶持政策。第四，公共服务障碍。吴业苗（2012）认为城郊农村公共基础设施建设的落后严重妨碍了失地农民市民化；谭日辉（2014）基于社会认同理论视角，认为解决失地农民市民化问题需要帮助失地农民构建对城市的社会认同价值体系，包括就业安置、公共设施建设和重构社会交往网络；杨磊（2016）运用扎根理论方法，提出要构建"资源－支持－适应"的失地农民市民化发展的综合支持体系；等等。

1.2.2　未来研究方向

综观上述研究发现，当前学术界围绕农民就业的研究无论是广度还是深度上都呈现不断深化态势，而多视角、系统化与契合性研究是重要趋势，这对本书研究具有重要启示和借鉴价值。而伴随中国新一轮工业化、城镇化的快速推进，失地农民问题也日益受到学者的广泛重视，并形成了大量针对失地农民的多维度富有价值的研究成果。然而，聚焦到本书研究主题——失地农民就业发展而言，总体来说还存在以下值得进一步研究之处：

（1）研究体系上，亟待构筑围绕失地农民就业发展演变及其内在机制的系统性研究。现有相关研究大多停留于表层上对失地农民就业变动状况的调查分析，例如，对征地前后农民就业变化状况及其比较，研究弱势失地农民就业权益缺失问题，关注政府对失地农民的就业扶持政策创新等，虽然上述研究也具有一定价值，但总体缺乏一个从家庭劳动供给决策角度对城镇化征地背景下失地农民从就业结构到就业行为演变机制的系统分析框架，因而难以形成对失地农民就业问题的深度挖掘和内在把握。

（2）研究视角上，现有文献较也多偏重于对农民个体就业层面的研究，而较少上升到农户层面。农户作为农民的重要组织，基于农户视角的研究已经成为农民行为学的重要领域，农民就业行为既表现为其个体劳动供给行为，更是体现为家庭整体决策的结果。农户模型理论是当前学术界研究农户家庭的就业等经济行为决策的重要范式，因此，引入农户模型理论对深层次研究农户劳动供给决策与家庭成员就业发展问题具有重要价值。理论上，农户是由不同家庭成员构成的微观组织系统，农户家庭的劳动决策模式和成员就业行为本质上体现了家庭内部的劳动分工决策过程，因此，循着"家庭决策要素→农户劳动供给决策模式→成员就业行为"这一核心视角和逻辑主线进行探讨，有利于深化对失地农民就业问题研究，但迄今尚未发现这方面的系统研究。

（3）研究方法上，现有国内研究文献也大多采用即期静态分析，即运用典型调研数据，对失地农户（民）的即期就业决策及其影响因素进行实证分析，且缺乏对农户劳动决策模式的量化测度，导致规范性和科学性不够。此外，也缺乏进一步运用演化博弈方法（game theory）对农户跨期动态行为决策的分析，特别是围绕失地农户劳动供给决策行为构筑内部和外部不同博弈主体，分析不同博弈关系模型的动态演化，进而考察每种博弈均衡模式的路径与策略条件，目前这方面的研究较为欠缺，本书尝试对此进行探索性研究。

1.3 研究目标和假说

1.3.1 研究目标

本书的总体研究目标为，以新时期我国实施新型城镇化战略为研究背景，以适应城镇化要求下推动失地农民有效就业发展和构筑可持续转型能力为研究定位，基于家庭劳动决策视角，力图综合运用劳动供给理论、农户模型理论和家庭决策理论等相关理论，循着"家庭决策要素→农户劳动供给决策模式→成员就业行为"的研究逻辑，构筑一个基于农户家庭劳动供给决策模式机制下的失地农民就业行为发生及其演变规律的分析架构。在此基础上，本书运用全国不同地区农户调查数据，对城镇化征地背景下失地农户家庭就业变化状况进行比较分析，研究当前失地农户不同劳动供给决策模式的类型与就业特征，实证分析失地农民劳动决策模式形成的作用因素；分别从静态和动态不同角度，运用定性和定量方法研究失地农户劳动决策模式的异化演变对农户家庭就业结构分化和成员就业行为变化的影响关系；从而为新时期把握和引导失地农户劳动供给决策模式升级，探索促进失地农民有效就业发展的战略思路及公共政策提供理论和决策支持。

具体研究目标包括：

（1）研究失地农户劳动供给决策的发生机制，凝练出失地农户劳动供给决策模式类型，并研究每类劳动决策模式的内涵、特征与衡量机制，开发出能够反映失地农户劳动供给决策模式类型的测量量表。

（2）基于家庭劳动决策视角，构筑"家庭决策要素→农户劳动供给决策模式→成员就业行为安排"的理论分析体系。

（3）运用全国实地调研数据，比较分析当前我国东、中、西部不同地区的失地农户就业结构与就业分化特征。

（4）运用质性案例分析法，研究不同类型劳动供给决策模式与失地农户就业结构与成员就业形态之间的静态关系。

（5）运用演化博弈方法，研究失地农户劳动决策行为模式发展的动态演化关系。

（6）基于失地农户劳动供给决策模式特征出发，研究促进短期和长期不同阶段失地农民就业发展的战略思路和政策路径。

1.3.2　研究假说

本书力图通过理论研究和实证分析验证以下五个基本假说：

假说一：城镇化制度变迁环境下不同失地农户之间将存在显著的就业分化特征。表现为：一方面，家庭总体就业模式将从征地前的"农业—兼业—非农就业"旧三元结构向征地后的"无业—非农就业—创业"新三元结构演变，且随着征地程度的加深而持续深化；另一方面，不同农户成员在就业倾向、择业模式、职业层次类型、工资收入与保障水平等方面也将呈现进一步分化的态势。

假说二：新的环境下，失地农户家庭的劳动供给决策机制也面临着转型，基于异化的目标效用、需求特性与风险态度，失地农户劳动决策模式具有类似马斯洛式的层次性结构特征，由低端到高端大致包括四种类型：生计维持型、小富即安型、效益追求型与自我实现型。

假说三：影响失地农户家庭劳动决策模式类型的形成因素具有多层次性，涉及从征地前的农地、劳动力等家庭禀赋资源条件、就业与非农收入状况、征地后的补偿方式、补偿水平、家庭经济负担程度以及家庭人力资本等，其中基于一致性条件下，家庭核心成员（户主）的人力资本状况是决定失地农户劳动决策模式形成的重要内部因素。

假说四：失地农户不同劳动供给决策模式类型对家庭成员的就业结构和就业行为分化具有内生决定作用。其中，处于低端型劳动决策模式下的农户，其家庭成员选择低层次就业或失业倾向显著；相反，家庭成员追求高层次职业发展或创业行为则与农户具有的高端型劳动决策模式存在紧密联系。

假说五：失地农户劳动决策行为将存在着内部和外部不同博弈主体参与的动态演化关系。其中，政府采取扶持就业型安置政策和户主实施积极学习行为等提升人力资本措施，将有利于实现失地农户家庭劳动决策模式从低端向高端的结构升级，从而推动农户成员的持续就业发展。

1.4　研究框架与内容

本书的研究框架与内容大致包括八方面：

第1章　导论。主要阐述研究背景意义、现有文献述评、研究目标、研究假说、总体架构内容、研究方法、技术路线以及可能性创新之处。

第2章　失地农户劳动供给决策与就业发展的理论研究。拟运用劳动供给理论、农户模型理论、人力资本理论等相关基础理论，探讨城镇化变迁下不同农户家庭在收入目标、消费效用、需求特性、风险态度等决策机制的转型、异化与演变特征。在此基础上，凝练出失地农户可能存在的四类劳动供给决策模式形态，并研究每类劳动决策模式的含义、特征表现与衡量机制。侧重基于农户家庭整体层面，研究征地后失地农户决策机制条件的演变、家庭劳动供给决策模式的形成与农户成员就业分化和行为变迁的逻辑关系与影响机制，进而构筑基于"家庭决策要素→农户劳动供给决策模式→成员就业行为安排"的基本分析架构，为本书的相关实证分析和假说验证提供理论基础。

第3章　中国城镇化进程中失地农户的就业分化现状调研。调查城镇化制度变迁背景下不同失地农户家庭的就业冲击与分化发展现状。拟利用面向东、中、西部地区的农户抽样调研数据和访谈资料，了解当前我国失地农户的总体状况和区域特征。从不同层面揭示当前失地农户家庭在城镇化征地背景下的就业冲击影响状况，重点比较征地前后不同类型农户就业结构演变，以及劳动成员在就业模式、劳动参与度、职业层次、收入水平等方面的分化程度，从而形成对失地农户就业状况和分化发展的总体把握。

第4章　失地农户劳动决策模式类型测度与影响因素的实证研究。在上述理论分析的基础，借鉴国外相关行为决策量表方法的基础上，尝试开发一套反映农户劳动供给决策模式类型的指标量表和衡量模型，并进行信度、效度和验证因子分析检验，进而运用该测量模型对全国失地农户抽样调查数据进行量化分析，最终形成对四类失地农户劳动供给决策模式的测度和界定。进一步拟运用多元 Logistic 模型方法，对失地农户不同类型劳动供给决策模式的形成因素进行实证研究，以揭示导致失地农户差异性劳动决策模式形成的显著因素和关键因素。

第5章　基于静态视角的失地农户劳动决策模式与家庭就业特征的质性研究。从即期静态角度看，特定类型的农户劳动决策模式将决定相应的家庭就业结构和就业形态安排。本部分拟运用半结构深度访谈（semi structured interview）与案例分析方法，定性研究揭示当前我国失地农户家庭劳动决策模式异化程度与农户经济资源配置方式、就业结构安排之间的内在关系，重点研究对征地后不同家庭成员的就业意愿、择业行为、职业特性与收入水平的分化影响效应。

第6章　基于动态视角的失地农户劳动决策与就业行为演化博弈研究。从动态角度看，失地农户劳动决策模式并非一成不变的，而将伴随着农户成员的动态行为博弈而不断演化。本部分将从农户集体模型（collective model）假设出发，运用演化经济学（evolutionary economy）与博弈论（game theory）等理论方法，分析基于持续性城镇化变迁环境下，农户及其家庭成员的效用函数及就业行为决策机制的动态演变特征，重点研究基于"农户—政府""户主—农户家庭"不同博弈模型下农户劳动决策模式变迁的演化机制、路径及对农户就业决策行为的动态影响。

第7章 促进我国失地农户就业发展的对策研究。围绕促进我国失地农民有效就业发展的战略思路和对策进行研究。从劳动决策模式角度提出"短期差异化—长期均等化"失地农户就业发展的战略思路，即基于短期角度，要从把握不同失地农户劳动决策模式的差异化特征和要求出发，有针对性地制定满足不同农户即期就业增长的差别化扶持政策；从长远角度，要围绕以提升家庭成员尤其是核心户主成员的人力资本水平，鼓励和促进低端型失地农户劳动决策模式转型升级为战略重心，构筑推动失地农户群体实现就业均等化发展和就业质量提升的策略建议。

第8章 结语。

1.5 研究方法与思路

1.5.1 研究方法

总的来说，本书将坚持理论研究和实证研究、调研分析与案例分析、总体分析与比较分析相结合。具体包括以下几种研究方法：

（1）理论研究方法。在系统梳理劳动供给理论、农户模型理论以及人力资本理论等基础理论和相关研究文献的基础上，结合我国城镇化进程中农村经济社会结构转型发展要求，深入研究基于征地背景下的不同失地农户家庭经济决策机制的转型、异化与演变特征。在此基础上，研究失地农户劳动供给决策模式形态与内核，演绎分析其与被征地农户就业发展之间的内在机理与行为逻辑。

（2）实地调查与案例研究法。拟采用在全国东、中、西部不同区域开展较广样本的农户入户调查问卷和深度访谈等形式，深入了解城镇化征地对失地农户家庭的生计与就业发展影响，比较分析区域内和区域间不同农户就业发展差异与分化特征。搜集整理若干份反映不同劳动决策模式类型的失地农户深度访谈案例，并进行质性分析，以定性研究失地农户劳动决策模式形态的形成及其对家庭成员就业安排和就业行为的影响关系。

（3）多维实证研究方法。运用量表方法构筑农户劳动决策模式类型测量模型并对失地农户进行实证研究；构建多元 Logistic 模型研究失地农户劳动决策模式的形成因素；运用博弈论和演化经济学等方法，从动态角度研究影响失地农户劳动决策的内部和外部不同博弈行为关系，分别构建其与农户劳动决策行为的演化博弈模型，并对其良性稳定均衡模式策略和路径条件进行探讨。

1.5.2　技术路线

本书的基本研究思路如图 1 - 1 所示。

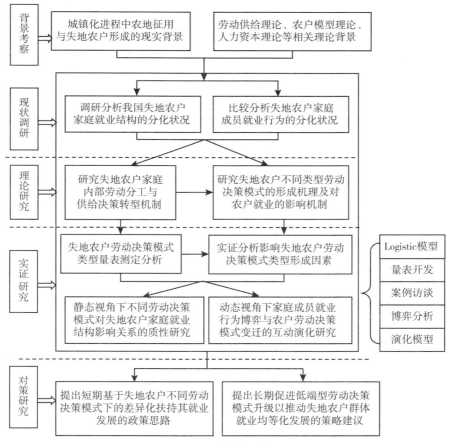

图 1 - 1　本书的技术路线

1.6 可能性的创新

（1）基于家庭劳动决策视角，构筑了"家庭决策要素→农户劳动供给决策模式→成员就业行为"的理论架构，并提出"不同家庭劳动决策模式类型的异化是导致失地农户的就业结构与就业行为分化的内在根源"的富有新意的核心观点，有利于深化我国失地农民就业问题研究。

（2）针对前人相关研究的不足，探索性地开发出一套测度农户劳动供给决策模式类型的量表体系，并分别从静态和动态不同层面进行了实证研究。

（3）从农户劳动供给决策模式的特性角度，提出促进失地农户家庭短期和长期就业发展的战略思路和建议，具有一定的政策新意。

第 2 章

失地农户劳动供给决策与就业发展的理论研究

2.1　相关基础理论

失地农户劳动就业行为宏观上表现为城乡结构转型下的非农就业拓展，而微观上则体现为征地背景下家庭内成员围绕就业倾向、劳动时间以及职业形态等个体就业决策行为，同时也是农户家庭以谋求家庭长期收益最大化为目标，面对外部环境和内部家庭能力禀赋双重约束条件下的整体决策过程。对此涉及一些经典基础理论，其中代表性的有非农就业理论、劳动供给理论、家庭决策理论等。

2.1.1　非农就业理论

由于农户就业发展过程，同时也是农民持续从农业向非农就业转移的过程，因此，发展经济学基于城乡二元结构下的非农就业迁移理论对研究失地农民就业发展具有宏观借鉴价值。主要代表流派包括：二元结构模型、托达罗模型以及新劳动力迁移理论。

2.1.1.1　二元结构模型

研究城乡之间农村劳动力非农就业迁移行为的经典理论首推由经济学家刘易斯提出，并由拉尼斯和费景汉、乔根森等发展的二元结构模型，该模型的核心思想是：发展中国家一般存在二元经济结构与二元经济部门，一个是能够实现充分就业的现代城市工业，另一个是存在着大量边际生产率几乎为零的剩余劳动力的传统农业。随着资本积累的增加以及经济的发展，农业部门中的剩余劳动力将源源不断地被吸收到非农部门之中去；而随着过剩劳动力的被吸收，劳动供给曲线将逐渐趋于正常。二元结构模型的核心理论价值在于，揭示了农民非农就业转移过程的本质是城乡与工农业发展差距导致了农村剩余劳动力流动行为。

2.1.1.2　托达罗模型

与刘易斯模型的假设不同，托达罗模型（Todaro，1991）认为农村并不存在剩余劳动力，迁移决策是由劳动力对收入的预期来决定的，城乡收入差距成为劳动力迁移的动力，并且差距越大，迁移的倾向越强。托达罗模型的重要贡献在于，其一方面更深入地解释了城乡之间劳动人口就业流动与失业行为的形成机制，更重要的是开拓了一种从劳动者迁移成本—收益的理性决策角度审视农民就业行为的研究范式，这对从微观角度研究农民就业分化问题具有重要理论价值。

2.1.1.3　新劳动力迁移理论

托达罗模型第一次揭示了劳动力就业迁移的微观决策机制，这为研究乡城劳动力流动提供了一般理论基础。新劳动力迁移理论主要针对弥补托达罗模型的不足而提出，影响力较大的流派包括：第一，斯塔克（Stark）的"相对收入差距"理论。认为农民的就业迁移决策不仅受到城乡绝对收入差距的驱动，还受到周边群体相对收入差距的影响，当个体感知相对贫困感越强，其迁移动机越强，该理论对研究农民的二次就业分化具有重要启示意义。第二，卡斯林（Kaslin）的"迁移行为前瞻性、选择性"理论。认为农村劳动力迁移涉及个体基于信息获取与风险感知因素下的决策差异，当不同农民所拥有的城市求职信息以及风险感知强弱等条件差异，都会显著影响其个人的城乡就业迁移。第三，推拉模型。该理论将宏观与微观等多种因素糅合在一起，从更宽泛的视角揭示劳动力转移动因，例如，李（Lee，1966）把迁入地与迁出地之间的因素与个体因素引入解释框架，认为人口迁移总是发生在迁入地的推力总和大于拉力和，而迁出地则反之。

2.1.2　个体劳动供给理论

从微观层面讲，就业的本质是劳动者个体的劳动供给问题。对此，经济学的劳动供给理论进行了持续大量的研究。

2.1.2.1　古典经济学的劳动供给

古典经济学从"市场万能论"出发，把劳动供给视为外生劳动市场中的劳动者数量和工资变化的结果。例如，亚当·斯密认为工资变化是导致劳动供给变化的起点。当市场对劳动力需求增加时，工资就会上涨，这将刺激家庭增加生育，导致未来劳动力供给增加，但这又会造成长期劳动力市场供过于求，使得工资又会重新下降。而李嘉图则认为劳动供给变化首先取决于劳动者数量变化，当市场中的劳动者数量越多，将导致供过于求，工资下降，从而抑制了事实的劳动供给。

2.1.2.2　新古典劳动供给理论

新古典经济学开启了现代劳动供给理论研究的先河。新古典理论把劳动供给视为个体决策过程，主要包括劳动参与和劳动时间两层决策，而决策机制主要体现为收入—闲暇选择问题。劳动者追求效用最大化下的均衡条件是闲暇和收入的边际效用之比，工资和收入的变化将带来劳动者工时供给的变动，进而产生替代效应和收入效应。其中，替代效应是指如果市场中的工资水平提升，导致劳动者更多地用劳动替代闲暇；而收入效应是指劳动者在工资水平增长下，反而选择减少劳动供给时间，以增加闲暇和消费需求。因此，当收入效应大于替代效应时，劳动市场工资水平的上升会降低劳动供给，反之则相反，从而表现为"后弯的劳动供给曲线"，这种收入效应既表现为绝对工资收入水平的变化，也可能体现为消费价格变动导致的相对收入变化状况。

但新古典理论从完全竞争市场和完全信息假定出发，往往把劳动者劳动供给更多地视为对外部劳动市场供求关系和工资信号的"被动"反应行为，而很少涉及个人主动决策。但当市场处于不完全竞争结构下，信息存在不对称或不完全情况，将使得劳动者无法获得外部准确的工资报酬信息，那么其劳动供给决策将更多地取决于自我预期收益及相应的预期风险等决策能力，因而个人劳动就业供给的自我决策因素将大大增加。

2.1.2.3　跨期劳动供给理论

无论是古典还是新古典劳动供给理论，都偏重于对即期条件下劳动市场均衡及由此引致的个体劳动供给问题，主要采用短期静态分析范式。但考虑到人具有生命周期属性，使得个体可能对其一生劳动时间进行动态规划，从而形成不同阶段的差异性劳动供给决策。从 20 世纪 70 年代开始，随着人口寿命的增长，人的相对总劳动时间得以延长，使得西方大量学者开始关注基于整个生命周期的个体劳动供给问题。卢卡斯（Lucas，1969）率先提出了一个考虑生命周期的个体具有弹性的短期劳动供给曲线和无弹性的长期劳动供给曲线的均衡分析框架；卡特（D. Card）引入未来预期收入概念，则把工资收入因素分为当前收入和未来收入，个体在整个生命周期内将同时基于即期收入和未来收入来进行不同阶段的劳动时间配置决策，以追求生命周期效用最大化（周业安，2006）。在忽略个体的长期偏好变化条件下，根据未来收入是否确定，跨期劳动供给决策分析又可分为两种情形：第一，可预期情形。基于理性预期学派的劳动供给观点，如果个体在未来一定时间期间 t 的收入是确定的或可预期的，则可将未来预期收入通过时间和价格贴现，折算成现实收入因子，而其他因子（如闲暇、消费）在同等假设下类似处理，这样，可把跨期劳动决策纳入基于特定预期水平下的即期决策模型。第二，不可预期情形。如果个体面临的是不确定环境下的劳动供给选择问题，由于不确定条件下，个体对未来工资收入难以预期，则可运用最大化个体生命周期期望效应的随机规划方法来代替确定性规划方法，形成动态决策模型。

20 世纪 90 年代以来，跨期劳动供给理论得到了极大的拓展。在研究对象上，开始关注女性劳动者、退休老人等特定群体的短期和长期劳动供给决策，在研究内容上，从以往单一的劳动时间供给拓展到劳动参与（participation）、工作方式选择（job choice）等多领域问题，研究范围从个体拓展到特定组织环境（如家庭、企业群体等）；而在研究视角上，最值得关注的是构筑了内生化的个体跨期劳动供给的动态模型。以往的劳动供给理论模型都假定工资收入变化是由劳动市场所决定的外生要素，但拓展的生命周期供给理论认为，劳动者个体的内在能力也能够影响未来的工资决定，其中核心是人力资本投资，提升劳动者素质和能力，能够打破长期劳动力市场运行的"技术中性"假设，进而改变劳动力的供求关系和价格水平。由于相比一般劳动者而言，高人力资本水平的劳动者需求刚性度更强，其工资持续增长也将更具黏性，从这个角度看，在跨期决策机制下，劳动者人力资本投资、工资水平和劳动供给之间存在某种相互动态影响关系。对于个体而言，未来工资水平不再是外生要素，而是受其人力资本水平所决定的内在变量。因此，个体跨期劳动供给显著取决于人力资本的累积，其中脱产培训和干中学作为人力资本投资的不同方式将对劳动决策模型产生差异性影响。拓展性跨期理论开启了从人力资本角度研究劳动供给的范式，这为本书研究提供了很好的理论基础。

2.1.2.4　行为劳动供给理论

行为经济学是将心理学方法引入经济学研究所形成的新兴经济学学派，其代表人物是卡尼曼（Kahnaman）和特维斯（Tversky），行为劳动经济学是该学派理论的一个重要分支。行为劳动经济学颠覆了以往的理性人假设，认为劳动者个体是有限理性的，且其心理偏好也不是一成不变的，而是随着时间的推移而动态变化，因此在跨期劳动决策时，可能受个人决策能力和认知差异的影响，而不能较准确的判断跨期贴现因子或者无法形成清晰的自我决策结果预测，导致当事人更在意决策的过程和相对结果。行为劳动经济学提出了个体劳动决策行为存在着两种基于心理层面的重要特征假说：一是损失厌恶（loss aversion）。是指个体存在避免一个单位的损失愿望要强于获得一个单位收益的愿望，或同样大小的损失给个体带来的心理变化比实际收益大。二是收入靶假说（income-target hypothesis）。是指劳动供给行为并非按照生命周期来安排，而是以某时间区间为跨度设立一个收入靶子目标，个体劳动时间供给以达到收入靶目标为基准，一旦超过了目标值，劳动者会选择终止工作，而每个人的收入靶目标是受到其个性心理特征以及外部环境的共同影响。在上述基础上，行为劳动供给理论提出了参考依赖偏好模型（RDP）。对此，卡尼曼和特维斯构筑了 S 型效用函数进行了理论分析，卡林（Kalin）和法布尔（Fabre）运用回归方法对出租车司机一天的收入与劳动时间关系进行实证研究，发现司机存在"每日目标"策略，即以目标收入作为其劳动时间供给基准，从而出现工资水平高而工作时间却缩短的负相关关系，并出了基于风险规避—害怕损失心理的理论解释（董志强、洪夏璇，2010）；而费尔（Fehr）及哥特（Goette）等进一步运用试验法研究了快递公司员工的工资变化和其努力水平关系，验证了收入同时存在负向的目标靶效应和正向的激励效应，而劳动者劳动供给程度将取决于两种效应的比较（周业安，2006）。

行为劳动经济学的核心价值在于解释了个体或群体的劳动决策除了受闲暇、工资收入和外部环境影响之外，还显著受劳动者自我偏好和个性心理等内在因素制约，这暗示了在上述多重因素差异化影响作用下，不同主体将存在不同劳动供给决策模式类型选择，进而构成对其劳动就业行为形成的内在决定。

2.1.3　家庭决策理论

家庭是个人生存和发展的重要微观组织，个人行为将显著受到家庭因素的影响。从这个角度看，个体劳动供给决策既是决策者自我理性行为，但同时决策者也将不得不考虑家庭禀赋条件及其他人员的行为倾向和影响。因此，劳动供给行为将更体现为家庭决策模式，家庭劳动经济学提供了研究个体劳动供给的新理论视角，而按照家庭内部成员效用是否一致性，可划分为早期新古典范式的单一决策模型和后期的集体决策模型。

2.1.3.1 单一决策模型

单一决策模型将家庭视为一个整体，所有成员的偏好同质，并且存在核心决策者（户主），核心决策者将基于家庭整体效用最大原则进行资源配置和劳动分工，其他成员的行为将统一服从于核心决策者，因此，基于单一决策模型下，家庭决策将进一步异化为户主决策。贝克尔（Becker，2013）的家庭时间配置理论是单一决策模型思想的经典代表。贝克尔的突出贡献是开创了家庭经济学，解释了家庭女性就业决策行为及其影响因素。他将家庭时间分为工作时间、家庭生产时间和闲暇时间，并假设所有行为都能产生效用，进而构筑了基于家庭效用最大化和不同成员生产率差异下的家庭内部男女分工和时间配置机制。而后来一些学者提出的"一致同意"模型、"利他主义"思想也不同程度支持了单一决策模型理论。因此，单一决策模型作为首次把家庭变量引入了劳动决策的分析架构，迄今仍具有重要理论价值。

2.1.3.2 集体决策模型

单一决策模型的家庭成员同质化假设使得家庭决策过程成了一个"黑箱"，总体仍属于新古典静态分析范式。而随着 20 世纪 80 年代组织演化博弈等方法的兴起，理论界开始将家庭决策视为家庭成员基于不同效用函数下的动态集体博弈结果。恰帕波里（Chiappori，2002）提出了集体决策模式，他认为家庭成员可能存在自利性和异质偏好，这样家庭内部主要通过成员间协商博弈行为而形成分工决策结果，这取决于各成员拥有的家庭"谈判"资源和博弈能力。根据博弈机制的差异，集体模型可分为家庭合作博弈模型和非合作博弈模型。

（1）家庭合作博弈模型。该模型假设家庭成员具有共同的时间和收入约束，但由于各自的目标函数不同，使得面对外部的价格变化将导致不同家庭成员效用水平的偏差，为了提高自身在家庭效用分配中的地位，夫妻双方将运用纳什议价理论得到对应于各自威胁点的纳什公理解，最终形成家庭内的合作。"离婚威胁"模型是早期的家庭合作博弈模型形式，将离婚后男女各自的效用作为威胁点进行合作博弈，可用于研究离婚率与女性劳动参与率之间关系（Ott，1995）；后期的"分离半球"模型则将婚内自愿提供家庭公共品数量的均衡解作为威胁点来分析家庭议价结果。

（2）非合作博弈模型。拉维和劳伦斯（Ravi & Lawrence，1994）运用了鲁宾斯坦（Rubinstein）轮流出价模型分析了家庭内部决策，首次将非合作博弈战略性议价理论运用到家庭经济行为分析。而更为深入的分析是伦德伯格（Lundberg，1994），构筑了基于家庭公共品自愿供给的无限重复博弈，假设家庭内丈夫和妻子各自基于独立收入预算约束下以极大化各自贴现效用为出发点，而效用水平是同时由其私人物品消费和家庭公共品消费决定，其中婚姻是保障双方获取家庭公共品消费效用的唯一方式，这样婚姻持续期间构成了双方无限重复非合作博弈过程。在每一期间，丈夫和妻子都要做出即期家庭公共品贡献的数量决策，进而形成一次子博弈古诺－纳什（Cournot-Nash）均衡。在此博弈过程中，如一方偏离合作战略时，另一方后期将通过减少家庭公共品数量加以惩罚，只要当偏离合作收益小于受惩罚损失，这样经过重复博弈，家庭"一致性"合作结果亦能出现。而家庭非合作博弈行为的重要基点是保留效用，即对方一次不合作情形下本方的效用水平，而重复博弈的机制显示，保留效用较高的成员最终将获得家庭决策中的更具优势地位。相比单一模型，集体模型更强调不同成员的行为模式及合作倾向将对家庭决策特别是长期动态决策产生深刻影响。

2.1.4　农户模型理论

2.1.4.1　模型基本含义

农户模型理论是专门针对农户这一特定家庭形式，研究其经济行为规律及其决策机制的一个理论流派，从学理角度看，农户模型理论本质上属于家庭决策理论的分支，对农民就业的研究也运用了大量相关个体和家庭劳动决策模型方法。但需要指出的是，由于农户家庭是由农民个体构成的，农民群体相比其他群体有其自身独特性，特别在发展中国家，基于城乡二元结构背景下，农民的就业及经济行为决策将同时涉及从传统文化、经济到制度环境等多重制约因素，这使得农户（农民）行为的研究蕴含丰富的内涵，由此也吸引了众多学者的关注，从而产生了农户模型理论。

农户模型理论立足于农户既是生产者又是消费者的双重角色下，研究家庭内包括劳动在内的经济资源配置。恰亚诺夫（Chayanov，1920）构筑的小农模型第一次针对传统农户生产、消费和休闲行为的时间配置进行研究，提出了"有条件的均衡"理论，认为农户消费的边际效用等于休闲的边际效用是农户生产和消费"有条件的均衡"条件。在此基础上，舒尔茨（Schultz，1961）在《改造传统农业》中提出，农民也是理性人，农民的经济行为也是基于效率原则下的理性决策。贝克尔基于"单一家庭"假设下，以追求农户效用最大化为目标，从收入函数、生产函数和时间禀赋共同约束出发，构建了农户以先生产决策后消费决策的可分离特征的持续递归分析过程，而辛格（Singh，1986）等学者构筑了农户模型均衡求解方法，并最终发展成为当前研究农户微观行为与宏观政策关系的基本工具。

2.1.4.2 基于农户模型的家庭劳动就业决策分析路径

农户决策模型以家庭追求效用最大化的基本假设出发，基于时间和收入预算约束机制下构筑了农户生产、消费、劳动就业和闲暇等多层次静态家庭决策函数。基本分析路径如下：

假设一个典型农户家庭只存在两个劳动成员，分别为男性（丈夫 m）和女性（妻子 n），他们既构成家庭主要的消费者，同时也是主要的生产者（劳动者）。

1. 家庭效用函数。

$$U = U(x_m^a,\ x_m^b,\ x_m^l;\ x_n^a,\ x_n^b,\ x_n^l) \tag{2-1}$$

上式中，x_m^a、x_n^a 分别表示丈夫和妻子对自己家生产的农产品消费效用，x_m^b、x_n^b 分别表示丈夫和妻子从外部市场购买的商品消费效用，x_m^l、x_n^l 则分别表示丈夫和妻子的闲暇。

2. 家庭生产函数。

假设普通农户既拥有农业生产，同时也可能从事一些非农就业，另外将家务劳动也视为一种特殊家庭生产形态①，则农户基于劳动时间配置下的生产函数包括三种形态：农业生产 Q_a、非农劳动 Q_e 和家务劳动生产 Q_f，假设农业生产和家务劳动生产均完全满足自身家庭需要，而不产生外溢收入流，且家庭每种生产函数的产出主要受其成员相应劳动时间的投入量所决定。

则农户总劳动时间函数为：$L = l_a + l_e + l_f$，其中，l_a、l_e 和 l_f 分别表示农户投入农业、非农和家务的劳动时间，则丈夫和妻子围绕三种生产领域的投入劳动时间比例选择构成了家庭劳动分工和就业决策的基础。

---

① 相比前两类生产，家务劳动不能创造有形收入，但根据贝克尔的家庭理论，家务劳动能够提供维系家庭稳定发展的"无形公共品"，其特别对家庭里的女性劳动决策具有重要影响，因此，本书将三者同时纳入对农户就业结构的考察，后文将侧重分析征地背景下失地农户三类生产形态的演变。

此外，农户还存在着总时间禀赋约束，即：$T = L + x_m^l + x_n^l$。

3. 家庭消费函数。

假设农户的闲暇效用水平不变，则农户效用状况主要取决于家庭消费函数，消费效用水平等于消费品数量和单位消费品效用的乘积。而从类型上，农户家庭消费品包括：农产品 Q_a 和非农商品（服务）Q_b，其中农产品供给量主要由家庭投入农业劳动时间 l_a 决定，而农产品的供给价格为 p_a，当传统农户家庭所消费的农产品全部采用自供时，此时，p_a 为极小值，不妨设其等于 1[①]，则农户的农产品消费效用函数形式为：

$$U_a = x_m^a + x_n^a = U(Q_a(l_a), p_a) \qquad (2-2)$$

此外，假设农户的非农商品（服务）消费完全通过外购获得，其消费价格 p_b 由外部市场所决定，且设定城镇市场价格水平大于农村市场，而农户非农商品（服务）消费规模主要取决于家庭的可支配收入 y，则农户的非农商品消费效用函数为：

$$U_b = x_m^b + x_n^b = U(y, p_b) \qquad (2-3)$$

与此同时，农户家庭还存在着收入预算线约束：

$$y = w_m l_m + w_n l_n + R \geqslant Q_a + Q_b p_b \qquad (2-4)$$

上式中，w_m、w_n 分别代表家庭丈夫和妻子的工资率，R 代表非劳动收入。

以上构成了农户劳动就业决策行为的分析框架，农户将基于时间和收入双重约束机制下，以家庭效用最大化为决策目标，形成对家庭主要成员的劳动分工与劳动时间供给的配置与优化均衡机制。其中，考虑到本书的研究对象——失地农户特性，我们做了一些必要拓展，将农户消费效用构成进一步细分为农产品和非农商品两类，后文将在考虑上述两类产品的供给方式和供给价格等要素变化及对不同失地农户的差异化影响效应的基础上，进而尝试构筑多类型的失地农户劳动供给决策机制及其分析模型。

综合以上分析发现，围绕农户劳动决策和就业研究经历了从宏观到微观、从个体到组织（家庭）、从静态到动态、从单纯外部因素到注重内外部多层面因素的系统考察分析，特别是引入心理因素，更是极大地深化了对农户决策行为的研究，这对本书具有重要借鉴价值。因此，在后文研究中，我们将综合运用上述理论方法，基于不同层面，构筑对失地农户劳动供给决策模式

---

① 农户生产用于自身消费的农产品严格意义上谈不上市场价格机制，只能属于影子价格，虽然存在相应的生产成本，但考虑到农户以自需为目的的农产品生产往往规模较小，其成本投入偏低，特别是一些诸如蔬菜、肉类生产可以利用一些细碎土地（自留地）或闲置农业资源，因此成本更低，与外部市场化的农产品供给定价相比，我们可以忽略。

与就业发展的理论和实证研究。

2.2 征地背景下农户就业分化
属性及其衡量体系

分化是一个社会学术语，意指特定个体或社会群体受内部禀赋条件或外部环境变迁的持续影响所导致的行为、能力和地位的变化及其差异度。对于农户而言，城镇化土地征用是一种外部强制性制度变迁力量，其构成了对其家庭经济结构和行为变迁的多重影响效应，而就业作为重要的经济职能，也将直接而又显著地受到征地行为的冲击，受到家庭禀赋条件、发展能力和决策意愿等差异性因素影响，导致不同农户在征地前后围绕从就业结构到就业形态等不同层面呈现出某种就业分化演变属性。具体可分为就业模式、劳动参与率、非农职业层次和职业收入水平这几个层次。

2.2.1 就业模式

就业模式是指劳动主体所从事就业形态的根本体现，是衡量就业分化的首要指标。对于农民而言，其具体就业模式大致可分为纯农业、兼业、非农就业与无业四种形态。其中按照非农化程度，兼业还可进一步细分为农业程度高的Ⅰ兼业与非农程度高的Ⅱ兼业，显然，纯农业和兼业都是与农地关系紧密的就业模式。在征地前，农户家庭基于现有的农地资源约束和家庭效用目标，围绕在家务农、就近兼业和外出非农就业等不同就业模式选择，进行家庭成员内部劳动分工决策，进而形成了以"农业—兼业①""兼业—非农就业"为特征的农户传统就业模式的"二元分化"特征，对此已有大量学者进行了相关研究。

而在城镇化征地进程中，农户传统的就业模式将被打破，衍生出新的就业模式。具体表现为：一方面，对于那些原先从事纯农业与农业兼业等涉农就业模式的农户家庭而言，由于农地被征用，将使得上述高度依赖农地资源的就业形态直接受到冲击，且随着征地强度不断加深而趋于弱化，并当农地100%被征用后而最终消亡，导致农户家庭内的从业者面临从农业向非农就业的结构变迁，而如果被征地农民所拥有的人力资本水平偏低，缺乏非农就业

---

① 严格意义上农户兼业还可细分为Ⅰ兼业与Ⅱ兼业的结构，但这里我们不做进一步延伸。

能力，将可能形成"被动型"就业模式变迁，陷入因无地可种而"被迫"失业或半失业，这在经济欠发达地区尤为明显；但与此同时，在一些地区，征地补偿的"收入效应"也可能降低农户成员就业意愿，导致"自愿失业"的产生。

另一方面，对于一些征地前已从事非农兼业或非农就业的农民而言，征地也可能提供其就业结构升级发展的契机。如果被征地农民能利用征地补偿机会以及政府面向失地农民的相关专项扶持和安置政策红利，将有利于集聚起非农就业发展所需的人力资本、物力资本与社会资本，这不仅能够促进农户从事更高层次非农就业，甚至还能激发新的高层次就业模式——"创业"的产生，从而实现农户家庭的"积极主动型"就业模式变迁，这在经济发达地区更为常见。由此可见，受不同征地影响效应机制决定，失地农户的就业模式结构将呈现出"无业—非农就业""非农就业—创业"的"新二元分化"特征，这构成了失地农户就业分化的第一层次属性内涵。

2.2.2　劳动参与率

劳动参与率是衡量劳动者就业分化的另一层次重要指标，包括是否参与非农就业以及参与程度（主要涉及劳动时间投入）两个层面。从上述就业模式分析可知，征地后农户家庭的劳动参与率也将呈现显著变化。

一方面，在要不要参与非农就业层面，既可能有一部分原先涉农就业的农户成员因农地被征用且自身缺乏非农就业能力而"被迫"选择退出劳动力市场，同时也不排除另一部分农户成员基于征地补偿的"收入效应"而选择"自愿"失业，增加闲暇消费，甚至是上述两种情形的叠加效应，这就导致了一些失地农户的劳动参与率可能会降低。

另一方面，围绕非农参与程度也存在差异。那些征地后从事非农就业的农户在面对征地带来的新的经济环境、政策环境以及生产、生活环境的变化时，受自我家庭禀赋条件和决策者心理及行为方式的差异，其家庭的劳动决策方式和机制也将发生演变，使得不同农户之间围绕消费效用、时间效用和收入预算等决策机制上也存在分化机制，导致面对劳动时间供给决策时存在"替代效应"和"收入效应"产生差异性偏移。表现为一部分失地农户感知征地的"替代效应"大于"收入效应"，而倾向于增加非农劳动供给，更深度参与非农就业。既可能增加绝对劳动时间，也可能通过非农职业升级发展，从而投入更多的"相对效率性劳动时间①",比如,创业可视为一种最高的非农职业形态,其效率性劳动时间极大;与此同时,另一部分失地农户基于"收入效应"大于"替代效应"的自我认知,进而倾向于降低劳动供给强度,在时间配置上,不断减少绝对和相对劳动时间投入。而选择增加闲暇消费投入。极端情形是劳动时间趋于零,此时农户选择退出劳动。

2.2.3 职业层次

职业学认为,职业存在某种层次属性。职业层次的高低对从业者经济和社会阶层地位的演变具有直接而又显著的影响,职业层次的变化不仅可清晰地反映个体就业类型的演变,更构成衡量其就业发展水平的重要方面。因此,职业层次变化成为衡量被征地农民就业分化的第三层次指标。

著名社会学家陆学艺将 20 世纪 80 年代以来国内农民的职业层次类型按照从低到高分为 8 类:农业劳动者、农民工、雇工阶层、农民知识分子、个体劳动者与工商户、私营业主、乡镇企业管理者与农村管理者。我们基于数据采集和研究便利的考虑,按照职业类型特点,将被征地农民职业层次按照从低到高归纳为 5 类。

(1)最底层:农业劳动者和无业。② 为了与陆学艺等学者的研究范式一致,我们将征地前农民从事的纯农业界定为最低职业阶层。但征地后,这部分农民因无地、少地可种,而可能面临失业或半失业状态,因此我们将上述两种形态合并,共同成为职业层次的起点。

(2)中低层:零工。是指农民从事一线岗位,但属于短期雇佣性质,以是否签署劳动雇佣合同情形来度量。具体可包括:没有签署劳动合同的农民工、临时工和签署合同期限 <6 个月的各类临时工等。之所以将短期雇佣纳入职业层次的中低层,主要考虑:一方面,与最底层相比,该层农民开始从事非农职业;另一方面,相比其他层次,该层非农职业水平总体还很低,由

---

① 传统劳动理论单纯从时间投入量来分析个体(组织)围绕就业和闲暇配置决策,而笔者认为,这种分析方法可能忽视了相对劳动时间效率,由于不同职业形态,其单位劳动时间收入回报率将存在差异,高层次职业要显著高于低层次职业,因此劳动者基于工资收入与闲暇决策时,既可能通过增加现有职业劳动时间增加收入,也可能通过职业升级,提高效率性劳动时间以增加收入。

② 严格意义上,完全失业者谈不上职业层次,但如果以劳动时间作为衡量个体就业程度,可发现纯粹意义的劳动时间为零的所谓绝对失业是罕见的,即便是那些不出去工作而居家的无业女性,按照家庭理论观点,其照看家庭行为本质也属于一种劳动供给(Becker,1962),但可以归结为极低职业层次。

于缺乏长期合约保障，因此从业者无论是在职业门槛、岗位强度、薪酬水平、安全风险以及劳动权益维护等方面都处于显著劣势。

（3）中间层：雇工。与零工相反，长期雇工是指农民与用人单位签订雇佣期限≥6 个月劳动合同的一线岗位。一般而言，能够提供较长期正式雇佣合同的企业，其综合实力与运营水平也较高，在用工流程和劳动保障体系方面也更为规范，因而更有利于维护农村务工人员各项合法权益。

（4）中上层：技术人员。以上（2）（3）两层职业形态本质上都属于企业一线生产岗位，我们进一步将在企业或农村从事专业职能服务的岗位归类为技术人员层次，具体形态上包括：乡镇企业或其他企业的各类专业技术人员，如工程师、生产管理、会计、营销人员、农村建筑承包人、服务业技师等，此外，也包括农村知识分子，如教师、医生等。

（5）上层：企业（个体）经营者与管理者。主要包括个体与私营业主、各类企业管理者以及乡村干部。由于相比其他层级都属于他雇性质，该层次职业具有较强的自主创业特性或拥有较大的职业权力，因此我们将其视为被征地农民职业层次的最高层形态。

以上构成了衡量农民职业层次的基本类别，不难发现其涵盖了从农业领域到非农领域，但以非农领域为主。因此，从征地前后的失地农户家庭成员职业层次演变中也可窥探城镇化土地征用背景下农民就业尤其是非农就业分化发展特征。考虑到部分农民的兼业特性，以其所兼的非农职业作为考察其职业层次的基本依据。

2.2.4　职业收入水平

工资收入是反映个体就业状况的一个重要指标。一般而言，较高的工资水平是与相对更高职业层次和就业发展水平相协调的，对于被征地农民而言，就业模式变化以及职业层次演变将导致其工资收入水平发生变化。因此，我们可通过考察征地前后的农户劳动者的工资收入水平变化状况，来衡量被征地农民就业分化指标。通过对比失地前后不同农民非农收入水平变化，可揭示被征地农民总体收入分化程度，同时也能够从另一层面揭示其总体就业发展状况。

除了作为体现劳动者直接收入的工资指标之外，社会保障作为一种间接收入形态指标，也构成了反映职业总体发展层次和福利水平的重要方面。此外，社会保障还能够反映劳动者面临的生存与就业发展风险程度，其中，养老保险是社会保障的核心。养老保险类型与劳动者从业类型与层次水平存在显著关联。由于我国职工社会保险的必要参与条件之一是要求雇主和劳动签订正规劳动合同，而签订劳动合同并在此基础上参加社会保险，将有效提升劳动者特别是农民工之类的非正式就业人群的职业稳定性和合法权益保障能力，从而有助于提升其稳定发展预期（谢勇，2015）。因此，可以用失地农民参与养老保险形态来间接衡量其职业综合发展水平。目前我国养老保险体系类型大致分为政策性和商业性两类。政策性养老保险包括：第一，基本保险，是指城乡民众实施的基本养老保险，包括城镇居民基本养老保险、农村居民新农保和被征地农民基本生活保障等；第二，职工保险，指由企事业单位与职工共同缴费参加的政策性养老保险。而商业保险指由保险公司提供的商业化养老寿险等。由于当前我国社保政策不允许参保人员同时参加两项政策性保险，但允许同时参加一项政策性保险与商业补充保险（在本书的失地农户调研中"农民养老保险类型"也存在一些双选样本）。一般而言，其他条件既定，保障补偿水平上存在"基本保险＜职工保险＜商业保险"的特征。

对于被征地农民而言，通过考察征地前后职业收入水平的变化，包括直接工资收入以及间接层面的社会保障（养老保险）类型变动，可进一步反映被征地农民的就业分化。

以上四个层面构成了我们对失地农户就业分化衡量体系的基本界定，后面的实证研究也将主要以就业模式、劳动参与率、非农职业层次和职业收入水平构成了衡量被征地农民就业分化程度的最基础而又重要的指标层面，因此有利于从更系统、全面角度揭示被征地农户的就业分化演变状况。

2.3 失地农户劳动供给决策的决定要素

基于劳动供给理论观点，无论是个人还是家庭组织的劳动决策行为都可视为从特定外部环境出发，决策者基于时间、收入、消费预算与偏好等多重因素下谋求效用最大化之劳动资源优化配置过程。农户模型理论也认为，农户家庭会基于既有的禀赋资源条件约束及对未来的预期状况而围绕家庭消费、农业/非农生产和闲暇等领域合理配置经济资源特别是劳动资源，以达到家庭整体效用最大化和长期风险极小化目标。因此，农户家庭劳动决策的产生和演变将取决于一系列重要决策要素的形成与状况，大致可包括四个层面要素：一是家庭收入；二是消费效用；三是未来风险预期；四是环境适应性。通过考察城镇化征地进程中，失地农户面临的决策要素形态及其变化态势，可有助于深入刻画出当前失地农户劳动决策的发生机制与演变特征。

2.3.1　家庭收入目标

收入目标是影响农户劳动供给决策的第一层次核心要素。一方面，基于经济人假设下，获取收益极大化是行为主体决策的基础。在新古典劳动理论中，无论是农民个体还是农户家庭，追求收入增长构成了其经济决策和就业行为的重要目标。另一方面，在家庭决策函数中，农户家庭是包含多个成员构成的生产和消费决策单元，其中维系家庭成员获取消费效用和再生产能力的基石是确保家庭收入流的持续增长（王春超，2009），这也构成了家庭决策者的核心目标。贝克尔（Becker，1987）的农户生产模型揭示了基于收入信号下农户在农业与非农领域优化配置家庭劳动资源，以实现家庭总收入最大化。

失地农户基于家庭收入目标的劳动决策机制，可分为收入结构效应和目标收入线效应两层演变效应。

2.3.1.1　收入结构效应

对于农户而言，家庭总收入结构总体可划分为劳动收入和非劳动收入，其中前者与家庭成员就业状况相关，而后者则受其他非劳动因素的影响。已有相关研究证实，非劳动收入增长可能对农户家庭劳动供给同时存在"收入效应"和"替代效应"，而两者之比所形成的结构效应对农户不同劳动决策模式的形成和就业发展形态具有重要影响。

对于被征地农户而言，失地前家庭收入构成大致可包括：农业收入和工资收入。而征地后，家庭收入结构发生了变化，表现为：一方面，随着土地被征用，农业收入减少直至消失；另一方面，征用补偿成为农民获取非劳动收入的重要来源，与此同时，被征地农民其工资收入水平也将发生变化，其程度将取决于征地前后的职业演变。因此，农户家庭收入结构将发生变动，预期变化方向如表 2 - 1 所示，失地农户劳动决策将首先取决于不同农户之间围绕征地前后的收入结构及水平变动，这构成对其家庭劳动决策模式选择的决策要素之一。

表 2-1 征地前后农户收入结构变动趋势

收入水平	收入类型		
	农业收入	工资收入①	非劳动收入②
征地前	高	不定	低
征地后	降低	不定	可能提高

注：①工资收入主要取决于农户成员的就业水平，但不同农户的就业是存在分化的，因此，总体上征地前后收入水平及变化方向不确定。②不排除少数农户在征地前也有一些财产性收入，如房屋出租、利息、股份分红等，但实际调研发现，受经济条件限制，这个比例不高且水平偏低，但征地后，随着农民获得征地货币补偿以及其他（如回迁房等）财产性安置，相比征地前，征地后农户拥有的财产性收入比例和水平都呈显著增长态势，但不同农户间也存在某种差异性。

2.3.1.2 目标收入线效应

行为劳动经济学的收入靶理论认为，行为主体的劳动供给将取决于其确定的目标收入值，存在着某种目标收入激励效应。对于失地农户而言，会根据自身家庭的禀赋资源、经济状况、消费需求、发展定位以及环境条件等内部和外部因素，确定各自家庭的目标收入线，并据此进行劳动供给决策。而按照从低到高排序，家庭收入线目标类型大致可分为：生存目标、维持目标、富裕目标和自我实现目标。

（1）生存目标。顾名思义，是指建立在仅能维系农户家庭最基本的消费支出和生存需求基础上的收入目标。以家庭生存目标作为主要收入线标准的农户在其村庄往往处于相对较低经济地位，甚至是绝对贫困状态。因此，这些农户面临着脱贫解困，改善家庭生存状况的迫切要求。处于生存目标的失地农户，意味着受种种因素影响，征地并未显著改善其家庭收入和经济状况，因此，其劳动就业决策依然存在着强烈的生存约束机制，而获取满足家庭基本生存需要的收入成为其核心决策目标。

（2）维持目标。是指处于村庄平均经济地位的农户，故又可称为一般收入层。征地前，其家庭收入能保障家庭成员达到当地平均生活水平，处于小康状态，更重要的是他们从心理上已习惯并满足于现有经济地位。因此，面对征地可能带来的经济冲击，这些农户将在评估自身家庭在本区域经济地位变化状况的基础上，积极凝练和抓住征地政策的有利条件，并化解各种风险，以努力维持和保障其所在区域平均收入定位作为核心目标线，并据此进行家庭劳动再决策。

（3）富裕目标。是指农户以追求在其村庄相对更高经济地位作为核心动力，以努力达到富裕状况。谋求富裕收入目标的农户将瞄准当地中上层农户家庭的经济状况与生活水平，并以此制定出自身家庭的收入线目标，进而选择推动收入增长的劳动组合和经济决策。对于这些农户而言，征地带来的经济冲击较小，且具有较强的后征地发展能力，其将在持续跟踪和参照新区域的富裕家庭①经济状况和自身相对经济地位变化，形成动态的家庭总收入目标，并努力加以实现。

（4）自我实现目标。相对前三类而言，自我实现型农户无论是经济地位还是生活水平处于当地最高阶层，处于"领头羊"角色，是成功者。对其而言，其家庭决策的收入目标不存在以"赶超"作为要求，而主要是取决于自我追求和偏好，因而类似于马斯洛需求层次理论的最高层——"自我实现层"。因此，对于这些被征地农户来说，征地对其经济冲击影响几乎为零，但农户依然面临着后征地环境下的偏好和自我追求的重新定位，这将影响其劳动供给决策。可能同时存在两种情形：一方面，继续增加劳动供给，以推动家庭总收入持续增长，确保在新的环境下处于极高的经济地位；另一方面，也可能存在减少劳动供给，增加更高层次的闲暇和消费，以达到极高的社会地位。

2.3.2　消费效用

消费效用是构成家庭劳动决策的第二层次要素。在静态农户经济模型中，农户家庭将同时存在生产函数、消费函数和预算约束方程，其中农户家庭效用构成包含闲暇和商品消费两个基本层面，而商品消费又分为自我产出（农产品）和市场购买商品。假设闲暇效用不变，则农户效用水平将主要取决于农户家庭所获取的商品消费效用水平，其由家庭消费函数及其均衡状况所决定，主要涉及收入和支出两层面：一是收入层面。即农户在既有预算约束下谋求农户生产函数所创造的自我产出或收入极大化，其涉及家庭围绕农业劳动和非农劳动时间的配置决定。理论上，当家庭收入愈增长，将有利于提升农户获取消费品能力和层次规模，因而家庭形成的消费效用水平越高。二是支出层面，农户效用水平还受到农户获取消费品的方式和"代价"（价格）影响。当农户感知获取消费品的便利性下降和成本提高，也会导致其家庭消费能力和消费效用水平下降，这取决于外部经济环境变化程度及农户自我感

---

① 征地前，这部分富裕目标型农户一般是以周边乡村家庭作为参照对象，但征地后，受不同安置区域影响那些安置在城镇社区的农户基于追求更高效益的要求，将以所在区域城镇家庭作为参照对象，确定富裕型收入目标。

知状况。综合对征地前后农户家庭收入和支出两层面变化比较，将构成我们考察其家庭消费效用演变及其劳动供给决策作用效应的重要依据。

结合以上分析可知，影响失地农户家庭消费效用机制大致可归结为以下三方面演变效应：

（1）家庭收入流的演变效应，即由上文所述的征地后农户收入结构、目标收入线变动及由此所引致的家庭生产函数中的总收入流状况演变，这将最终影响失地农户的消费支付能力和总预算约束点。

（2）农产品供给方式的演变效应。从基本类型看，构成农户家庭的消费品类型主要包含两类：一是农产品；二是非农类消费品或服务。其中，征地前后农产品供给方式的变化是影响失地农户消费效用机制形成的首要因素。征地前，由于农户居住在农村，拥有一定的农地资源，因此，农户农产品供给方式也存在两种选择：一种是农户自我生产，另一种是市场购买。一般而言，农户农产品自生产决策将取决于农户家庭投入农业的劳动时间机会成本（非农工资水平）与农产品消费效用水平的比较，当前者大于后者，农户将倾向于外购，否则就自己生产；但随着土地被征用，农户也被安置到城镇居民点，因此，农户完全或部分丧失了农产品自我生产能力，这样，失地农户的农产品供给将只存在单一方式，即外购。其效用水平取决于家庭收入及由此形成的购买能力，同时也受城镇农产品市场供给能力和效率等因素影响。在考虑到我国当前农产品供给市场还存在较为严重的诸如缺乏有效竞争、价格波动频繁、监管不足导致农产品质量安全问题严重[①]等弊病下，这显然对迁居城镇失地农户的消费效用感知水平构成潜在风险。明显可以看出，不同农户由于农产品供给方式及其影响效应存在差异性，其构成对其家庭决策模式分化的显著作用。

（3）非农消费品及服务的价格变化。对于农户而言，非农类消费日用品主要是通过外部市场化途径购买获得。而存在的区别是，征地前，农户主要是农村市场购买，而伴随征地迁居城镇，失地农户将面临城镇消费市场获取。不考虑其他因素，一般而言，同类消费品城镇市场的价格水平普遍要高于农村市场。此外，城镇还存在一些以往农村没有的服务类消费支出（如小区物业费、垃圾处理费等），显然，考虑物价和生活成本项目变化因素，其也构成对失地农户的消费效用形成的影响，同样，不同农户的效用感知水平也有

---

① 相关报道显示，在一些市场化水平高的发达地区农村（如苏南地区），农产品（特别是生鲜农产品）供给出现了某些反市场化特征，即便是那些从事商品化养种的农户，也倾向于优先将运用安全技术生产的绿色农产品供自家消费，而把那些非法添加或违规技术生产的不安全农产品供给市场。

所不同，其中对于一些低收入家庭而言，将构成显著的预期效用降低态势。见表 2 - 2。

表 2 - 2　　　　　　　　　　征地前后农户消费效用变动趋势

效用水平	农户消费效用影响要素		
	收入	农产品①	非农商品②
征地前	不定	高	偏低
征地后	不定	可能降低	可能降低

注：①工资收入主要取决于农户成员的就业水平，但不同农户的就业是存在分化的，因此，总体上，征地前后收入水平及变化方向不确定。②由于失地农户对非农商品的消费效用感知，除了受征地前后家庭收入水平变化影响外，还显著受到城乡之间不同价格和消费环境的影响，总体来说，城市商品价格水平也要高于农村。

2.3.3　风险预期

风险预期是一类心理指标，其构成衡量个体或家庭决策方式的重要方面。风险决策理论认为，不考虑风险喜好型等特例情形，特定理性主体将基于努力控制和降低风险作为前提，并据此作出行为决策。一般而言，当行为主体预期未来风险越高，其行为决策模式将更突出谨慎性和保守性特征，反之，将更表现为积极性和进取性。而受种种因素影响，每个决策主体对其风险主观感知程度也将不同，这使得面临同样的外部风险因子，不同决策者的自我决策机制和决策模式也存在差异性。

基于上述分析，我们通过比较农户在征地前后风险预期的变化，形成分析其劳动供给决策方式的第三层次要素。其中对传统农地保障的依赖度成为判断农户风险预期变化程度的核心指标。农地保障是相对于现代社会保障而言的一种传统保障形态，农地保障依赖于农业价值。对于传统农户而言，土地既能为家庭提供农业产出等经济价值，更重要的是能降低农户的长期生存风险，凸显了其基本生计保障功能。因此，对于一些失地农户而言，当其家庭的非农化水平越低，非农就业发展越不充分，越缺乏相应的社会保障机会，就将越强化其对传统土地保障的依赖度。而当征地从根本上摧毁了这些农户的"土地情结"背景下，与此同时又缺乏对其非农化发展及相应保障体系的必要扶持，这将显而易见地加剧这些农户家庭的未来风险预期程度，导致其"悲观"心理，诱发"预防性""生计优先型"劳动决策；与此相反，对于那些征地前非农化程度较高的农户，其非农收入水平和自我保障能力强，对土地依赖度较低。因此面对征地冲击的影响程度也不高，进而征地后，将不会或较少陷入对被征地的不满意程度，同时也较少形成对未来的"悲观"预期心理，其劳动供给决策的抗风险度也更高。

由此可见，结合对不同失地农户的土地依赖度和未来风险感知度的认知变化及其比较分析，将从心理层面形成对上述农户劳动决策机制与行为特征的深层次解读，进而成为刻画失地农户劳动供给决策模式类型的第三层次决策要素。

2.3.4　环境适应性

社会学对适应能力的理解是一种个体参与社会化交往的能力。《社会学词典》中对"适应行为"解释是："指个人适应社会环境而产生的行为，通过社会交往形成与社会要求相适应的知识、技能、价值观和性格，并采取符合社会要求的行动，反之，如果不能很好地适应社会环境，就会陷入困惑之中。人的一生是不断地适应环境的过程。"而美国社会学家高斯席德（Golds-cheider，1983）在《发展中国家的城市移民》一书中认为："外来移民的适应可界定为一个过程，在这个过程中，移民必须对变化了的政治、经济和社会环境具有足够的适应能力。"

受城镇化征地的影响，失地农户同样也面临从传统熟悉的乡村环境迁移至新的城镇环境的适应性问题，环境适应性感知对失地农户发展能力和决策行为也具有重要影响。一方面，当农户具备良好的经济、社会和政治环境等城镇适应性，将有助于农户家庭顺利形成适应城镇化情境下的生产、生活方式和社会交往能力，进而能够深度融入城镇环境，并最终成功市民化转型；另一方面，良好的环境适应性也意味着农户家庭能够有效从城镇环境中识别和获取更好的发展机会，这无疑也有利于增强失地农户的未来发展能力和发展信心，提升抗风险能力，从而推动失地农户采取更积极进取的发展决策方式，而非消极保守型决策，这显然对其劳动决策模式变迁也具有深层次影响。而通过本书的实地调研①也发现，我国不同地区失地农户对新的城镇环境适应状况感知程度也存在显著差异性，既存在一些自我感知已完全适应城镇环

---

① 在我国东、中、西部地区各抽取 2~3 个省份，并按照经济发展水平，每个省份随机抽取 2~3 个市（县）及相应村镇，共发放问卷 4000 份，回收有效问卷 2294 份，深度访谈材料 76 份。

境①的农户，同时也不排除有大量自我市民化认知程度显著偏差的农户，通过跟踪这些不同农户的行为方式，从中也能窥探出其家庭基于不同程度的环境适应能力，存在着差异化的就业组合安排和劳动供给决策方式。

　　基于上述分析，本书构筑了农户家庭劳动供给决策形成的包含"四位一体"要素的分析体系（见表 2 - 3），包含：家庭收入目标、消费效用、风险预期和环境适应性四个要素类型。而每个要素可分为不同衡量维度。可见，四要素中，前两层要素侧重于农户经济与禀赋资源层面，属于外部经济要素，而后两层要素则主要与农户决策者感知因素有关，属于内部心理要素。"四位一体"要素体系是个有机的整体，彼此密不可分。而农户内部心理要素的形成和发展主要取决于外部经济要素状况，其中，收入要素构成了最重要的家庭决策基石，是推动和影响其他决策要素的核心力量。农户劳动决策的形成过程将同时受制于上述的内外部多要素共同作用，其组合效应则决定了不同农户劳动供给决策模式类型的产生与内涵特征。第2.4 节，我们将循此逻辑，刻画出失地农户的主要劳动供给决策模式类型及其特征，同时这也构成了本书对失地农户劳动供给决策模式类型测度量表开发的理论依据。

表 2 - 3　　　　　　　失地农户劳动供给的"四位一体"决策要素

要素类型	构成维度	判断标准
家庭收入目标	总收入水平	征地前后比较
	收入结构变动	
	目标收入线	
消费效用	农产品供给方式变化影响	征地前后比较
	城镇消费价格负担水平	
风险预期	农地依赖度	主观认知程度
	未来发展信心	
环境适应性	城镇生活满意度	主观认知程度
	市民化认知	

────────────

　　①　后文我们将开发相应的认知态度量表对此进行测度，例如，设计"你觉得你的家庭是否已经成为城市人？""你认为你的家庭已经适应城镇生活？"等等。

2.4 失地农户的劳动决策模式
类型与家庭就业参与特征

考虑到劳动参与决策是经典的农户模型理论中研究农户家庭就业经济行为的重要内容，劳动参与决策主要是特定劳动个体 i 的劳动供给时间（t_i）决策问题，其中，$t_i=0$ 时，视为劳动退出供给。因此，在本节探讨失地农户劳动决策模式类型及其就业参与决策机制之前，为便于分析，基于一个标准的静态农户家庭劳动供给决策分析框架，我们提出了以下几点假设前提，这些也是现有文献所广泛接受的基本研究出发点：

（1）研究对象——失地农户符合一个"标准家庭"假设。其劳动力是由一男和一女两人构成，并假设家庭就业结构存在"男主女次"特征，即男性为家庭中的主要劳动力，女性为次要劳动力，家庭劳务活动主要由女性承担。因此，农户家庭劳动决策本质是上述两个主体的劳动参与和劳动时间供给问题。

（2）农户符合"理性人"假设。农户以追求整体效用最大化和风险较小化为决策目标和起点，以获取极大化目标收入[①]为导向，基于现有家庭资源禀赋能力条件等内部因素和外部环境条件双重约束下，进行各种经济行为决策和劳动资源配置，从而形成本家庭最优化的效用函数和经济福利水平。

（3）农户的不可分假设。农户劳动就业决策是同时嵌入到家庭生产、消费和闲暇等不同行为过程中的，而这些经济行为是不分的。因此，基于静态均衡分析框架，农户决策者将以效用最大化为基础和核心，综合考虑农户家庭生产、消费、收入和时间预算等决策函数，形成最优化的家庭劳动决策和就业安排。

（4）农户劳动决策模式的关键在于"四位一体"相关决策要素的形成与差异性表现，其中，收入要素极为重要。农户基于不同的目标收入起点，构成了对其他三层决策要素的内在复合影响效应，从而催生出不同类型的农户劳动决策模式与就业发展特征。

---

① 传统经济学认为，理性人应是追求收益极大化目标，但考虑到个体能力的差异性，每个理性人更倾向于从自我实际出发，制定符合自己要求的目标收入，并作为其阶段性经济行为决策的基础。因此，本书认为基于不同类型农户也存在着差异性的目标收入线，可将追求目标收入最大化视为农户决策的核心要素。

循着上述研究前提假设，我们通过对失地农户劳动决策的不同要素及其程度水平差异进行排序分析，可发现失地农户劳动供给将呈现出类似马斯洛式的层次结构分布特征，由低端到高端大致存在四种劳动决策模式类型（见图 2 - 1）。分别为：生计维持型、小富即安型、效益追求型和自我实现型。而总体上每种劳动决策模式的形成是受其相应的决策要素状况和特征所决定的。

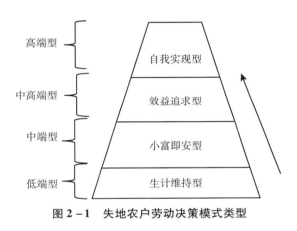

图 2 - 1　失地农户劳动决策模式类型

下面，我们将从决策要素角度入手，分别研究四类失地农户劳动决策模式的内涵表现，进而探讨基于此模式下农户家庭成员的就业参与决策特征。

2.4.1　生计维持型

2.4.1.1　含义属性

生计维持型是处于最低层次的一种失地农户劳动决策模式的类型。顾名思义，是指农户基于种种影响因素和决策要素综合考量下，确立以保障家庭必要的生活需求和基本生计水平作为其决策目标，以实现超越家庭生存目标收入点作为核心经济追求，在此基础上进行劳动就业决策进而所形成的特定劳动决策模式。

2.4.1.2　决策要素特征

从其决策目标机制看，生计维持型农户形成的决策要素可表现为以下特征：

（1）家庭收入要素。首先，看总收入水平。一般而言，在征地前，生计维持型农户家庭的平均经济状况和收入水平普遍较低，往往处于所在村庄中低收入水平，属于基本温饱或半温饱甚至贫困状态。但受多种因素影响，征地过程中，生计维持型农户所获得的征地补偿收入也极低，使得征地后这部分农户的家庭总收入水平不仅没有获得显著上升，往往处于持平甚至有所降低状况，特别是少数地区存在的违规征地问题，更易对生计维持型农户收入水平产生巨大冲击风险，从而进一步恶化了其家庭经济状况和福利水平。因此，总体而言，处于生计维持型的失地农户表现为家庭总收入流增长状况不佳，使得农户依然面临巨大的生计维系压力。其次，看收入结构。生计维持型农户在征地中也面临显著的收入结构变迁，这主要是由其征地前后的就业结构深刻变化所推动的。征地前，生计维持型的农户家庭就业结构中，农业或农业兼业占据了重要地位，农户家庭总体非农就业比例低，涉农收入占了家庭结构中的较高比重，非农收入偏少，拥有的家庭资产规模微乎其微；因此，在征地后，面对农业收入急剧减少乃至归零情况下，生计维持型农户由于缺乏足够的非农就业能力，非农就业收入增长不足。虽然农户能够获得少量征地补偿款等非劳动收入，但不足以抵消因农业收入减少而给家庭总收入带来的冲击，使得生计维持型农户收入结构失衡，亟待通过增加非农就业投入以弥补其家庭收入缺口和结构失衡状况。最后，看目标收入线。基于上述分析可见，处于生计维持型的失地农户将以保障征地后家庭的必要生存作为其劳动决策的收入线目标标准，这一生存收入目标值水平将取决于家庭成员所需基本生活消费品量与城镇安置区本地消费市场价格水平的乘积。处于生存目标的失地农户，受其所倚重的农业收入急剧减少和征地补偿收入较低的双重影响，征地后，要想维系其生存收入目标，必须增加非农劳动投入，以获取必要的非农收入。由此可推论出，生计维持型失地农户的劳动决策将体现为具有较强的劳动参与动机，并努力增加劳动时间供给，以实现工资收入增长，进而达到其家庭生存收入目标。

（2）消费效用要素。征地后，受总体收入低下的影响，生计维持型农户的家庭消费效用水平无疑也将显著降低。这类农户在新的城镇消费环境下，无论是在农产品还是非农消费品领域，都将面临消费方式不适应、消费成本高企和消费支付能力不足等多种严重障碍，导致家庭获得的消费效用感知水平也大幅下降，这反过来又进一步负强化了家庭基于生存型目标下的刚性约束效应。

（3）风险预期和环境适应性。由于生计维持型农户面临着收入和消费效用水平降低的双重制约，这导致其家庭抗风险能力低，对未来预期水平也不高，突出表现为强烈的风险防范意识和长期保障诉求。因此，相比其他类型农户，生计维持型农户更关注政府的征地补偿安置政策，对替代农地保障属性的失地农民基本生活保障也存在较强的需求。此外，生计维持型农户对城镇环境的适应性感知水平也较低，短期内经济、政治、社会和自我心理都缺乏融入城镇市民化的能力和水平，因而更易沦为"城镇化中的难民"，需要予以重点关注和有效帮扶。

2.4.1.3　生计维持型失地农户家庭成员的劳动参与决策

综合上述对生计维持型失地农户的决策要素分析，我们可进一步探讨其家庭内部的劳动决策行为特征。本章将首先侧重从劳动参与角度，考察生计维持型失地农户的家庭成员就业决策行为及其特征，而围绕其他层面的就业分化属性将在第 5 章中的质性案例研究中予以系统探析。

王春超（2011）从家庭收入流角度，构筑了农户类型的划分及其相应家庭劳动就业决策发生机制的研究框架。他将农户划分为：生存压力型、效益追求型和经济发展型这三类，并运用农户模型分析方法，分别探讨了不同类型农户的就业决策行为特征。我们将在吸纳和借鉴王春超（2009）的相关研究思路和分析方法的基础上，着重从多维决策要素角度，构筑失地农户劳动就业决策分析范式。侧重通过分析农户在失地前后的决策要素条件的变化，从而考察由此所引致的家庭成员（主要是夫妻双方）劳动参与及就业时间供给的演变特征。

对于生计维持型失地农户而言，其征地前的家庭劳动就业状况，总体符合王春超（2010）所界定的生存压力型农户的劳动决策特征，可用图 2 – 2 中的实线部分表示。图 2 – 2 中，SS' 为征地前的农户生存约束线，表示农户为了维系基本生活所需的最低目标收入，其由单位时间收入（工资率 w）与劳动时间乘积所得；横坐标分别为丈夫和妻子劳动就业供给时间以及闲暇安排，而同时其各自存在着劳动时间约束 T_m、T_n。

基于王春超（2009）的观点，生存压力型农户存在着一个生存约束下的临界收入（w_s），而家庭劳动决策安排的重心在于尽快摆脱生存约束，将围绕生存目标收入 w_s，其家庭成员劳动时间投入存在两阶段特征：第一，当家庭的实际收入 $\leq w_s$ 时，存在刚性的生存压力，这导致家庭劳动成员的边际劳动倾向增加，劳动的替代效应大于收入效应。基于生存压力下，农户家庭劳动成员中，无论是丈夫劳动供给曲线（AA'）还是妻子的供给曲线（BB'）都呈现向右上方倾斜特征，丈夫和妻子投入劳动就业的时间持续增加。因此，

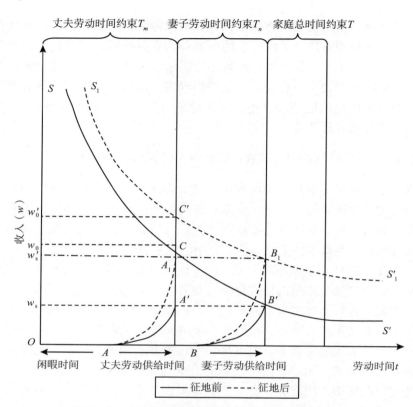

图 2-2 生计维持型失地农户的劳动就业决策机制

维持生计型农户存在着基于满足"最低必需支出约束"下的强劳动供给效应（郭继强，2008）。而农户在农业和非农领域的就业选择取决于每个劳动者比较优势下的收入效率和时间约束。一般情形下，丈夫非农劳动收入效率要高于妻子，因此，丈夫将优先从事非农就业，而妻子的就业领域则取决于家庭农地资源、农产品需求效用以及其劳动时间和生存收入等多重约束机制。在家庭农地资源较多，家庭对农产品需求效用较高的情形下，且存在时间约束大于生存约束，此时，妻子选择在家从事农业活动①，反之，妻子也会从事一部分非农就业或兼业。第二，当家庭实际收入 > w_s 时，由于农户已初步摆脱基本生存压力，在家庭没有确定新的目标收入之

---

① 生计维持型农户家庭从事农业的动机主要包括：一是资源动机，拥有农地资源越多，从事农业倾向越高；二是就业动机，因缺乏足够非农就业能力，而被迫从事农业；三是农产品消费效用动机，受缺乏市场化获取农产品能力（如购买能力）制约时，也倾向于自给自足的农产品供给方式。

前，随着家庭收入从 w_s 增至 w_0，此时家庭劳动决策模式将发生某种变化。对于丈夫而言，由于劳动的替代效应减少，收入效应逐步增加，其劳动就业的投入量将不再递增，而是基于 $w_s w_0$ 家庭收入区间下，暂时处于相对稳定阶段，丈夫劳动供给曲线从 A' 延伸到 C，并与横轴垂直。而此阶段妻子倾向于减少劳动供给，更多承担家务活动，并增加闲暇时间，体现为妻子供给曲线从 B' 点变化到 C 点，这主要是由家庭中女性总体处于次要型劳动决策地位特征所决定的。

以上讨论的是在未征地情形下生计维持型农户的劳动就业决策特征。但在发生城镇化非农征地的情形下，生计维持型失地农户的劳动决策要素体系及其就业行为特征将发生某种异变，具体可见图 2-2 的虚线部分。

从图 2-2 中可见，与征地前相比，生计维持型失地农户的生存约束线发生了显著外移，即从 $SS' \gg S_1 S_1'$，这表明征地后，这类农户家庭的生计压力水平不仅没有降低，反而有所增加了。对其原因的解释可归结为收入和消费效用两层面决策要素的演变机制：第一，收入压力。面临着如上文所阐述，由于生计维持型农户在征地前其收入结构以农业收入为主，非农收入比例偏低，拥有房屋等财产性资源也较少，导致其在征地后，一方面，是农业收入大幅减少，同时受限于家庭财产的不足使得其所获取相应的征地补偿也很少；另一方面，由于缺乏足够的非农就业能力，使得短期内农户家庭的非农收入增长也不显著。由此导致与征地前相比，生计维持型失地农户家庭的总收入水平不仅没有得到显著改善，甚至反而有所降低。第二，消费压力。受征地后迁居城镇环境下的消费农产品供给方式转变和商品消费价格水平提升的影响，失地农户将面临消费效用成本增加的压力。其中，生计维持型失地农户受制于收入瓶颈因素将更显而易见地遭受巨大冲击，加剧其生存压力感知度，由此，也将进一步恶化这类失地农户的未来风险预期水平和对城镇低适应性认知程度。

当生计维持型失地农户的生存约束线外移至 $S_1 S_1'$ 时，意味着农户要维系其家庭在城镇环境下的基本生活所需支出，就必须将生存目标收入线从征地前的 w_s 提高至征地后的 w_s'。

（1）在家庭总收入水平低于 w_s' 阶段时，丈夫和妻子的劳动供给曲线分别从 AA'、BB' 拓展为 AA_1 和 BB_1，形态更为陡峭，表明生计维持型失地农户家庭成员的边际劳动供给倾向将显著大于征地前，伴随收入增长的就业替代效应始终大于收入效应，使得家庭劳动投入时间持续增加。而在就业形态上，由于农地被征用，这部分失地农户的成员无论是丈夫还是妻子都将"积极而又被迫地[①]"走非农化就业拓展之路,以努力获取非农收入,实现家庭总收入持续增长。

(2) 当家庭总收入水平超出 w'_s 阶段后,标志着这类失地农户终于摆脱了城镇环境下的最低生计压力,初步具备了适应城镇化生活消费的基本能力和收入要求。此时,由于刚性约束条件被突破,在没有确定新的家庭目标收入之前,失地农户劳动供给的收入效应逐步上升,而替代效应趋于下降,就业组合决策也开始发生变化,主要表现为妻子的劳动供给时间趋于减少,从 B_1 变化到 C'。其原因在于,失地农户迁居城镇后,家庭需要适应城镇新的生活方式和社会环境。例如,与农村相比,城镇环境下的未成年子女抚育、教育等方式和要求都发生了很大变化,这无疑增加了家庭家务活动投入需求。而妻子作为主要家务劳动供给方,在没有家庭生计压力下,将倾向于逐步增加用于家庭照看的时间;丈夫则可能继续从事非农就业,以维系家庭超过 w'_s 后的收入增长,由此形成了生计维持型失地农户的劳动就业决策过程。

2.4.2 小富即安型

2.4.2.1 内涵属性

小富即安型是比生计维持型要略高一层次的失地农户劳动决策模式类型。其含义是指农户仅以保障维持本家庭生活消费和经济地位处于所在区域的平均水平作为决策重心,以追求实现维持型收入目标作为其家庭的主要经济追求,并形成自我满足感和持续稳定状态,而不刻意追求更高的收入增长目标,在此基础上进行劳动就业决策,从而所形成的第二类特定劳动决策模式。

2.4.2.2 决策要素特征

从其内涵属性看,小富即安型失地农户的形成,其决策要素具备如下特征:

(1) 家庭收入层面。一是征地前后家庭总收入水平变化。在征地前,小富即安型农户的家庭收入水平就始终处于所在村庄的平均中等水准,属于小

---

① "积极"是指这类农户基于家庭生计压力而有较高的边际劳动倾向,而"被迫"则形象地揭示了由于这部分劳动成员长期从事农业,在非农就业中缺乏比较优势,除非能得到外部相关的就业扶持,否则将面临突出的非农就业中的"动力—能力"不相容之窘境。实地调查中发现,大部分之前务农的失地农民在当地社区政府专项培训和扶持下,能够从事一些诸如社区保洁、安保等非农岗位;但发现也有少部分年龄大、学习能力差、不适应非农岗位的失地农民,出于缓解家庭生计动机,仍可能想方设法从事所熟悉的农业,而非闲暇在家,这导致诸如在城镇小区里"毁绿开荒"等违规行为的出现。

康状态。这意味着与生计维持型农户相比，小富即安型农户的非农化比例显著提升，家庭成员从事非农就业程度较高，收入结构中，非农收入占比大，而农业退居次要地位；此外，家庭也积累了一定规模的资产资源。因此，在征地后，小富即安型农户受到就业和收入冲击的影响程度较低，与此同时，家庭拥有的资产资源在征地中获得了有效补偿，从而实现了家庭资产的积极变现，这也推动了家庭非劳动收入的增长。由此可见，与征地前相比，征地后的小富即安型农户家庭总收入水平并未显著降低，与此相反，绝大多数农户甚至实现了不同程度的家庭现金收入流的持续增长，这其中征地补偿因素发挥了重要作用。二是收入结构变化。小富即安型农户没有面临类似生计维持型农户的剧烈就业结构转变。主要因为这类农户从事农业规模小，农业收入比重低，且大多为非农兼业型，因此，农地征用导致的农业收入降低不构成对家庭收入结构的巨大影响。但小富即安型农户收入结构却可能受到另一类收入源——征地补偿因素的显著影响，其作为一类非劳动收入，劳动供给理论认为非劳动收入对劳动者也具有某种替代效应和收入效应。当收入效应大于替代效应，劳动供给将会降低。对于小富即安型失地农户而言，如果征地补偿等非劳动收入增长规模贴近其维持型收入目标时，将诱发其家庭降低劳动就业供给意愿和时间，这无疑将减少家庭非农工资收入比例。三是目标收入线变化。无论是征地前还是征地后，小富即安型农户将始终以周边区域平均收入水平作为参照对象，用以制定其家庭目标收入线和劳动决策定位。所谓维持型收入目标，是指这些农户自我定位为所在区域中等收入家庭行列；同时，农户决策者也高度满足于现有经济状况和相对收入定位，并将其内生成为家庭劳动决策的重要决策目标。从这个层面看，农户维持型收入的实质是所在区域家庭的平均收入 w_a（中值），而 w_a 并非一成不变，而是随着经济环境和参照对象的变化而波动。在征地前，这个参照范围可能是所在村庄，而在征地后，则可能是所居住的社区。基于不同的征地安置政策和方式①，将带来失地农户不同的参照范围和参照群体收入标准的差异，这将导致生计维持型农户存在如图 2－2 中的 w_a 和 w_a' 的两种维持型收入目标线情形，据不同情形所形成的家庭劳动决策曲线也发生显著变化。总之，面对征地可能带来的经济环境变化和冲击，这些农户将在评估自身家庭在本区域经济地位变

---

① 我国各地针对失地农民征地安置政策存在显著差异。从安置方式看，有成片集中安置，也有分散混合安置；从安置地点看，既有安置至城镇，与城镇居民混居，也有在城郊和村镇建独立安置点，与城镇居民分开方式。显然，不同的安置方式和地点，将引致小富即安型失地农户的参照范围和对象的差异，这将直接决定其设置不同的维持型收入目标线，对其劳动就业决策影响也不尽相同。

化状况的基础上，以努力维持和保障达到所在新区域的平均收入定位作为核心目标线，并据此进行家庭劳动就业再决策。

（2）消费效用要素。类似收入目标定位，小富即安型农户也选择以周边参照群体的平均生活消费水平来确定本家庭的目标消费效用状况，即以追求所在区域中等家庭的消费效用水平作为其发展定位，可称之为"维持型消费效用"目标。因此，在征地后，即便这类农户面临着与原先农村所不同的生活和消费环境，其家庭消费效用的形成机制可能有所不同，但考虑到维持型消费效用水平的形成是与失地农户的维持型目标收入 w_a 相协调一致的。所以，只要农户能"咬定"实现维持型收入目标，其实现维持型效用目标就能得到足够的经济保障。当然同样地，基于参照对象和参照范围的不同，这类农户家庭的消费效用值状况也将有所差异，由此也构成对其劳动就业决策行为的异化影响。

（3）风险预期和环境适应性。总的来说，由于小富即安型农户本身就是风险厌恶型群体，其自我定位具有强烈的"中庸之道"倾向，小富即安，容易满足，因此具备一定的适应环境变化能力。从根本上讲，这类农户未来风险预期状况和劳动供给倾向，主要还是取决于将其家庭实际收入与维持型目标收入的比较。当实际收入持续低于目标收入时，其劳动决策中的"忧患意识"和"进取精神"可能也很强烈，但只要实际收入达到了目标收入水平后，这部分农户更具备行为劳动供给理论的"收入靶"激励效应，而倾向于选择主动减少劳动供给。对于小富即安型失地农户来说，考虑到征地前往往具备了当地中等经济收入基础和一定的非农化生产、生活能力，因此，征地一般不会显著恶化其未来风险预期，这主要取决于其家庭实际收入与目标收入的比较。但总体而言，由于这类失地农户的收入目标值定位不高，仅是维持型目标收入标准，因此，其容易产生满足感。特别是在当前很多地方采取的是失地农民集中安置情形下，农户的参照群体将依然是原村庄农户，而非更高收入水平的城镇居民，维持型目标收入水平可能与征地前相比差异并不大，这使得失地农户的劳动供给区间显著缩小。如果再考虑到一些农户因获得超额征地补偿等非劳动收入，这反而会进一步诱发其"不劳而获感""安逸感"等心理状态的产生，追求与维持型效用水平相适应的生活方式，导致投入商品消费以及闲暇的倾向增加。

2.4.2.3　小富即安型失地农户家庭成员的劳动参与决策

图2-3为小富即安型农户家庭劳动就业决策机制，其中，以实线表示征地前情形，虚线为征地后情形，其他类似变量含义与图2-2相同。

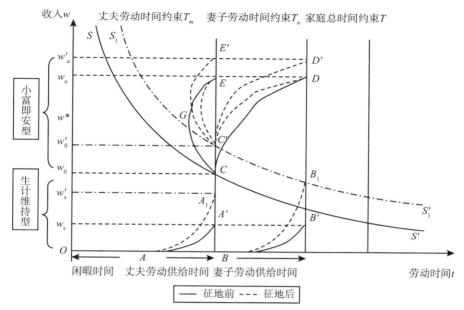

图2－3　小富即安型失地农户的劳动就业决策机制

　　首先来考察农户征地前的情形。从家庭收入水平看，在征地前，小富即安型农户总体处于本地区的中等平均经济地位，这意味着其家庭已超越了基本生存约束，体现为图2－3中的家庭劳动决策点从w_0开始，这也是生计维持型农户的最高收入点，假定所在区域平均收入值①为w_a，有$w_a > w_0$，则$w_0 w_a$构成了小富即安型农户决策的收入区间，农户以w_a作为家庭劳动就业决策行为的最终收入目标线。从图2－3可知，在此阶段中，丈夫和妻子的就业决策收入起点均为w_0，这也构成了家庭劳动投入和闲暇的时间分配点C，而终点则均为w_a，对应的丈夫和妻子时间临界点为E、D，但比较发现，丈夫和妻子的劳动供给曲线则存在明显不同。

　　对于丈夫而言，其劳动供给时间经历了先伴随家庭单位收入上升而缓慢减少（向后弯曲曲线CG），过了G点后再持续增长（GE曲线）的过程。其中与G点对应的w^*是丈夫劳动供给的收入转折点，意味着家庭单位时间收入低于w^*时，丈夫劳动供给的收入效应大于替代效应。对其可能性解释是，当农户突破生存约束收入后，家庭不再面临基本生计压力，而是追求实现更

————————

　　①　严格意义上讲，w_a数值大小主要取决于农户对平均收入水平的自我认知和判断，而并非完全实际值。

高的维持型收入目标及与之相适应的维持型消费效用目标。因此，作为主要劳动力的丈夫，原先的劳动能力和岗位已经不能支撑实现更高的家庭经济目标，为此，他可能需要么进一步接受脱产教育、技能培训等人力资本投资，以提高工资水平，要么选择重新择业，以搜寻更好的收入机会，而这些都将降低其短期劳动时间供给。此外，相比生计维持型农户，此时的家庭也开始注重消费、闲暇投入与劳动投入的均衡，以实现效用水平的提升，表现为家庭总劳动时间相对减少。而当家庭单位时间收入超出 w^* 时，即 G 点后，表明丈夫已经具备了更高的劳动就业能力；同时，面对越来越接近的 w_a 收入目标，其激励效应将进一步强化①，此时，替代效应大于收入效应，丈夫劳动就业供给时间持续增长，直至家庭维持型收入目标的实现。

对于妻子而言，在初始阶段，妻子劳动时间处于较低水平。这是因为从农户家庭初步摆脱生存收入目标（w_s）开始，妻子用于照看家庭和提升家庭商品消费和闲暇的时间投入就逐步增加，以改善农户效用水平，劳动时间不断减少，最终趋于极小值 C 点。但随着农户进入新的发展阶段，制定了更高的维持型收入目标时，妻子开始逐步增加其劳动就业时间投入；但整个劳动供给阶段是一条光滑的向右上方倾斜的 CD 曲线，斜率为负，表明妻子劳动供给边际效应呈递减态势，供给强度和态势取决于丈夫就业、收入状况以及家庭效用需求状况，这也进一步揭示了妻子作为次要劳动力，其主要发挥了辅助家庭主要劳动力的作用。

下面重点分析在征地情形下的小富即安型农户劳动决策机制及其特征变化，可用图 2-3 中的虚线部分来描述。

从决策条件的变化看，征地后，小富即安型农户就业决策的收入点从原先的 w_0 上移至 w_0'，主要因为这类农户获得了一些非劳动收入（征地补偿），进而显著改善了其征地后的家庭经济条件，使其免受新的生计压力线 S_1S_1' 约束，农户也得以在更高的起点 C' 进行就业决策。此外，按照参照对象不同，小富即安型失地农户可能存在两类维持型收入目标线的选择，而政府拆迁安置政策对农户收入目标线选择有直接的影响。假如政府采取的是整村拆迁、集中安置方式，则失地农户将可能仍以原先村庄农户的收入为参照，仍设定为 w_a；而如若政府实施的是分散拆迁与城镇居民混合安置方式，将使得失地农户得以附近城镇居民的收入为参照则为 w_a'，并假定 $w_a' > w_a$，这样，

①　行为心理学研究认为，个体行为受到目标激励效应强度既受到目标值大小影响，还受到实际状况与目标值得距离影响，当距离目标越近，个体越能产生"接近成功的喜悦"，从而激发的动能越大。

源于维持型收入目标线的差异，小富即安型失地农户将存在两种不同形态的劳动供给曲线，进而其劳动就业决策行为也具有某种差异。

（1）维持型收入目标仍为 w_a 不变的情形。不难发现，与征地前相比，征地后这类农户的劳动供给区间显著减少，丈夫和妻子的供给曲线分别从 CE、CD 缩减为 $C'E$、$C'D$。无论是丈夫还是妻子其劳动供给弹性和供给程度都明显下降，这表明如果农户维持型收入目标不变的情况，征地补偿将主要发挥了收入效应，而非替代效应，将诱发失地农户不同程度地产生自愿退出劳动市场或减少劳动投入现象（李琴，2009），从而降低了家庭劳动参与率。这其中对妻子劳动供给影响的收入效应更为突出（反映为同等收入线下，$C'D$ 斜率更小）。

（2）当维持型收入目标从 w_a 提升至 w'_a 时，可见，小富即安型失地农户的劳动供给区间也得到明显拉长，丈夫和妻子的供给曲线分别延伸至 $C'E'$ 和 $C'D'$。与上种情形相比，此情形拉大了农户的劳动供给弹性和供给规模。表明当农户的维持型收入目标上移时，将对农户劳动供给将产生某种替代效应，而其效应程度将取决于 $w'_a - w_a$，而拆迁安置方式对农户收入目标确定具有重要影响。如果再考虑到征地补偿对农户劳动供给的收入效应，由此可以推论出，征地政策对失地农户劳动供给影响效应，将同时包括收入目标线增长形成的替代效应和征地补偿收入增长所形成的收入效应。而两种效应之比的状况，是决定失地农户尤其是小富即安型农户劳动供给决策的重要体现。

2.4.3　效益追求型

2.4.3.1　内涵属性

从图 2 - 1 中的失地农户劳动决策模式分布看，效益追求型是位列从下向上的第三层次类型，也是仅次于自我实现型的农户在谋求较高收入水平下形成的一类家庭劳动就业决策方式。效益追求型，顾名思义，是指农户决策者将其家庭收入目标的定位层次较高，始终以追求实现本家庭经济地位与收入水平位居所在区域（村庄）民众的中上层及以上阶层作为其赶超标准和决策依据，实现家庭经济效益持续增长，达到富裕收入目标。并在此激励和指引下，通过努力挖掘家庭各类禀赋资源和要素潜能，实施积极有效的劳动投入和经济决策，以尽可能多的创造家庭收入流，达到农户家庭效益最大化发展。

与小富即安型相似，效益追求型农户的富裕收入目标线的确定，同样受参照对象和范围的不同而有所差异。比如，在征地前主要与所在农村区域进行参照比较。但有所不同的是，源于效益追求型农户致力于追求所在区域相对较高的经济地位，以努力达到相对富裕目标。因此，这类农户的"进取心"更强，"发展欲望"更盛，使得其目标参照范围将有所扩大，而并非像小富即安型农户易满足于本村组范围内比较，更可能超脱本村庄，甚至延伸至乡镇范围。效益追求型农户往往是农村中一些率先富起来的"致富能手""专业户""乡镇企业经营者"等，不仅具有较高的职业水平，同时也拥有一定的社会影响力。而征地后，这类农户的城镇市民化转型意识和意愿很强，能够在充分把握和利用征地政策带来的各种发展契机基础上，积极跟踪和研究所安置城镇区域富裕家庭的经济状况和自身相对经济地位变化，进而制定形成新的家庭富裕型收入目标基准，调整其家庭劳动就业组合和经济决策，以努力实现新的收入增长目标，推动其家庭成功市民化转型与发展。

2.4.3.2 决策要素特征

我们进一步考察效益追求型失地农户相关决策要素的形成特征与基本表现：

1. 收入层面。

首先是征地前后家庭总收入变化。由于征地前，效益追求型农户家庭的收入水平已经处于所在村镇中上层次，因此意味着农户非农化就业程度极高，非农收入占据了家庭收入结构的绝对主导地位，农业收入微乎其微，甚至可以忽略不计；同时，农户拥有更多的家庭资产和经营性资产，财产性和经营性收入也占有一定的比例。征地后，由于农业比例极低，加之高度的非农化水平，使得农户收入能力受到征地冲击极小；与此同时，这类农户因大量家庭资产被征用补偿而获得较大规模的非劳动收入。

其次，在收入结构层面。显然，在涉及农业/非农收入比例上，无论是征地前还是征地后，效益追求型农户家庭都以非农收入占主导，其中工资性收入比例依然较高，而农业比例微乎其微，因而，征地并不构成上述结构变化。但考虑到效益追求型农户征地前后的资产构成形态发生了显著变化，特别是受征地现金补偿政策的影响，使得这类失地农户征地后拥有的"活跃性"资产——资金的比重增加，这将有助于增强家庭实施就业结构升级，比如尝试自主创业等，以提升获取诸如投资收入比例。

最后是目标收入线变化程度。总体而言，城镇化征地将对效益追求型农户制定更高的富裕型目标收入线构成极大的激励效应。一方面，征地拆迁这一外生性力量推动了城乡环境的根本性转变，促使这类农户从半离农转为彻底离农，从半市民化向全市民化转型①，实现完全城镇化融入，进而改变了原先的农村参照方式，制定适应城镇发展要求的家庭决策目标；另一方面，征地带来的补偿效应和发展效应②也将有助于这类农户树立发展信心，增强发展能力。总之，征地后，效益追求型失地农户将得以提高其目标收入线（如图 2-4 中从 w_b 攀升至 w_b'），并据此进行新一轮家庭劳动就业决策。

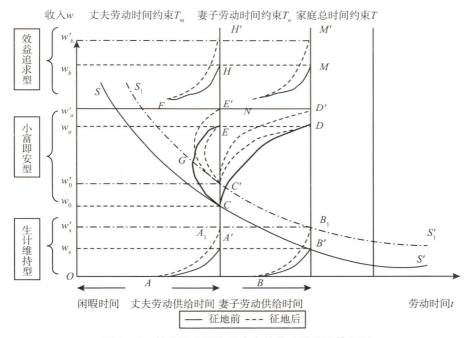

图 2-4　效益追求型失地农户的劳动就业决策机制

2. 消费效用要素。

与富裕型目标收入的定位相适应，效益追求型农户家庭的消费效用水平也较前两类农户更高，家庭生活质量层次和消费水准也定位为本区域的中上社会阶层，即形成所谓的"富裕型消费效用"基准；而在征地后，一般而

① 在征地前，虽然这类农户家庭由于高度非农化发展，已不从事农业，甚至常年在城镇就业和生活，但受种种因素影响，他们依然保留诸如农村户籍、土地承包权、宅基地等农业资源，所以本质上只能算是半离农、半市民化。

② 当前我国一些地方（如江苏镇江）纷纷出台一些促进被征地农户就业创业发展的扶持政策，如专项基金、财税优惠等，并将其统筹纳入征地配套保障政策体系中。

言，效益追求型失地农户伴随着收入层面上瞄准"城镇化定位"，其家庭谋求的消费效用水平也得以同步提升，富裕型消费效用目标的参照范围将从农村转向城镇，以追求适应完全市民化融入和达到城镇富裕阶层的生活方式与消费水平作为其发展要求。

3. 风险预期和环境适应性。

总体而言，与上述两类农户相比，效益追求型农户家庭由于经济基础好，非农化能力强，具有强烈的发展意识和进取精神。征地不仅未能构成对效益追求型农户家庭经济的负面冲击，相反却提供了其家庭不断追求效益增长的良好契机和动力。这类农户会积极把握和抓住外部相关征地政策创造的发展红利机会，针对性制定更高的家庭收入增长目标，并为此形成进一步发展决策的内在激励效应。因此，效益追求型失地农户往往具备类似"熊彼特式"企业家创新意识和才能，善于把握机会，拥有良好的未来发展预期和较强的风险抵御能力，也具有很强的适应环境和改造环境的能力。

2.4.3.3 效益追求型失地农户家庭成员的劳动参与决策

结合对上述相应决策要素的分析，形成了效益追求型农户的劳动就业决策机制（见图2－4）。根据相关释义，假设 w_b 为征地前以农村为参照的富裕型目标收入线，效益追求型农户据此进行劳动供给决策，而 w_b' 表示征地后以城镇为参照的目标收入线，则 $w_b' > w_b$，其他变量含义不变。

图2－4显示，效益追求型农户家庭中，无论是丈夫还是妻子的劳动供给曲线均呈现向右上方上扬态势，且斜率为正，表明边际劳动收入增长效应持续为正。这主要因为，基于追求富裕型目标收入的内在激励机制之下，效益追求型农户具有强烈的劳动供给倾向。而与征地前相比，征地后，由于参照对象不同，造成了效益追求型农户目标收入线发生了向上位移，进而使得丈夫和妻子的劳动供给强度和供给规模都呈现出显著增长，分别从 FH、NM 拓展为 FH' 和 NM'，使得家庭劳动就业时间投入处于充分状态，闲暇时间下降到极低水平[①]，直至达到家庭最终目标收入线。

值得注意的是，按照传统家庭劳动供给理论，妻子提供的家务劳动是家庭效用产出的主要来源，而图2－4表明，效益追求型失地农户家庭中的妻子劳动就业时间也持续增长，表明了妻子投入家务劳动时间减少，那么这会不

---

① 笔者在调研中曾经发现有一对年轻农村夫妻，征地后决定利用征地补偿款，自己开办了一个企业进行创业。为此，夫妻俩起早贪黑，甚至吃住在厂里，很少回家，按照他们所言，根本目的是"现在辛苦点，多挣点钱，这样就能过上与城里人一样体面的生活，不会被城里人瞧不起"。

会导致家庭消费效用水平的降低？我们认为事实未必如此，这是因为农户可以一定程度借助外部"市场化"力量解决家庭劳务供给问题。一种方式是实施广泛的"技术替代"。典型的例子是，当家庭购买洗衣机、吸尘器等时间节约型器具，将有助于释放家庭主妇的劳动时间（Brencic & Young，2009）；另一种方式是寻求家务市场的帮助，通过如外雇家政、保姆等方式解决，由于效益追求型农户家庭本身拥有较高的经济基础，因此，具备较强的家务劳动外部化的支付能力，这样既能满足农户家庭富裕型消费效用的目标需求，同时也不影响妻子的劳动就业时间决策。

总之，对于效益追求型失地农户而言，源于其追求富裕型收入目标之强大内驱力，因而表现为相较于其他类型农户的持续而又强烈的边际劳动供给倾向和就业参与行为。

2.4.4　自我实现型

2.4.4.1　内涵属性

从农户劳动供给决策模式金字塔的分布结构看，自我实现型位居最高层次，因此理论上属于最高水平的农户劳动决策形态。之所以称之最高层次，首先，此类农户的形成一般是由效益追求型农户进一步升级发展所致。这类农户所追求的目标收入线处于所有农户模式中的最高层（见图 2 - 5 中的 w_c），从其衡量属性看，可视为该区域的最高收入水平。因此，这类农户家庭的收入和发展目标定位不存在着以"赶超"为核心要求，而主要是在维系现有经济地位的基础上，更多追求自我"理想"和效用偏好，因而类似于马斯洛需求层次理论的最高层——"自我实现层"，故可称之为"自我实现型"。其次，这类农户也拥有较高社会地位。其群体形态包括：农村卓越乡镇企业家、实业家和成功人士等，总体属于本区域社会阶层中的顶端阶层。此外，由于自我实现型农户拥有本区域最高层次经济地位，自身经济实力和发展能力强大，因此，在所有农户类型中，征地对此类农户的经济决策影响最低，既不构成负面冲击，也不会产生显著促进作用。但农户可能依然面临着后征地环境下的偏好转移和自我追求重新定位的变化，这将会影响其劳动供给决策。可能同时存在两种潜在情形：一方面继续增加劳动供给，以推动家庭总收入持续增长，确保在新的环境下处于极高经济地位；另一方面，也可能存在减少劳动供给，增加家庭更高层次的闲暇和消费，以达到极高社会地位。

2.4.4.2　决策要素特征

总的来说，自我实现型农户受征地等外部环境等因素变化的影响程度极低，因此，征地前后，其家庭决策要素的变化度也不明显，更多地体现其自我偏好和发展定位等内在心理要素的作用。只有当其感知到土地征用的社会文化环境发展变化，进而可能导致其家庭心理要素发生变迁的条件下，此类失地农户的劳动决策才会发生，否则将延续征地前的决策模式形态。而具体来看，征地因素较少对这类农户基本决策要素产生实质性的影响。

（1）家庭收入要素。首先，从总收入角度看，由于征地前，不仅是与当地农户相比，即便是与本区域城镇居民相比，自我实现型农户家庭收入都处于较高层次水平，属于非农化程度极高的"名义型农户"或非农农户①。因此，征地后这部分失地农户的总收入水平仍将保持在本区域处于极高经济地位，而征地补偿收入对其家庭来说算是"锦上添花"，但对总收入增长的影响比例并不高。其次，收入结构角度上，自我实现型农户早已实现了近100%的非农化发展，其拥有大量的经营性资产和资源。因此，征地前，家庭收入结构中，来自经营性收入、资产投资收入、财产性收入等非工资性收入比例大幅度攀升，工资性收入比例则不断下降，并逐步不占主导地位，而农业比例等于零；而征地后，将进一步强化上述收入结构演变态势。最后，从目标收入线来看，自我实现型农户所追求的所谓"自我实现型目标收入"，本质属于其内在"自我心理定价"效应。其取值大小取决于此类农户决策者的偏好和感知水平，本身并不存在一个相对明确的客观标准，且随着农户偏好的波动变化而趋于动态演变状况，因而更类似于农户所追求的一个"理想目标"，这使得图2-5中的自我实现型农户劳动供给曲线只能是无限逼近w_c，而不会交叉。

（2）消费效用要素。在征地前，自我实现型农户家庭消费水平的参照定位就已跳出农村区域，更倾向于向城镇居民水平"接轨"。因此，其总体商品消费效用水平就较高，征地后也将进一步强化其追求以城镇高层次水平为定位的"自我实现型消费效用"。除此之外，自我实现型失地农户家庭将对服务和闲暇消费比重持续上升，重视不断提升其生活品质，以努力营造和演绎作为城市中上社会阶层的高层次生活方式和消费偏好。

---

①　按照非农就业参与度，可将农户分为：纯农户、半兼业Ⅰ型、全兼业型、半兼业Ⅱ型、名义型农户和非农农户。其中对名义型和非农农户定义为，家庭没有劳动成员从事农业，只保留"名义"的农民户籍等身份，而农地资源则通过二次流转、征用或撂荒等方式移出家庭经济决策领域。

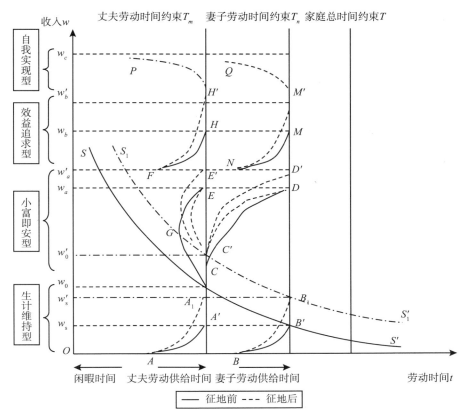

图 2 - 5　自我实现型失地农户的劳动就业决策机制

（3）风险预期和环境适应性。在所有农户类型中，自我实现型是最不受因征地带来的环境变迁影响，且对发展的风险预期程度最低，这是源于其拥有的最高经济基础和发展能力。因此，只要户籍等相关制度藩篱消亡后，自我实现型农户的高度市民化转型过程就"如鱼得水""水到渠成"。

2.4.4.3　自我实现型失地农户家庭成员的劳动参与决策

图 2 - 5 中的 $w'_b w_c$ 构成了自我实现型农户的劳动决策区间。其决策起点是以效益追求型农户实现了其富裕目标收入线 w'_b 作为基础，w_c 为农户自我实现型收入目标线；其本质是一种动态的理想收入，农户倾向于以追求"理想"的自我实现型收入目标而进行劳动决策。其特征表现为：

（1）从构成看，自我实现型农户无论是丈夫还是妻子都仅存在一条劳动供给曲线（分别为 $H'P$、$M'Q$），显示了征地前后家庭成员劳动曲线是完全重叠的，不存在之前的实线和虚线之分，这表明了征地因素已经不构成对这类农户成员劳动供给的显著变化影响。

（2）从走势看，自我实现型农户中，丈夫和妻子劳动供给曲线走势趋于一致，都呈现向后拐的态势。这符合经典劳动供给理论关于收入拐点效应的描述，即当单位时间收入超过特定收入拐点后，收入效应将显著大于替代效应，闲暇效用大大超过劳动效用。其现实解释是，一方面自我实现型农户收入结构中更多来源于资产经营性收入，主要大量采用外雇劳动力形式，而自己投入劳动生产的比例越来越小，因此，使得其直接劳动投入时间减少，但收入仍然保持增长；另一方面，此类农户由于没有"收入赶超"等经济压力，故更注重自身塑造和人生价值观实现，因此，增加了对追求高品质的生活方式和闲暇消费的偏好和投入。

（3）自我实现型农户劳动曲线将无限逼近 w_c 收入线，但不会与 w_c 线相交，且越接近 w_c 收入线，越趋于平缓。这表明 w_c 收入本质更类似于农户所追求的一个"理想目标"，属于农户自我内在"心理定价"，本身并不存在一个相对明确的客观标准，其取决于农户决策者的偏好和感知水平，并随着农户偏好的变化而动态演变。而随着自我实现型农户的收入越接近理想收入，劳动的生存发展等经济功能就越变的"无关紧要"，而逐步转变为劳动者的自我偏好和"自愿"行为。

以上大致勾勒出了失地农户可能存在的四类劳动供给决策模式，而不同模式的形成是建立在各自差异化的决策要素特性基础上的，由此也构成了对农户家庭不同成员的就业参与行为决策的内在决定机制。表2-4中更清晰地比较了失地农户不同决策模式的内涵特征。

表2-4　　　　不同类型失地农户劳动决策模式的特征比较

要素特征		农户类型			
		生计维持型	小富即安型	效益追求型	自我实现型
收入要素	征地后的家庭总收入变化	不变/降低	有所增长	显著增长	变化不明显
	征地前家庭收入结构	农业为主	工资性收入为主，农业为辅	工资性收入为主，财产及经营性收入为辅	财产及经营性收入为主
	决策收入目标	生存目标	维持目标	富裕目标	自我实现目标

续表

要素特征		农户类型			
		生计维持型	小富即安型	效益追求型	自我实现型
消费效用	征地后的农产品消费效用感知变化	显著降低	不变/略微降低	有所提升	显著提升
	征地后的商品消费效用感知变化	显著降低	不变/略微提升	有所提升	显著提升
风险	征地前对农地依赖度	极高	一般	较少	无
	未来风险预期程度	高	一般	较低	极低
适应	对城镇环境适应性	差	一般	强	极强
	市民化发展能力	弱	较弱/一般	强	极强
征地因素	征地补偿影响程度	极高	较高	一般	较少
	征地安置方式影响程度	不甚显著	显著	较显著	不显著
劳动供给决策	丈夫 征地后劳动投入时间（强度）	急剧增加	先缓慢减少，后缓慢增加	急剧增加	缓慢减少
	妻子 征地后劳动投入时间（强度）	先急剧增加，后缓慢减少	缓慢增加	急剧增加	缓慢减少

　　注：①"/"表示存在两种情形；②劳动投入时间变化的"急剧"和"缓慢"主要是通过考察供给曲线的斜率符号，正斜率表示"急剧"，负斜率表示"缓慢"。

2.5　失地农户劳动供给决策模式形成的影响因素

　　农户劳动供给决策模式的产生，本质上是由家庭收入、消费效用、风险预期和环境适应性这"四位一体"的决策要素组合及其差异化特征所内生决定的，其也构成了刻画不同劳动供给决策模式类型的根本决定机制。然而，对于失地农户而言，上述决策要素的形成和特征也将显著受到农户家庭所具有的禀赋条件和外部政策环境等一系列综合因素的影响，从而形成了失地农户劳动供给决策模式类型选择的外在机制。

　　因此，从这个角度看，失地农户劳动供给决策的形成机制，本质上是由具有内生决定效应的决策要素和具有外生影响效应的综合因素共同推动和发挥作用的结果，其形成路径和影响因素可见图 2 - 6。

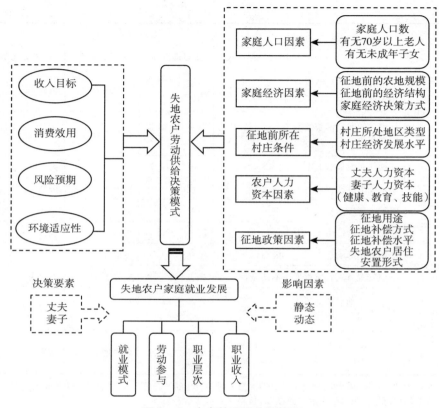

图 2 – 6　本书的理论分析框架

在借鉴相关研究的基础上，我们将影响失地农户劳动供给决策模式的因素体系大致分为四个层面：第一，人力资本因素；第二，家庭因素（包括人口、经济）；第三，区域因素，主要指征地前农户所在村庄条件；第四，征地政策因素，涉及征地补偿和农户安置等不同政策。从其作用路径看，上述不同因素是通过影响失地农户内在决策要素，进而构成了对其家庭不同劳动供给决策模式类型形成演变的作用机制。

2.5.1　人力资本因素对失地农户劳动供给决策的影响机制

人力资本理论认为，人力资本是个体经济决策能力形成的重要基础。劳动供给作为特定劳动者个体或群体的重要经济行为决策，劳动供给决策与决策者的人力资本水平密不可分，人力资本差异将显著影响个体的不同决策模式的形成。失地农户家庭成员劳动供给行为既体现为农户家庭作为一个整体组织的经济决策，其中受户主的人力资本状况影响显著，同时也受到内部成员不同人力资本能力与就业结构特性的显著影响。

劳动供给决策作为农户的重要经济决策行为，人力资本构成了对失地农户劳动决策模式的显著而又关键的影响因素，从劳动决策的形成要素角度，人力资本的作用机制具体可细分为以下三层次：

（1）人力资本有利于增强失地农户面对新环境下的决策能力，进而能抓住更好的发展机会，提高家庭资源配置效率，实现家庭总收入增长。对于失地农户而言，源于外部城镇化征地力量的推动，而"被迫"离开熟悉的农业和农村，从而面临相对陌生的城镇非农化环境下谋求适应自身家庭生存和发展诉求的劳动及其他经济决策行为，因此存在很大的不确定性和风险，而人力资本能够帮助农户家庭增强应对和处置不确定环境风险的能力。韦尔奇（Welch，1970）认为，教育具有提高劳动者生产能力和配置能力的作用，其中配置能力又称"处理非均衡状态的能力"，是指个体发现机会、抓住机会，最优化配置既定资源和处理各类具有生产特征的信息从而增加产出的能力，以及个人适应社会经济条件变化重新配置其个人资源的能力。舒尔茨的研究也支持了这个观点，他认为，教育可使人提高认识能力和信息获取与处理能力，了解竞争规则和竞争技能，使人能对周围环境变化和反应能力也越强[1]，某种意义上，教育的配置功能比生产功能对个人就业能力和收入状况影响程度更大。

更重要的是，大量研究早已证实，人力资本对农民的非农就业发展也具有重要的作用，这构成了影响农户家庭收入增长和经济行为决策的核心机制。对于失地农户而言，其家庭长期收入流的稳定增长将取决于非农就业发展水平，而这最终受制于农户人力资本水平。一方面，人力资本影响农民非农就业决策和岗位筛选能力，进而能提高其预期收入线目标的确定。考虑到人力资本对决策能力的影响，一般而言，拥有较高人力资本水平的农户比较低人力资本水平的往往更具有较高目标收入线定位，从而构成了对农户家庭选择劳动供给决策模式的内在作用，并进一步推动失地农户成员未来在非农就业模式和职业选择上的行为差异。另一方面，人力资本也能有助于失地农户成员在城镇环境中获取到相对高收益的非农就业岗位。近年来，随着我国城乡劳动用工制度、就业市场体制建设和劳动法规管理政策等改革深化，农民工就业市场正逐步转向正规，在此背景下，拥有高水平人力资本的农民在城镇

---

① 西奥多·W. 舒尔茨. 论人力资本投资［M］. 吴珠华，等译. 北京经济学院出版社，1990：110.

劳动市场更具有就业竞争力，更有能力搜寻、获取到与其自身能力相适应的非农就业岗位，获取趋于"人力资本定价"的工资水平。

（2）人力资本有利于增强失地农户面对新环境下的信息搜集和分析能力，进而能获取相应信息优势，促进家庭就业等经济行动能力，同时也有助于提高效用决策水平，降低未来预期风险。

对于失地农户而言，获取相关择业信息对其家庭成员谋求在城镇环境下的非农就业发展具有积极而又重要的作用；此外，当失地农户迁居城镇后，如果能够具有较强的学习和社会交往能力，就能通过学习和掌握新的城镇社会文化环境信息，洞察把握城镇民众的生活习俗、行为方式以及消费闲暇偏好等，这将有利于其改变和调整其家庭效用函数，逐步形成基于城镇市民准则的消费价值观和行动观，从而有助于促进失地农户效用决策水平的提升，对其家庭最终融入城镇市民化发展也具有重要意义。

（3）人力资本也能提升失地农户对城镇环境的总体适应能力，促进其成功市民化转型。社会学对适应能力的理解是一种个体参与社会化交往的能力。《社会学词典》中对"适应行为"解释是："指个人适应社会环境而产生的行为，通过社会交往形成与社会要求相适应的知识、技能、价值观和性格，并采取符合社会要求的行动，反之，如果不能很好地适应社会环境，就会陷入困惑之中。人的一生是不断地适应环境的过程"[①]。

失地农户向城镇迁居过程，也是家庭在职业形式、生活环境以及社会角色等都发生巨大变迁的过程，涉及从职业适应能力、社会适应能力到自我心理适应能力等多个层面。所谓职业适应能力，是指失地农户成员能否在最短时间内适应和胜任城镇非农就业岗位的要求；而社会适应能力指面向城镇化的生活方式和社会环境的适应能力；心理适应能力则指农户成员能否完成从传统农民向城镇市民的心理认知、意识认同和价值观转变，农民非农就业职业适应能力也是其成功实现就业结构转型的重要前提和基础。

人力资本能提高失地农户的职业适应能力。首先，农户成员拥有良好的健康人力资本，将能为拓展城镇非农就业活动提供必要的体魄基础；其次，农户成员掌握了一定的教育人力资本，能提高其自身心智模式和学习能力，为学习掌握新岗位技能创造了良好的条件；最后，农民拥有一定的职业技能，将极大地增强了农民择业能力和岗位水平。

人力资本也能促进失地农户社会和心理适应能力的提高。人力资本不仅具有生产功能和资源配置功能，也能提高个体的认知力和理解力。具有较高

---

① 王康. 社会学词典 [M]. 济南：山东人民山版社，1988：352.

人力资本水平（知识文化、经验阅历）能提高失地农民的认知能力，激发个体的学习能力和创新精神，更具有完善人格。在个性上更自信豁达，更乐于接受新事物和新挑战，社会交往动机与交际能力更强，人际关系处理和聚集社会资本的能力也强，使得在城镇化转型中其家庭自我社会角色转化和环境适应能力也更强。

以上仅是从单一模型视角，分析农户家庭的决策者个体人力资本的能力属性及其对农户家庭决策要素的影响机制，但如果从集体模型假设来审视，那么农户劳动供给决策模式的形成，可视为家庭劳动成员（丈夫和妻子）的博弈演化和动态决策行为的结果。无论是基于合作情形还是不合作情形，农户都将存在多个决策主体，而人力资本也构成了每个个体的博弈能力和动态决策的基础。因此，集体模型角度下的失地农户劳动决策过程，将是不同家庭成员基于各自人力资本制约下围绕所拥有的资源、心理和能力在家庭劳动分工博弈中的综合博弈，而最终博弈结果（即家庭劳动决策）本质上也体现了双方（或多方）之间的人力资本差距。其中，人力资本占优一方将具有更强大的家庭博弈能力，从而构成对家庭决策模式类型选择的关键作用。人力资本博弈将既基于现实状况，还可能包括未来的成长预期，这样，农户劳动决策博弈将最终蜕变为一种不同家庭成员基于短期和长期人力资本能力的综合博弈。

综合上述分析，我们基于家庭劳动成员的构成，将农户人力资本进一步细分为丈夫人力资本和妻子人力资本，并提出待实证检验的研究假设一。

假设一：家庭人力资本因素对农户劳动决策具有显著正向作用，家庭成员人力资本水平越高，失地农户越倾向于选择更高层次的劳动决策模式，反之则相反；其中，丈夫人力资本的作用效应要大于妻子，且不同维度人力资本（健康、教育、技能）效应也存在显著差异。

2.5.2　区域村庄因素对失地农户劳动供给决策的影响机制

从上节对失地农户劳动决策要素分析可知，农户所在村庄区域因素将对农户家庭劳动决策形成某种影响。我们将区域村庄因素分为两个层面：一是征地前农户所在村庄类型。按照距离城镇远近，可将村庄类型分为城镇近郊和乡村远郊两类。一般而言，距离城镇越近的村庄，越能接受到来自城镇的经济和产业辐射，分享城镇交通、通信等公共服务设施。这样，使得相比远郊农户，地处城镇近郊的农户，将可能获得更多的非农发展机会，拓展非农就业，从而增加非农工资收入和财产性收入。因农户农业收入持续下降，征地后，其目标收入线更趋于向城镇看齐。而与此同时，这些农户由于进出城镇较为便利，更容易获得城镇的各类有益经济信息，能更有意愿接受城镇化的消费和闲暇方式，受到城镇消费文化和价值观的熏陶，因此，地处城镇近郊的农户家庭成员总体更趋于"准市民化"状态。这决定了在征地后，近郊农户相比远郊农户将更具备城镇非农化发展意愿和能力，从而推动其家庭劳动决策模式层次和类型相对更高。二是征地前农户所在村庄经济水平。当农户所处的村庄为经济较发达地区时，同样也意味着区域非农产业较发达，农户非农就业机会更多，家庭平均收入水平也较高，这有利于家庭消费效用和偏好水平趋于更高层次定位；另外，更重要的是能促进农户家庭瞄准周边更高收入水平的农户作为参照对象，制定出其决策的目标收入线标准，从而有利于其征地后选择更高层次的劳动决策模式类型。由此推出待验证的假设二。

假设二：征地前的区域村庄因素对失地农户劳动供给决策具有显著影响。相比而言，处于经济发达地区的城镇近郊农户，其征地后选择较高层次家庭劳动决策模式类型的比率要显著高于处于经济不发达地区及地处远郊的农户。

2.5.3 农户家庭因素对失地农户劳动供给决策的影响机制

农户家庭的人口与经济层面因素也可能构成对失地农户劳动决策模式选择的影响，我们设计了相应的家庭因素指标。

2.5.3.1 家庭人口层面

首先是家庭总人口数指标。其他条件既定下，当家庭总人口数越多，意味着家庭需要生活消费支出也越多，家庭维系生计要求也越高，特别是对于处于中低收入水平的生计维持型农户而言，受家庭人口规模大的影响，征地后，这类失地农户家庭将比其他同类农户在城镇面临的刚性生存性消费支出压力更大，甚至会导致少数农户家庭福利水平的急剧下降，从而对家庭就业决策和收入增长的硬约束性更强。

其次是家庭有无70岁老人指标。按照新家庭经济学的观点，家庭是否拥有70岁以上的高龄老人是构成农户家庭照看需要的核心内容之一，其也构成了家庭成员（主要是女性）劳动供给决策的重要因素。当家庭拥有70岁以上老人，意味着家庭照看需求越大，家庭女性退出劳动就业而从事家庭劳务倾向越高。但庞丽华等（2004）则认为，随着人口健康水平的提高，家庭拥有70岁以上老人并不一定会导致家庭照看需求增加；相反，这部分老人只要健康水平适当，具备一定的辅助劳动供给能力，这将进一步影响农户家庭劳动供给决策，而这与当地经济发展水平和农户家庭收入状况存在紧密相关。在欠发达地区，受家庭较低的收入和巨大的生存压力影响，农户成员的劳动参与率较高，即便是一些高龄老人也可能要参与劳动分工，往往根据其残存劳动能力大小，轻则承担诸如照看小孩与一般家务，重则甚至承担农业生产，这将有助于解放家庭主要劳动者（特别是女性）参与非农就业，增加家庭非农劳动时间供给；而在发达地区，由于农户家庭普遍收入水平较高，加之这些地区农村社会保障事业的逐步推进，使得农户劳动要素配置的生存压力大大降低，有助于降低家庭人口的劳动参与率，高龄老人不仅无须承担大量家庭劳动，甚至还会促成部分劳动者（主要是女性）放弃非农就业而选择回家照看家庭。显然，家庭老人因素对失地农户存在差异性影响效应，其影响方向不定，这也构成了农户家庭劳动决策模式形成的影响因素。

最后是家庭有无 15 岁以下的未成年子女指标。同样地，考虑到抚育未成年子女也是构成家庭劳务的重要内容，因此其也成为家庭成员劳动供给决策的另一层面因素。一般而言，家庭女性（妻子）的劳动时间配置中，涉及照看未成年子女的比例较高，换句话说，当农户家庭拥有未成年子女，将对妻子的劳动供给产生某种影响；另外，未成年子女的抚育费用也构成家庭经济支出的重要项目，这也意味着，相比其他农户，拥有未成年子女对农户无论是家庭经济负担还是妻子劳动时间配置都将具有直接影响。综合以上分析，提出研究假设三。

假设三：家庭人口因素将对失地农户劳动供给决策具有显著影响。其他条件既定，家庭人口越多、拥有未成年子女以及老人，将导致家庭照看负担支出增加，目标收入线更趋于维系生计发展，用于家务劳动时间增加，这将构成对农户追求高层次劳动决策模式类型的负面压力。其中对家庭女性（妻子）的劳动供给影响效应要显著大于男性（丈夫）。

2.5.3.2　家庭经济层面

农户拥有的经济资源和经济能力对家庭成员的劳动供给也具有直接影响，为此我们设计了"农户征地前的农地规模""征地前的家庭经济结构"和"家庭决策方式"三方面衡量指标。

（1）"征地前的农地规模"指标。指征地前农户家庭所拥有的农地资源（主要是家庭的耕地面积）规模数量。一般而言，当农户拥有的农地规模越大，越能反映其征地前家庭经济结构中的农业比例较高，征地后其"被动退出农业"的"路径依赖"效应和"转换成本难度"也越高。因而这类失地农户家庭也越易陷入征地冲击风险，除非得到外部的有效扶持，否则将危及其劳动供给决策模式的升级发展。

（2）"征地前的家庭经济结构"指标。主要指征地前农户家庭的收入规模和结构。其他条件既定，当农户家庭经济结构的非农化程度越高，非农收入水平越高，征地后受到的经济冲击程度也越低，也就越能更快更好地适应新的城镇化发展环境，树立积极稳定的未来预期，从而有利于形成较高层次的家庭劳动决策模式，反之则相反。

（3）"家庭决策方式"指标。由于农户主要成员（本书仅指丈夫和妻子）在参与家庭集体决策过程中拥有的权力和影响力可能存在差异性，这样可将家庭决策方式分为三类：丈夫主导型；妻子主导型；丈夫妻子共同决定型。考虑到不同成员主体的决策心理和偏好不同，比如，一般而言，作为女性的妻子决策偏好的风险厌恶程度要高于男性（丈夫），因而妻子主导型家庭可能在劳动决策模式上更趋于保守型风格，追求短期较易实现的收入目标，在不考虑其他因素条件下，家庭劳动决策模式越倾向于较低层次，譬如生计维持型和小富即安型决策方式；而相反，如果农户家庭涉及劳动分工及经济配置领域重大决策体现丈夫主导型或核心影响力，则更可能存在以一定程度的风险偏好和谋求中长远利益目标作为家庭决策机制，进而使得失地农户家庭的决策层次更高。据此形成研究假设四。

假设四：家庭经济因素对失地农户劳动供给决策具有显著影响。其他条件既定，征地前拥有农地资源越少、家庭经济结构的非农化程度越高及家庭决策方式以丈夫为主的失地农户，将更倾向于选择较高层次家庭劳动决策模式，反之则相反。

2.5.4 征地政策因素对失地农户劳动供给决策的影响机制

失地农户形成的直接推力来自政府的土地征用行为，因而相关征地政策构成了对失地农户经济行为决策的重要外部影响因素。我们根据实际情形，设计了四层面反映征地政策的指标，分别为"征地用途""征地补偿方式""征地补偿水平"和"失地农户居住安置形式"。

2.5.4.1 "征地用途"指标

不同的征地用途将形成不同开发产业项目类型，这也将对周边的被征地农民带来不同的非农就业机会。这种就业机会包括两种类型：一是直接型。如征地开发企业或项目直接提供了适应被征地农民能力的岗位机会，从而就近持续招募吸纳被征地农民就业，如一些技能水平要求不高的劳动密集型制造业或短期要求大量体力型劳动者的基础建设、房屋建筑等行业。二是间接型。即该项目虽然不能直接提供符合被征地农民要求的就业岗位，但却能通过区域产业辐射或带动效应，如某大型房产开发或投资项目也能刺激带动周边的商贸、交通、餐饮服务等第三产业发展，这也可能给当地被征地农民带来一定的间接就业机会。当然，这仅是一般分析，对于不同失地农户家庭而言，征地用途因素对其就业溢出的影响却是不确定性的。在实地调研中我们整理出 4 类可能性征地用途：①基础设施；②经济开发区；③商业房地产开发；④其他。可见，理论上，不同征地用途对被征地农户的就业溢出和促进效应存在一定的偏差，这将构成对农户家庭劳动供给决策的某种外部影响机制。

2.5.4.2　"征地补偿方式"指标

总体而言，土地征用补偿既能增加被征地农户的实际收益水平，同时又对其家庭劳动就业决策与未来预期产生某种影响，但受不同征用补偿方式特点，其影响效应是存在一定的差异的。从调研情况看，当前我国不同地方针对失地农户征地补偿大致存在以下 4 类方式。

（1）货币补偿方式。指有关部门按照国家有关政策，对被征地农民的农地及家庭资产进行价值核算和评估，确定补偿标准，在此基础上采取一次性或分期发放现金货币形式予以农户补偿，这是目前较为普遍的一种征地补偿方式。正如前文所述，征地货币补偿能短期内直接增加失地农户的非劳动收入，这对农户家庭的劳动参与及劳动供给决策影响总体是不确定性的，取决于双重效应的比较：一是"收入效应"，即由被征地农民非劳动收入增长而降低了其劳动参与倾向与水平；二是"替代效应"，即被征地农户家庭可能将所获得的补偿资金转化为人力资本、物力资本等非农就业投资或自主创业投资，从而获得更高层次的非农就业发展。

（2）社保补偿方式。指有关部门对被征地农民采取转社会保障方式进行征地补偿。具体形式包括，将征地补偿款不完全发放给被征地农户，而是由社区或村镇集体组织出面，在上级部门政策指导下，通过将征地补偿款转接或补缴社保基金，从而取得城镇居民基本养老保险、医疗保险或新农保、新农合等。有一些地区（如江苏镇江）采取与被征地农民合作筹资（征地补偿＋个人筹资形式），使得被征地农民能进入相对更高层次的社保领域，如参加城镇职工社会保险体系、商业保险公司推出的面向被征地农民的健康养老寿险等，从而形成对了被征地农民的社保补偿。相比货币补偿偏重于短期利益保障，而社保补偿更侧重对被征地农民构筑中长期生存与发展保障，从而有利于化解未来风险，解决其后顾之忧。这对被征地农户家庭的劳动就业决策特别是选择创业等风险型就业，具有某种可能性促进效应。

（3）就业补偿方式。指有关部门制定针对性的被征地农民就业补偿政策，通过采取对被征地农民安置就业岗位等直接形式或"政府购买服务"等间接形式提供就业机会、扶持就（创）业，努力实现农民"失地不失业"。因此，有效的就业补偿对促进被征地农民尤其是自身市场化竞争能力不强的弱势被征地农民就业发展具有重要意义。

在2005年之前，我国一些地区（如长三角）土地征用政策中的就业补偿方式大多采用由征地单位安排吸纳被征地农民就业等直接方式进行。但近年来，随着我国劳动就业市场化改革的深入与征地补偿思路的转变，政府部门采取直接就业安置补偿方式的比例越来越少，但针对被征地农民间接就业补偿体系却也没建立起来。虽然现阶段各级劳动社保等相关部门存在着针对包括被征地农民在内的城乡民众就业发展与扶持相关政策，但围绕被征地农民的系统性、专业化、长效性就业补偿政策体系却尚未构建，特别是没有将征地补偿过程与被征地农民就业能力培育、就业机会构筑、扶持就业升级与发展过程有效整合起来，导致征地政策与被征地农民就业扶持政策相对脱节。考虑到就业对被征地农民生存发展的重要意义，我们有必要重新审视征地政策中的被征地农民就业补偿政策。

（4）其他补偿方式。在调研中发现，当前样本地区面向被征地农户还存在一些其他征地补偿方式。主要包括：土地股份集体分红、安置房补偿、异地以地换地安置等形式，但由于这部分样本不普遍且较分散，故本书将其统一纳入"其他"项。

在实地调查中我们也发现，样本地区有关部门针对失地农户制定的征地补偿政策方案通常并非单一形态的，而是呈现多元化组合特征。例如，制定包含两种及以上补偿方式的综合方案，存在诸如"部分货币＋社保补偿""部分货币＋安置房""部分货币＋安置房＋公益性就业扶持"等多种补偿形态，甚至不排除还有针对失地农民出台的诸如技能培训补贴、创业贴息贷款等政策，也可视为一类特定补偿方式。

2.5.4.3 "征地补偿水平"指标

鉴于目前货币补偿是我国一些地方被征地农户的常用征地补偿方式，同时，货币补偿也是农户获取大量现金流的主要途径。因此，农户获取的补偿款高低作为重要的非劳动收入因素，其对农户家庭的短期收入变化产生直接影响，进而将动摇农户原有决策的目标收入线机制，并使得基于"收入效应"和"替代效应"交互作用下，农户家庭的劳动供给将发生某种演变机制。不同类型失地农户的演变路径和作用效应也存在显著不同，并随着补偿水平的提升，演变强度和偏差度也发生变化，这将构成差异化失地农户劳动决策模式形成和发展的重要诱因。基于此，我们以"农户人均获得征地货币补偿款额（FR）"作为测定"征地补偿水平"指标的衡量标准，显然，FR 值越大，意味着短期内被征地农户获得的非劳动收入水平越高。

2.5.4.4　"失地农户居住安置形式"指标

农户在被征地拆迁后的居住方式将构成对其制定目标收入线、家庭消费行为等经济决策的重要参照因素，同时对其环境适应性及能力塑造也具有直接而又显著的影响。调研中发现，被征地农户的居住方式大多与当地政府的安置政策和安置方式有关，大致可分为两类：

（1）集中安置模式。即有关部门通过在城镇区域或农村新市镇统一规划并新建面向被征地农户的集中安置区、新社区、新城等，提供安置房补偿方式，把整村甚至整片的农户集体拆迁并统一安置到该区域。例如，江苏镇江市的平昌新城就是配套镇江新区实施"万亩良田"工程所建设的失地农民集中安置点，该安置点集中安置了周边 4 个乡镇近 50 个村组 3 万多被征地农民，平昌新城也成为江苏省实施集中安置征地拆迁农户的省级示范项目。集中安置模式的优点是，小区整体独立规划设计，建设成规模、上层次，建设成本控制较好，在基础设施和公共服务体系方面能够自成体系，不与其他城镇街区交叉，省却了一些衔接和协调矛盾，便于失地农户短期内就能很好地适应新环境和新生活。但这种安置方式的缺点是，由于集中安置区独立于城镇社区之外，且采取的是成片农户规模化安置，这样使得集中安置区内的新居民自我封闭性较强，与外部城镇社区沟通程度较低。受种种因素限制，集中安置小区在交通、通信、生活服务网点以及社区管理等公共服务方面与城镇小区仍存在一定的差距，导致被安置农户在居住和生活环境上处于"半农村半城镇"状态。加之集中安置区里的民众几乎全是原先的同镇、同村甚至同组农户，基本相互熟悉，这使得大多数迁居农户仍将延续原有的农村生活方式和传统社会交往形式不变，其家庭决策参照群体也倾向于继续以同期迁入的原有村庄农户为主，而较少上升到外部城镇家庭民众，这将对失地农户家庭目标收入线的确定、消费效用水平参照等决策要素产生显著影响。从而使得与其他情形相比，集中安置方式下农户不同劳动决策模式类型尤其是小富即安型和效益追求型具有显著差异性特征。

（2）分散安置模式。即有关部门采用"化整为零"方式，通过制定一系列相关政策鼓励和引导被征地农户实现在城镇区域内的分散安置。例如，近年来，在中央关于深化新型城镇化发展战略的引领下，江苏省经济发达地区（如苏州、无锡）逐步加大采取货币安置方式，鼓励失地农户自行购买城镇商品房；施行进城农民工以农地承包权、宅基地权评估、置换购买城镇商品房政策，针对农民购买小城镇商品房贴息和税收优惠等政策。分散安置模式对失地农户劳动决策形成要素形成复杂影响机制：首先，分散安置模式能够实现失地农户与当地城镇居民混居，能够较均等的享有城镇公共服务设施，实现了在居住和生活环境方面的"完全城镇化"，从而为真正融入城镇市民化奠定良好的物质基础；其次，分散安置模式改变了失地农户家庭的社会交往模式，其左邻右舍不再是以往的乡亲，而是相对陌生的城镇市民，这使得失地农户社会交往方式将面临从原先的以血缘、亲缘为基础的"强关系型"向以地缘为基础的"弱关系"转型要求（格兰诺维特，1996），从而短期内增加了失地农户预期风险和环境适应压力；最后，分散安置模式也将改变失地农户决策参照行为机制。在此安置模式下，失地农户的社会交往对象将更多的是城镇居民而非以往农村居民，进而将城镇居民作为其家庭收入和劳动决策的参照目标对象，从而追求更高的家庭目标收入线，这将有助于提升家庭劳动供给层次和水平。

总之，在不同的居住安置方式下，将导致失地农户所处环境条件的变化，进而引发其劳动决策机制和决策要素的演变，构成了对失地农户劳动决策模式类型的某种影响效应。由此提出研究假设五。

假设五：征地政策因素对失地农户劳动供给决策具有显著影响。首先，其他条件既定，征地项目的就业溢出和扩散效应越强，越有利于失地农户提升非农化就业决策层次和模式类型；其次，征地补偿方式的不同对失地农户劳动决策类型将具有显著差异性影响；再次，征地货币补偿水平将影响家庭非劳动收入，从而产生对不同失地农户劳动供给的"收入效应"和"替代效应"异化作用，进而诱发不同家庭劳动决策模式类型的变迁；最后，居住安置方式也将对农户家庭劳动决策模式的选择具有显著影响，但影响方向不定。

为便于后文的实证研究，我们围绕上述理论分析及研究假设开发了相关变量及其编码（见表2-5），后面将构筑相应的计量模型，运用全国不同地区失地农户调查数据进行实证研究，力图检验相关研究假设。

表 2 – 5　　　　　　　　　失地农户劳动就业决策与相关因素变量编码

一级指标	二级指标		三级指标	编码形式
个体因素	农户劳动决策模式	生计维持型	—	1
		小富即安型	—	2
		效益追求型	—	3
		自我实现型	—	4
	家庭成员就业模式	农业	—	1
		兼业	—	2
		非农就业	—	3
		无业	—	4
	家庭成员职业层次	最底层（农业/无业）	—	1
		中低层（短期雇工）	—	2
		中间层（长期雇工）	—	3
		中上层（技术人员）	—	4
		上层（创业/管理者）	—	5
	家庭成员非农月收入水平	800 元以下	—	1
		801～1600 元	—	2
		1601～2400 元	—	3
		2401～3200 元	—	4
		3201～4000 元	—	5
		4001 元以上	—	6
	家庭成员养老保障类型	无保险	—	1
		基本保险	—	2
		职工保险	—	3
		商业保险	—	4
	年龄（妻子/丈夫）		35 岁以下	1
			36～45 岁	2
			46～55 岁	3
			56 岁以上	4
	健康（妻子/丈夫）		经常生病	1
			较差	2
			一般	3
			良好	4
	文化程度（妻子/丈夫）		小学以下	1
			初中	2
			高中（中专）	3
			大专以上	4
	有无技能（妻子/丈夫）		有	1
			无	2

续表

一级指标	二级指标	三级指标	编码形式
家庭人口、区域因素	家庭所在地	近郊	1
		远郊	0
	有无未成年子女	有	1
		无	0
	有无老人	有	1
		无	0
	家庭决策方式	丈夫决定	1
		妻子决定	2
		共同决定	3
		其他	4
	有无干部（社会资本）	有	1
		无	0
土地征用因素	征地程度	50%以下	1
		51%~90%	2
		91%以上	3
	征地用途	基础设施	1
		经济开发区	2
		房地产开发	3
		其他	4
	补偿形式	货币补偿	1
		社保补偿	2
		就业补偿	3
		其他	4
	补偿程度（每人）	1万元以下	1
		1.01万~3万元	2
		3.01万~5万元	3
		5万元以上	4
	安置方式	集中安置	1
		分散安置	2

中国城镇化进程中失地农户的
就业分化现状调研

    上章我们侧重探讨了失地农户劳动供给决策与就业发展的相关理论和内在机制。从第 3 章开始，将力图运用全国不同地区的失地农户调查数据，围绕上述理论分析和研究假设进行实证分析。本章首先对城镇化征地背景下的样本地区失地农户总体状况进行调查统计分析，深入考察失地农户的就业分化现状，进一步比较不同类型失地农户群体间的差异性特征，从而有利于对我国当前失地农户就业发展状况及其演变规律的初步把握。

    本章的结构安排为：首先，介绍调研样本来源与数据获取方式；其次，运用全国样本数据，从四个维度分别考察征地前后农户家庭成员（男、女）的总体就业分化状况；再次，进一步对东、中、西部不同地区的失地农户成员就业分化状况进行比较分析；最后，运用 R－Q 模型对失地农户成员就业分化的分布特征进行统计分析。

3.1　调研方法与数据来源

    鉴于目前国内相关部门缺乏针对全国范围内城镇化征地与失地农民的系统连续正式调查数据，因此本书主要运用了实际可操作性较强的非完全随机抽样法和实地农户入户调查方法。具体方法为：以中国社会经济发展的三大区域（东部、中部和西部）作为总体研究范围，并以此反映全国状况，针对每个区域抽取 2～3 个省份，分别为：东部地区为长三角区域的江苏、浙江和上海；中部地区为河南和湖北；西部地区为宁夏、陕西和贵州。进一步按照每个省份内部区域差异和城镇化发展状况，结合调研的便利性，以随机非等距原则抽取 1～3 个市（县）作为实际调查地区，再根据当地农村非农化水平和征地状况随机选取 4～6 个自然村或社区，每个村随机抽取 10 户左右符合本书研究要求的被征地农户进行入户调查。重点以户主作为调研对象发放问卷，由课题组中受训过的当地生源本科生和研究生利用假期进行实地走访，并指导农户填写问卷并开展相应的深度访谈，整理成一些访谈案例材料，同时走访当地基层社区管理部门，以获取相关征地补偿及安置政策信息。

基于本书的研究目的，所调研对象失地农户的遴选标准，总体遵循了整体性和层次性相结合、一般性和多样性相结合原则，尽量覆盖不同区域、不同发展层次、不同征地政策环境以及不同家庭形态下的多类型失地农户群体，很好地保证了本书调查数据获得的科学性和可靠性。例如，从家庭人口、区域经济与产业特征等层面，搜集多种类型的农户家庭，有助于揭示出不同农户的就业差异；又如，根据家庭在当地所处的经济地位衡量，搜集属于当地的富裕农户、小康农户以及相对贫困农户样本，也能有利于考察征地前后上述不同类型农户经济行为特征和决策差异；再如，可根据不同地区间有关部门征地补偿安置政策方式的不同进行农户样本梳理，也对揭示不同失地农户基于征地政策环境变化的决策异化及其经济行为大有裨益，因此有很好的规范性和可操作性，这符合本书研究的目标要求。

综合以上考虑，同时基于实际调研过程的适应性与可控性原则，课题组调研过程共发放总问卷数为 4000 份，累计回收 2786 份，回收率为 69.65%，调研时间为 2014 年 7 月至 2015 年 9 月，剔除其中一些关键信息填写不完整的以及单亲、无劳动能力等特殊家庭样本，得到符合本书研究要求的有效农户样本为 2294 份，总有效率为 82.34%。其中，发生过大规模征地行为（征地率 $a \geqslant 90\%$）的被征地农户样本为 1310 份，不完全征地（征地率 $a < 90\%$）的一般农户样本为 984 份；地区构成方面：东部地区为 1102 份，中部地区为 828 份，西部地区为 364 份。各地区实际回收有效样本分布为：①东部长三角地区：上海金山区 70 份，江苏常州 182 份（武进 102 份、溧阳 80 份），无锡 152 份（江阴 64 份、惠山区 88 份），苏州 178 份（张家港 75 份、昆山 57 份、相城区 46 份），镇江 186 份（新区 106 份、丹阳 80 份），泰州姜堰 114 份，浙江嘉善 120 份，奉化 100 份；②中部地区：河南驻马店 326 份（汝南 148 份、新蔡 85 份、驿城区 93 份），信阳 253 份（浉河区 109 份、罗山 144 份）；湖北武汉 249 份（江夏 145 份，蔡甸区 104 份）；③西部地区：宁夏固原 53 份、吴忠 46 份、中卫 31 份；陕西西安 127 份（阎良区 78 份，临潼区 49 份），贵州遵义 107 份。

问卷样本农户的具体分布与数据特征，如表 3－1 所示。

表 3 – 1　　　　　　　　　失地农户调研样本分布的描述统计

指标		样本分布			
		全国样本 （2294 份）	东部样本 （1102 份）	中部样本 （828 份）	西部样本 （364 份）
丈夫	年龄（岁）	42.29（8.46）	42.53（9.53）	41.64（8.35）	41.095（11.34）
	文化程度	1.852（1.24）	2.27（0.856）	2.077（0.95）	1.857（1.236）
	健康	3.18（1.352）	3.363（1.24）	3.174（1.58）	3.142（1.43）
妻子	年龄（岁）	41.32（9.24）	41.53（10.32）	40.43（9.75）	40.27（10.52）
	文化程度	1.735（0.98）	2.13（0.73）	1.87（0.84）	1.852（0.83）
	健康	3.25（1.27）	3.46（1.14）	3.263（1.34）	3.15（1.62）
家庭人口 特征	家庭人口数	4.736（1.52）	3.881（1.24）	4.687（1.52）	5.295（1.343）
	有无未成年子女	0.58（0.493）	0.514（0.49）	0.573（0.496）	0.635（0.478）
	有无老人	0.273（0.42）	0.251（0.43）	0.387（0.45）	0.263（0.57）
	亲戚中有无干部	0.235（0.37）	0.25（0.435）	0.203（0.41）	0.262（0.58）
区域家庭 经济特征	家庭所在区域类型	1.406（0.62）	1.24（0.45）	1.44（0.53）	1.52（0.71）
	征地前拥有的耕地 （亩）	3.41（1.43）	2.21（1.76）	3.52（1.62）	3.84（1.24）
	征地前家庭年收入 （万元）	3.48（1.73）	4.67（1.35）	3.82（1.92）	3.14（1.78）
征地特征	征地程度	2.52（0.84）	2.62（0.56）	1.92（1.03）	1.76（1.24）
	征地用途	2.57（0.92）	2.83（1.35）	2.63（1.03）	2.15（0.98）
	补偿程度	1.32（0.74）	1.51（0.92）	1.24（0.82）	1.03（0.45）
	安置方式	1.46（0.42）	1.25（0.63）	1.48（0.53）	1.72（0.34）

注：①表中各栏的数值为均值＋标准差。②各多分类变量赋值方式。文化程度：小学以下＝1，初中＝2，高中或中专＝3，大专以上＝4；健康：经常生病＝1，较差＝2，一般＝3，良好＝4；家庭所在区域类型：近郊＝1，远郊＝2；征地程度：50% 以下＝1，51%～90%＝2，91% 以上＝3；征地用途：基础设施＝1，经济开发区＝2，房地产开发＝3，其他＝4。③相关二元选择变量，赋值方式见表 2 – 5。

通过对 2294 份农户样本数据的相关指标均值和标准差比较分析看：

（1）"健康"指标。健康是构成个体人力资本形成的基础。总体而言，全国样本地区农户主要劳动成员的健康状况处于良好以上水平，丈夫和妻子的健康均值分别为 3.18 和 3.25，妻子大于丈夫；地区间比较发现，东部地区农户健康水平平均高于中西部地区，这是与东部较发达的经济水平和医疗卫生条件分不开的。

（2）"文化程度"指标。教育文化程度是构成人力资本能力的主要来源，对农民非农就业发展具有显著正向影响。从全国层面，男性（丈夫）的文化程度均值总体要高于女性（妻子），这反映了农户家庭中的丈夫平均人力资本水平超过妻子，将有利于增强征地后的丈夫非农就业能力。但与此同时，丈夫组文化程度指标的标准差要显著大于妻子组，这也表明了不同失地农户家庭的丈夫人力资本水平间也存在更明显的差异性，这构成了征地后农户家庭之间丈夫的非农就业能力和水平呈现分化发展态势的内在根源；而从地区层面看，无论是丈夫还是妻子，从东部、中部到西部都存在显著的由高到低的人力资本分布格局，区域间农户的人力资本差距十分明显，这和我国当前区域间经济发展差距相一致。

（3）"家庭有无干部"指标。大量相关研究揭示，社会资本对农户的非农就业发展也具有积极作用。本书借鉴同类研究做法，选择用"家庭有无干部"指标近似地反映农户拥有社会资本状况。从农户调研数据看，总体而言，我国农户家庭总体拥有的社会资本比例偏低，不到3成，而不同地区间农户家庭的社会资本水平虽有所差异，但平均值都不高，但标准差值较大（超过0.4），反映了组内差距十分明显，且西部地区最大。这昭示了同一地区不同农户间的社会资本水平分布可能存在较大的差异性，这也构成了对农户征地后谋求就业、创业乃至其他发展机会和资源能力上差距将有所扩大。

（4）"区域家庭和征地"的相关指标。总体来看，在征地前，我国东部、中部、西部地区农户在非农经济条件、收入状况和农村城镇化水平上也符合从高到低的梯度分布差序。首先，在征地程度和用途上，东部和中部无论是在征地规模还是征地非农开发强度上也显著高于西部地区，这构成了东部、中部、西部地区农户基于外部征地因素不同下的差异化家庭劳动供给决策和其他经济行为形成的重要诱因；其次，在征地补偿程度上，东部地区农户获取补偿水平总体也要高于中部和西部地区，但受不同农户拥有的家庭资源差异，补偿程度的结构偏差性也更大；最后，从安置方式来看，调研结果显示，东部和中部地区失地农户安置形式较为多样，无论是集中安置还是分散安置方式都占有一定的比例，而西部地区更多的体现为由当地政府兴建各类安置镇村区等形式，对被征地农户实行整村、整片拆迁和统一安置。

以上仅围绕样本农户的一般群体特征进行了描述分析，从下节开始，我们将分别基于全国层面和不同地区层面对样本农户家庭征地前后的就业及其分化状况进行深入比较研究，以期深入揭示失地农户的就业演变特征。

3.2　征地前后全国样本农户家庭成员的就业分化比较

基于上述理论章节所构筑的农户就业分化分析框架，我们将围绕就业模式、职业层次、非农劳动时间供给以及非农工资收入等四个层面，分别对全国样本地区农户家庭的丈夫（男性）和妻子（女性）在征地前后就业分化特征进行对比分析。

3.2.1　就业模式

图 3 - 1 和图 3 - 2 分别为征地前后全国样本农户家庭的丈夫和妻子就业模式变化状况。对比分析发现，在征地前，农户家庭中，妻子从事农业比例高达 25.82%，超过了丈夫从事农业比例（11.33%）一倍之多，这也验证了当前我国一些地区农村从事农业的大多属于"3860 部队"① 的现实。而在从事兼业和非农就业的比例上，丈夫分别为 52.32%、36.13%，高出了妻子的相应比例（48.47%、22.31%），这表明征地前丈夫总体非农化就业率要显著大于妻子，特别是丈夫从事完全非农就业的比例更超过妻子仅 15 个百分点，而与此同时，妻子在无业的比例上也远超过丈夫。由此可见，在征地前，我国多数地区农户家庭在劳动决策和就业模式安排上存在着传统的"男主外，女主内"格局，即，丈夫更多的走出家门外出谋事，从事非农化程度较高的就业模式，以获取更高的非农收入，承担赚钱养家职责；而妻子则主要选择从事农业或者离家近的农业兼业、甚至无业，以养育老小、照看家庭和从事家务劳动为己任，导致其征地前从事非农就业的程度偏低。

进一步考察征地后全国样本地区失地农户家庭成员的就业模式变迁状况。比较征地前后农户成员间的就业模式构成比例变化发现，总体而言，非农化征地构成了对农户涉农就业形态的直接冲击，体现为从事农业和兼业的农户家庭比例大幅降低，其中对原先从事农业的丈夫程度影响更大；而征地后从事非农就业的农户比例也急剧提升。失地农户中的丈夫从事完全非农就业比例从原先的 36.13% 攀升至 72.48%，翻了一番，妻子非农就业的增长速度更快，从原先的 22.31% 上升到 57.30%，净增了近 1.5 倍；值得注意的是，征地也增加了农户成员处于无业的概率与比例。对比图 3 - 1 和图 3 - 2 相关数

---

① "3860 部队"是理论界对我国一些农村地区长期从事农业的劳动者主要为妇女和老人的代称。

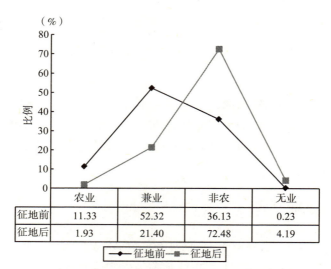

图 3-1　丈夫（男性）的就业模式变化（全国样本）

	农业	兼业	非农	无业
征地前	11.33	52.32	36.13	0.23
征地后	1.93	21.40	72.48	4.19

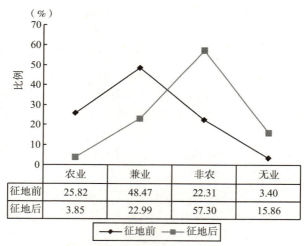

图 3-2　妻子（女性）的就业模式变化（全国样本）

	农业	兼业	非农	无业
征地前	25.82	48.47	22.31	3.40
征地后	3.85	22.99	57.30	15.86

据表明，无论是绝对比例还是相对增长幅度，失地农户家庭成员中处于无业的，妻子都要显著超过丈夫。但造成失地农户家庭成员特别是妻子无业的原因可能多种多样，而无业的性质也不尽相同，既可能是被动失业，也可能是主动放弃就业，自愿退出劳动。本书认为，农户成员的任何一种就业形态选择，其本质上将由不同失地农户家庭的劳动供给决策机制异化及其决策模式所内生决定，对此，本书将在后面章节予以进一步探究。

3.2.2　职业层次

我们根据农户成员所从事的具体非农岗位形态，从职业层次进行了划分，进行征地前后的对比分析，结果如图 3 - 3 和图 3 - 4 所示。

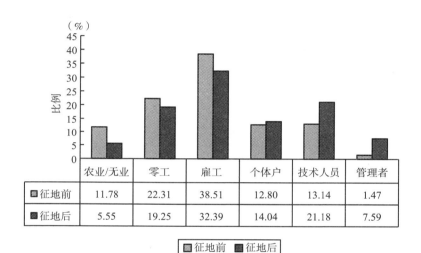

	农业/无业	零工	雇工	个体户	技术人员	管理者
征地前	11.78	22.31	38.51	12.80	13.14	1.47
征地后	5.55	19.25	32.39	14.04	21.18	7.59

■征地前　■征地后

图 3 - 3　丈夫（男性）的职业层次变化（全国样本）

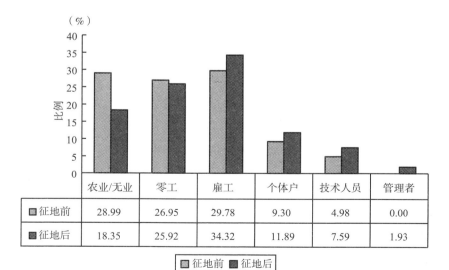

	农业/无业	零工	雇工	个体户	技术人员	管理者
征地前	28.99	26.95	29.78	9.30	4.98	0.00
征地后	18.35	25.92	34.32	11.89	7.59	1.93

■征地前　■征地后

图 3 - 4　妻子（女性）的职业层次变化（全国样本）

（1）看征地前全国样本地区农户成员的职业层次状况。首先，总体而言，农户家庭主要非农职业形态为零工和雇工，其中，丈夫累计从事的比例达 60.82%，而妻子合计比例为 56.73%。表明征地前农户非农职业层次总体不高，处于中层、中下层职业水平占主导；其次，从相应职业层次的分布看，作为男性的丈夫平均职业层次水平要高于妻子，特别是从事个体户、技术人员、管理者等较高层次职业形态的比例明显超过妻子，其中属于最高层次的"管理者"，在样本地区农户中，征地前妻子的从业比例则为零。另外，征地前农户成员从事最低层次的农业/无业比例，也体现为妻子/丈夫，这也验证了在我国多数农户家庭中，丈夫成为非农就业的主力，而妻子总体处于次要地位。

（2）看征地后的情形。对比发现，征地后农户成员所从事的职业形态和职业层次发生了显著变化。首先，从绝对比例看，以零工和雇工等中下层职业层次为主体的格局变化不大。征地后，丈夫从事上述两种职业的合计比例为 51.64%，而妻子的合计比例则高达 60.24%，这反映了一般工薪类职业依然是多数失地农户家庭成员非农择业层次的主要选择。其次，征地后部分农户家庭出现了追求职业层次升级发展态势。表现为一些失地农户的丈夫、妻子开始尝试自主创业，从事诸如个体户、技术人员、管理者等中高层以上职业类型比例均不同程度攀升，其中丈夫的职业提升效应尤为显著。特别是在技术人员和管理者职业形态上，丈夫从事的比例分别从征地前的 13.14%、1.47% 扩大至征地后的 21.18% 和 7.59%，增长了数倍。这反映了征地及其相关政策效应可能构成了促进一部分失地农民职业升级发展的良好契机和积极条件，从而成为影响失地农户劳动供给决策模式类型的重要外部因素之一。最后，受一部分弱势失地农户非农就业模式转换能力不足的影响，征地后从事农业/无业等极低职业层次的农户成员比例虽然较征地前有所减少，但绝对比例依然较高。其中妻子处于这一职业阶层的比例仍高达 18.35%，且大多是由原先的农业转变为无业，征地并没有显著改善其就业状况。即便这些农户短期获得了相应征地补偿，但从长远角度看，基于缺乏有效的就业保障下，其家庭长期收入增长和可持续生计能力依然值得怀疑，其劳动决策模式将始终难以摆脱生计维持型境地。

3.2.3 非农劳动时间供给

劳动经济学认为，劳动时间供给构成了衡量劳动者就业状况与发展特征的重要指标。非农劳动供给时间的长短，既能反映特定劳动者在非农就业市场中实际劳动量的投入规模，微观上体现其基于闲暇消费和工作之间的时间决策。在总时间既定下，劳动者个体劳动时间投入越多，意味着用于闲暇和消费时间投入越少，从而闲暇的收入替代效应越强；另外，从宏观角度讲，在特定时期劳动者群体总劳动时间供给的变化也能一定程度反映该群体从事就业岗位的差异，进而间接折射出该群体劳动强度和职业层次的分化。

根据我国《劳动法》（2015）第三十六条规定，国家实行劳动者每日工作时间不超过 8 小时、平均每周工作时间不超过 44 小时的工时制度。用人单位确需加班的，经与工会和劳动者协商后可以延长工作时间，一般每日不得超过 1 小时；因特殊原因需要延长工作时间的，在保障劳动者身体健康的条件下延长工作时间每日不得超过 3 小时，但是每月不得超过 36 小时。允许和鼓励用人单位在确保完成工作量的前提下，积极实施员工带薪休息休假制度，以减少实际劳动时间，以维护劳动者权益。据此计算，假如以每周法定劳动时间 44 小时为中位值，考虑加上法定允许周加班时间 6 小时，所以我们确定以周均 50 小时为中值点，按照实际劳动强度，从低到高依次设计了 A ~ D 四个劳动时间投入区间维度，分别为：轻强度区 A——35 小时内；中强度区 B——36 ~ 50 小时；较高强度区 C——51 ~ 65 小时；极高强度区 D——66 小时以上。显然，从劳动时间的差异能够一定程度反映劳动者的就业质量和水平。当劳动者的劳动时间投入位于 A、B 的中低强度区①，意味着用人单位能够严格执行相关劳动法规，很好地保障劳动者相关合法权利和劳动福利水平，其往往也是劳动者从事正规部门、高层级岗位、高收入和体面就业的表现；反之，处于劳动供给时间高强度区（C、D 区间），表明劳动者总体就业水平不高。往往是一些非正规就业部门和岗位，常常游离于法律灰色地带，不仅就业层次低、劳动时间长、收入水平低，且劳动强度高，违规随意加班和侵犯工人合法权益问题突出，存在潜在的劳动保障风险。

图 3 - 5 分别描述了征地前后全国样本地区农户家庭的丈夫（男性）和妻子（女性）平均每周非农劳动时间的供给规模区间比例变化。从图中可见，首先，在全国样本地区农户家庭成员非农劳动时间供给区间分布上，排在首位的是 C 区间段（51 ~ 65 小时）。这属于较高强度劳动区间。特别是样本区农户家庭的丈夫（男性），无论是征地前还是征地后，周非农劳动时间

---

①　理论上，对于处于 A 区劳动者的就业质量和水平是否必然较高是存在争议的。因为如果单纯从劳动时间投入看，农业/无业的劳动时间最少，近似于零，此外，一些自由职业者的劳动时间也不固定，常常也显著低于法定工作时间，这样来说，并非劳动时间越短，职业层次就必然越高；但反之有可能成立，即其他条件既定，劳动时间越长，劳动强度越大，可能反映其就业层次水平越低，这构成了我们考察农户成员劳动时间的逻辑前提。

属于该区间的比例达40%以上，最高为46%的征地后失地农户丈夫（男性）。其次，征地后的妻子（女性）在该区间的劳动时间投入比例也达38%，这反映了近一半的全国样本农户家庭其成员非农劳动供给程度处于中高强度水平，这与上文中多数农户家庭就业层次定位为工薪类职业是相一致的。再次，位于中等劳动强度的 B 区间（36~50小时）农户男女成员平均比例约为25%~35%，且征地前后这一比例的变化并不大，较为稳定；同样的，处于极高劳动强度的 D 区间的农户男女劳动者比例也趋于集中，男性从事极高劳动强度的比例高于女性，且征地前后变化幅度也有限。最后，值得关注的是，农户成员位于轻度劳动强度的 A 区间分布比例呈发散特征，无论是男女之间还是征地前后的分布比例显著分化。而从性别看，女性从事比例平均高于男性，且征地前的比例高于征地后。

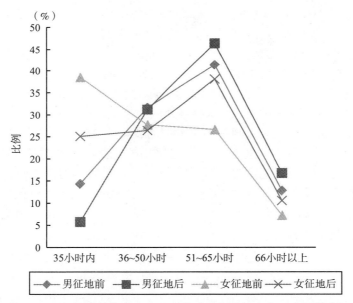

图 3-5　征地前后农户成员非农劳动时间供给变化（全国样本）

3.2.4　非农工资收入

非农工资收入是衡量劳动者就业层次和水平的另一重要指标。我们调研了全国样本地区农户成员征地前后非农工资收入的比例变化。为便于全国不同地区间的比较，本书设计了六档工资收入区间，分别为：①0~1000元/月；

②1001～2000 元/月；③2001～3000 元/月；④3001～4000 元/月；⑤4001～5000 元/月；⑥5000 元/月以上。其中对从事农业或无业的，其月工资收入设为一个极小值（一般以城乡最低生活保障金为基准），统一归集为 0～1000 元/月区间。统计结果如图 3-6 所示。

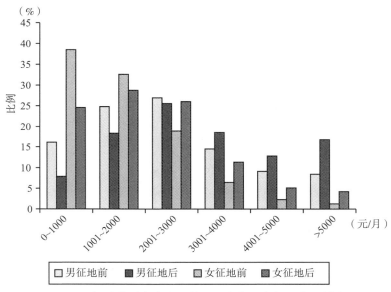

图 3-6　征地前后农户成员的月工资收入变化（全国样本）

如图 3-6 所示，征地前农户成员收入分布较为集中的为②③区间，累计超 50% 以上。这反映了目前我国样本地区农户平均工资收入水平大约为 1001～3000 元/月之间，这与一般生产操作类工作岗位的薪酬标准相符，构成了失地农户主要职业类型；从性别比例看，农户成员中，总体男性的平均工资水平要超过女性。在低收入区（2000 元/月以下），女性比例大于男性，而相反在中高收入区，总体上男性大于女性；从征地后看，失地农户成员处于低收入区的比例明显下降，而高收入区的比例有所上升。这表明征地确实能促进部分农户家庭经济发展，这构成对其就业增长和收入改善的积极影响；而从不同收入区间的变化幅度看，征地后处于极低收入①区间的女性比例大幅下降，从征地前的 37.4% 降为 23.5%。这隐含了一个待验证的假设：即征地及其相关补偿安置政策可能构成短期内有利于贫困农户家庭改善其收入和经济福利状况，其中对农户女性的改善效应将更为明显。此外，在较高收入区（3001 元/月以上），均出现征地后农户成员收入比征地前显著改善特征，而且越是在更高收入区，失地农户男性成员收入增长幅度越比女性成员大，其可能性原因是，征地后男性的职业发展水平也显著超过女性。

3.3 征地前后不同地区间农户家庭成员的就业分化比较

以上是针对全国层面农户的一般分析，而为了进一步揭示征地前后农户成员就业分化的地区差异特征，本节引入对东、中、西部样本地区农户数据的比较分析，具体衡量就业分化指标界定维度和含义不变，依然从上述四个层面区分性别和征地前后情形进行对比讨论。

3.3.1 就业模式

分别建立了针对农户男性和女性分地区就业模式变化的雷达图（见图 3 -7 和图 3 -8）。

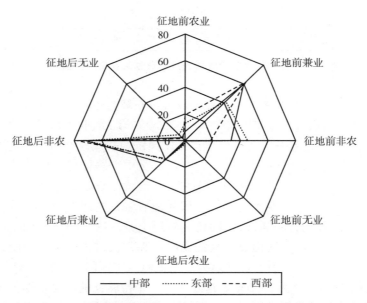

图 3 -7 东、中、西部分地区征地前后丈夫（男性）的就业模式变化比较

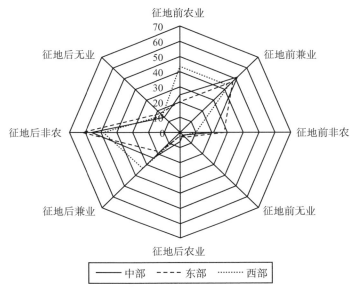

图 3 - 8　东、中、西部分地区征地前后妻子（女性）的就业模式变化比较

3.3.1.1　男性层面

首先考察不同地区农户男性成员征地前后就业模式变化特征。从图 3 - 7 可见，征地前，东、中、西部地区农户男性从事的就业模式类型存在显著差异。在从事完全非农就业的比例方面，东部地区最高，超过 40%，其次为中部，西部最低；而在兼业方面，中部和西部农户比例较高，近 60%，东部最低；但在农业方面，西部地区农户男性从事比例最高，达 20% 以上，远超过其他地区。可见，征地前，不同地区农户家庭男性就业模式选择显著受到当地非农化发展水平影响，非农化发展程度越高，当地农户从事非农就业比例越大。由于相较于中、西部地区，东部地区非农经济水平较高，农村乡镇企业等非农产业较为发达，这为农户非农就业拓展创造良好的机会，而家庭男性成为最先从事非农就业和获取非农收入的主体；而与此相反，当特定地区农户家庭拥有农业资源（农地）越丰富，这对农户成员就业模式选择也会产生一定的影响。例如，中、西部地区，由于农户家庭普遍拥有较多耕地，这会一定程度制约农户成员非农化就业选择，一般情形下，农户更倾向于选择兼顾农业的非农兼业模式。但在征地后，易发现所有地区农户涉农就业模式比例都显著下降，特别是西部地区农户男性从事农业的比例开始急剧减少，样本区已降为个位数比例。此外，征地后从事兼业的农户男性比例也进一步

降低，西部地区从原先的 60% 急剧下降为 20% 左右，而中部、东部地区的下降速度更快；与此相对应的是，征地后，所有地区农户男性从事非农就业的比例大幅攀升，其中东部地区超 80%，中部和西部地区也达到 75% 以上，占据绝对比例，这表明城镇化征地显著提升了各地区农户家庭男性从事非农就业的比例；最后考察"征地后无业"指标项。发现各地区农户男性无业比例并不高，这显示了男性作为农户家庭主要劳动力，承担着家庭收入来源和生计保障的核心经济职能，因而始终具有较高的边际劳动供给倾向。

3.3.1.2 女性层面

再来看各地区农户女性成员的就业模式变化。总体而言，征地前，各地区农户女性成员从事非农就业比例偏低，最高的是东部地区，但其构成比例也不到 30%，而各地区农户家庭女性大多以从事涉农就业为主。例如，各地区农户女性在征地前从事兼业比例都接近 50%，而西部地区女性从事农业比例更高达 43%。这显示了征地前，各地区农户女性就业模式选择更倾向于"主内"特征，以照看家庭和务农为主，即便从事非农化职业也大多选择以就近兼业模式为主。而从征地后情形看，各地区农户女性就业模式发生了一些变化：首先是非农就业比例显著上升，其中东部地区超过了 60%，中部、西部也达到 50% 以上。其次是受农地被征用影响，农户女性涉农就业急剧下降，不仅是兼业比例显著降低，变化最大的当属农业比例。征地前，即便是东部、中部样本农户家庭中，女性从事农业比例依然有 2 成以上，其中西部地区更超过 40%；但在征地的冲击下，构成了对原先从事农业的农户成员的就业冲击，农户女性更是首当其冲。除了一部分具备就业转型条件的成功转入非农就业之外，还存在一定的农户女性在征地后因缺乏必要的就业技能而自愿或非自愿沦为失业状态。从图 3-8 中可看出，各地区样本农户女性征地后的无业指标比例平均高达 10% 以上，这与男性无业比例微乎其微形成鲜明的对照。验证了女性作为农户家庭的次要劳动力，其劳动供给决策将显著受到家庭经济环境变化的影响。

3.3.2 职业层次

进一步对不同地区农户家庭成员的职业层次变化特征进行比较分析。

3.3.2.1 男性层面

图 3-9 显示，总体而言，征地前不同地区农户男性从事的职业层次与其

经济发展水平相对应，经济越不发达地区，农户的职业层次越偏低。例如，通过对东、中、西部样本地区的相关职业比例数据进行横向比较显示，征地前西部地区农户男性除了从事农业/无业比例较大外，从事零工这一较低层次非农职业的比例也很高，超过其他地区的一倍多；与之相反，东部、中部地区从事雇工及以上职业层次的比例也显著超过西部地区。其中，东部地区从事技术人员、管理者的职业比例较其他地区略高，而中部地区从事个体户的比例则相对较高。征地后发现，样本地区农户家庭男性职业的非农化程度都获得了一定的发展。首先是农业/无业的比例出现了明显下降，在西部地区的下降幅度更大，这反映了征地后西部地区农户家庭获得了拓展非农就业的机会，土地征用构成了推动这些家庭男性大规模从事非农就业的外部推力。而从征地后情形看，各地区农户男性在非农职业层次方面也呈现出不同程度发展，西部地区从原先以零工为主逐步升级为以雇工为主，同时也开始积极尝试其他更高层次职业形态；而征地后东部地区农户男性的职业升级态势更为显著，在从事技术人员和管理者等职业类型比例上也得到明显增长。土地征用更成为那些已实现非农就业的家庭谋求就业升级的驱动力，利用征地及补偿契机，积极追求更高层次职业以及自主创业。由此可推论，征地促进了我国失地农户家庭男性成员的非农就业发展，其中对东部地区农户男性的非农职业层次提升效应更为显著。

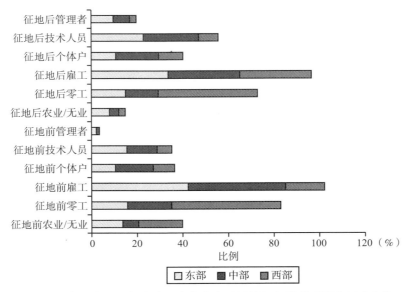

图 3-9　东、中、西部分地区农户丈夫（男性）征地前后职业层次变化

3. 3. 2. 2　女性层面

图 3 - 10 显示，征地前，我国各地区农户家庭女性的非农职业层次总体不高，显著小于男性。首先，在农业/无业方面，无论是经济较发达的东部地区还是欠发达的中、西部地区，从事比例均较高；其次，各地区农户女性从事零工等低层次非农职业的比例也较高；而在雇工的从事比例上，呈现出东部最高，中部次之，西部最少，这和区域间经济发展次序相一致。另外，征地前各地区农户女性从事个体户、技术人员等中高层次职业的比例也均少于相应男性，而样本地区从事管理者的比例为零。再看征地后，相应的构成比例变化显示，征地后失地农户女性的非农职业层次虽有所提升，但相比男性，无论是提升幅度还是变化结构均较小。表现为：一方面，征地后各地区农户家庭女性从事农业/无业这一极低职业层次比例[1]依然有一定的规模，东、中、西部均超 10% 以上；另一方面，在个体户、技术人员以及管理者层面，农户女性的增长幅度也显著小于男性。据此可形成如下研究结论：征地对失地农户家庭女性的非农职业层次具有正向作用影响，但其作用程度总体显著小于男性，且不同地区间的差异较小。

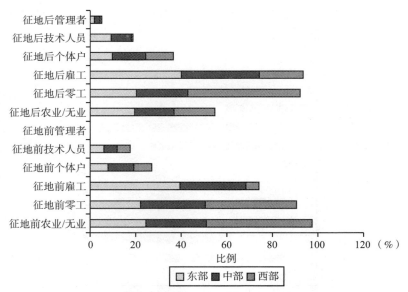

图 3 - 10　东、中、西部分地区农户妻子（女性）征地前后职业层次变化

---

[1]　但征地前后农户从事的该职业层次表现形态不同，征地前主要是农业，而征地后则可能是农业/无业，本书将上述两种形态都归属于职业层次的最底层。

3.3.3　非农劳动时间供给

继续考察征地前后不同地区农户成员的非农劳动时间供给变化状况。

3.3.3.1　男性层面

通过比较不同劳动时间比例（见图 3 - 11），可以看出，总体而言，征地前各地区农户男性成员的平均劳动就业强度普遍较高，周劳动时间投入 51 ~ 65 小时以及 66 小时以上的比例超过一半，这是与男性承担家庭主要收入责任有关；而进一步比较发现，在劳动时间投入强度上，东部和西部地区显著高于中部地区，对此原因解释大致可归结为目标收入的差异。受不同地区经济条件差异的影响，东部地区农户存在更高的收入增长追求目标，而西部地区农户则可能面临迫切的脱贫解困要求，而中部地区更倾向于小富即安状态。而从征地后的情形看，这一分布格局没有根本改变，依然体现为东部和西部地区农户男性劳动投入强度超过中部地区；从绝对比例变动看，在征地后，所有地区农户男性劳动投入时间均比征地前有所增长。表现为 51 ~ 65 小时以及 66 小时以上这个高强度区间比例均有所扩大，其中，东部和西部地区的扩大幅度显著超过中部地区。由此可得出如下研究结论：我国各地区农户男性的平均劳动参与强度较高，其中，东部和西部要大于中部；征地后，农户男性劳动参与强度得以进一步提高，且与东部和西部相比，中部地区农户提升幅度相对较少。

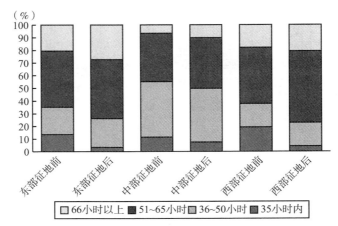

图 3 - 11　东、中、西部分地区农户男性征地前后周劳动时间变化

3.3.3.2 女性层面

通过比较发现（见图 3 - 12），征地前各地区农户女性的劳动就业强度均显著少于男性成员。周均非农劳动时间投入 36 ~ 50 小时以及 35 小时内的占 60% 以上，显示了女性在农户家庭中总体处于次要劳动地位。而不同地区比较发现，在轻度劳动投入强度指标在 35 小时内的比例上，征地前，西部农户女性的比例最高，超 40%，其次是东部，约为 35%，而中部则最少，不到 30%。对此解释的原因是，农户家庭劳动决策存在集体机制，即女性劳动投入决策与男性就业行为紧密相关。当农户家庭男性外出劳动时间越长，非农就业强度越大，非农工资收入越高；与此相应的是，女性非农就业意愿和劳动时间投入规模将有所降低，把更多的时间投入到从事农业生产以及照料家庭层面，即便从事非农职业也以就近兼业为主。因此，从征地前各地区农户男性就业状况可以间接反映出家庭女性的就业决策特征。再看征地后的农户家庭女性劳动时间变化。从绝对比例看，无论是东部、中部还是西部地区，中高强度劳动投入区间比例比征地前有所扩大，低强度区间比例相应缩小，显示了失地农户家庭女性的非农劳动时间均有不同程度的增长。与征地前相比，征地后农户女性的边际非农劳动倾向和非农劳动投入强度呈现提升态势，且从相对比例看，西部和东部失地农户家庭女性的非农劳动投入强度也高于

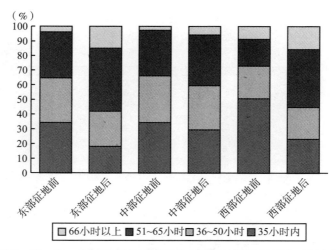

图 3 - 12　东、中、西部分地区农户女性征地前后周劳动时间变化

中部，这与农户男性的劳动投入变动规律存在相似之处。由此初步验证了本书的核心理论假设：即失地农户家庭劳动决策存在显著的集体属性。在农地被征用背景下，农户决策者将会依据家庭内部禀赋条件和预期偏好以及外部环境条件，确定各自的目标收入决策要素，并据此形成家庭劳动供给决策模式。而无论是男性还是女性成员都将遵循家庭所确定的不同收入目标和决策模式要求，形成相适应的劳动配置组合，从而实现家庭内的分工和彼此协作。

3.3.4　职业收入

不同地区农户成员征地前后的月均工资收入变化状况如图 3 – 13 和图 3 – 14 所示。

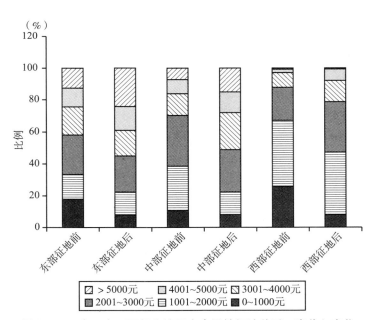

图 3 – 13　东、中、西部分地区农户男性征地前后工资收入变化

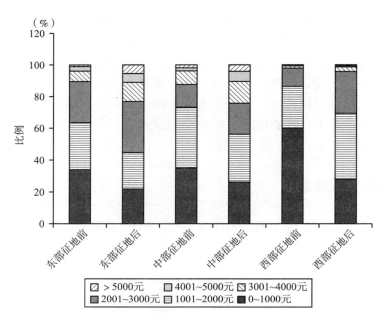

（%）

比例

图例：
> 5000元　4001~5000元　3001~4000元
2001~3000元　1001~2000元　0~1000元

图 3 – 14　东、中、西部分地区农户女性征地前后工资收入变化

3.3.4.1　男性层面

考察图 3 – 13 情形可见，在征地前，不同地区农户男性的工资收入分布比例存在显著不同，总体上呈现东、中、西部地区收入分布比例逐步拉大态势。东部地区样本农户男性在各区间收入比例分布较为均衡，差异度不大，且在 4001 元以上区间的较高收入层次也占有一定的比例（累计超过 1/4）；中部地区样本农户男性的收入区间分布开始呈现逐步不均衡态势，其中以1001 ~ 3000 元之间的中低收入比例占主导（两者合计约占 60%）；而西部地区样本农户男性的收入区间更呈现严重的失衡态势，3000 元以下的中低收入区间占绝对多比例，其中 1000 元以下的极低收入比例更接近 20%，而 4001元以上的较高收入比例偏小。这反映了东、中、西部区域经济发展的差异度将显著影响不同地区内部农户男性的非农收入差距。再看征地后农户男性的收入变化倾向。通过对比发现，征地对所有地区农户男性的工资收入都有不同程度的促进效应，表现为中低收入区间比例均有所减少，而处于较高收入区间的农户比例有所增长。

进一步考察征地对不同地区农户男性的工资收入影响状况，发现存在显著的地区间差异性特征。先看东部地区，与征地前比，征地后农户男性在收入的两端具有显著的改善效应，但中间比例变化不大。一方面是在 1000 元以下的极低收入区间比例持续下降，从近 15% 降为不到 5%；另一方面，征地带来了该地区农户实现更高收入增长的契机和条件，体现为征地后处于 5000 元以上的高收入区间农户男性比例显著增长，从原先的 16% 攀升至 31%，翻了近一番，具有显著的"创业效应"。这是因为东部地区男性征地后的职业层次更高，特别是从事创业和管理者比例大幅上升。再看中部地区，对比发现，征地对中部地区农户男性工资收入均发挥了不同程度的促进效应，呈现某种"福利效应"，表现为所有收入区间的比例呈现持续改善状况。其中，中低收入比例稳步下降，而中高收入比例有所上升，不同农户间收入的差距有所缩小。而从西部地区情况看，征地更对该地区农户男性非农收入发挥了某种"减贫效应"，即对中低收入区间的农户男性改善作用较为突出，而对高收入区间则并不明显。

3.3.4.2　女性层面

同样地，我们先考察征地前各地区农户女性的非农收入状况。总体而言，各地区女性平均非农收入水平要低于男性。无论是东部、中部还是西部，女性工资水平均处于 3000 元以下的中等及中低收入区间占主体，其中 1000 元以下的极低收入区间比例总体也较高，特别是西部地区更高达 58% 以上，即便是经济较发达的东部地区，这一比例也在 30% 左右。这反映了征地前，相比男性，女性无论是在非农就业率还是非农职业层次上均略逊一筹，大多从事农业或兼业等低层次就业，因而在获取高非农收入能力上显著不足。而从征地后情形看，征地虽然也构成了对一些农户女性拓展非农就业机会和实现非农收入增长的积极促进因素，尤其是在东部和中部地区，处于较高收入区间的农户女性比例有所增加，但总体幅度并不高，对西部地区来说，这种促进效应几乎可以忽略。但征地后，各地区处于极低收入区间（<1000 元）的女性比例均显著下降，其中，西部地区的下降幅度最大，超过 50%，显示了征地对处于低收入区的贫困农户女性获取非农就业机会和增加非农收入发挥了一定的改善作用。

3.4　基于 R - Q 模型的失地农户成员就业分化的分布特征分析

以上主要从全国及地区层面对征地前后样本农户男女成员的就业发展属性及其分化状况进行比较分析，本节将进一步运用 R - Q 统计模型方法来深入考察当前不同地区失地农户成员就业分化的分布特征。

R－Q 模型又称多重对应分析模型，最早是由法国统计学家苯塞西（Benzeci）于 1970 年提出。其突出优点是能将多维度、多层分类变量之间的内在关系通过因子旋转和降维等处理方法，形象直观地纳入二维度四象限对应图上。这样，研究者可以通过以圆点为中心，综合比较不同分类变量在四象限的分布状况以及距离远近条件，从而揭示彼此紧密关系程度（张文彤，2009）。一般而言，对于处于同一象限内的变量，表明彼此间存在一定的关联性，且当两个或多个分类变量之间的距离越接近，这种关联性越强，反之则越弱。我们基于表 2－5 的相关变量指标的基础上，其中针对调研中相关分类变量存在多选情形，我们将其设置成一系列二元哑变量输入模型，即选择该项＝1，无＝2，运用 SPSS 20.0 工具构筑了不同地区样本失地农户成员就业分化因素及其分布特征的多重对应分析图（见图 3－15）。

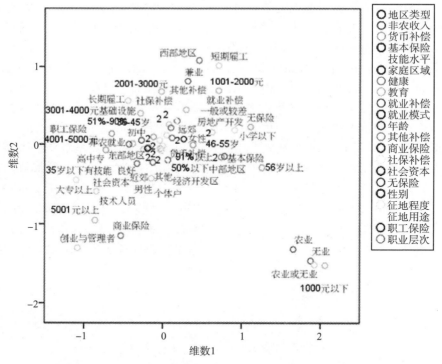

图 3－15　失地农户成员就业分化的分布特征的多重对应分析

通过比较图 3－15 中不同分类变量的象限分布与彼此间距离，可得出如下分析结论：

（1）我国不同地区被征地农户家庭成员的就业分化特征较为显著。无论是就业模式、职业层次、非农收入以及社会保障等变量类别均散布于不同象限，且呈现在东、中、西部不同地区以及农户男女成员之间的差异性分布特征。与此同时，从不同象限布局看，以横竖坐标的原点 0 为划分基准，按照逆时针分为四个象限，其中，样本农户变量数据分布主要偏重于二三象限（非均匀分布），反映了不同类型失地农民的就业及其影响变量存在明显的分化特征。

（2）第一象限结果显示，征地后处于兼业、短期雇工等极低层次就业的，主要是那些原先分布于西部地区远郊农村的 46～55 岁中老年农民群体，其中以女性居多。这些失地农民由于受年龄偏大、文化程度偏低（小学以下为主）、健康状况不佳（一般或较差比例高）等人力资本瓶颈因素的制约，因此在征地后往往缺乏足够的自我非农择业能力。加之当地土地征用主要为房地产开发，能提供的市场化非农就业机会也不多，这使得这部分农民群体征地后的工资收入水平也较低，基本以 1001～2000 元为主，同时也无任何社会保险比例也较高，加之受自我就业能力水平偏低影响，因而这类失地农户极易受到征地带来的生计维持与保障风险的高度威胁。进而将表现为在征地补偿诉求方面，更多倾向于要求获得直接就业安置补偿或提供安置房、二轮转迁等其他补偿方式，以化解生存和发展风险。

（3）第二象限结果显示，征地后从事完全非农就业的且职业形态为长期雇工等中等层次就业的，主要是各地区年龄在 36～45 岁的中壮年失地农民群体，文化程度以初中为主。由于这类农民在征地前大多已经从事不同程度的非农职业，并积累了一定的工龄经验，因此，征地行为总体上并不构成对他们的显著就业冲击，但处于这个区间的失地农民内部就业分化程度更为突出，主要受征地因素的影响。图 3 - 15 显示，该象限的征地用途主要为基础设施建设。一般而言，交通路网等基础设施的投资，将有利于改善当地经济和产业发展环境，具有潜在的就业溢出效应。这对其中一部分失地农民可能构成良好的谋求非农就业发展契机，如能抓住发展契机，实现非农职业的升级发展，将促进其非农收入的显著增长。但对其他失地农民的就业影响可能并不甚显著，这导致该象限失地农民的工资收入分布呈现跨度极大特征，覆盖了从 2001～5000 元三级以上的区间，工资收入的分化度极高。此外，该象限的失地农民参加职工养老保险的比例也很高。在征地补偿类型上，选择稳定的社保补偿方式比例也较多。这显示了源于较高的非农就业率，处于该象限的失地农民自我生计能力较强，其长期保障和发展预期状况良好，因而这些农户总体受到的征地冲击影响程度较低。

（4）第三象限结果显示，在经济更发达的东部地区农村近郊，当地农村非农经济和非农产业的发展长期处于全国较高水平，且受到周边城市良好的辐射影响，因此即便在征地前，当地农民特别是35岁以下青年男性农民也普遍从事非农就业。图3-15显示，由于这部分群体拥有良好的健康水平、教育文化程度普遍在高（中）专以上，其中一些人具有大专以上学历，并且拥有技能的比例也较高，人力资本禀赋水平较高，甚至有些还具有一定的社会资本。因此征地后，这些失地农民非农就业层次水平普遍较高，较多地从事了诸如"个体户""技术人员""创业和管理者"等高层次职业。此外，工资收入水平也较高，其中一部分失地农民甚至跨过了月收入5000元的门槛，处于极高收入阶层。与之相对应，受高收入的影响，这部分群体的社会保障水平也相对更高，其中参加商业养老保险也具有一定的比例。从总体而言，处于第三象限的上述形态的失地农户近似的属于自我实现型家庭。受本身具有较好的经济基础和极强的就业发展能力的影响。因此，理论上该类家庭及其成员受到征地的影响极小，换句话说，征地并没有显著改变其个体及其家庭的经济状况与决策行为。因此，总体而言这部分群体对征地及其补偿政策的关注度并不高，体现为该象限内相关征地分类变量并未分布。

（5）第四象限结果显示，当农村土地征用规模超过91%以上时，对于56岁以上的中老年失地农民而言，将构成显著的就业和生计保障冲击，这在我国中部地区农村较为突出。由于这部分农民在征地前大多从事纯农业或农业兼业，缺乏相应的非农技能和非农从业经历，土地成为其主要的就业资源和生计依赖。所以当本地区土地被完全征用后，即便当地的征地用途为经济开发区，对相应非农就业机会和职业岗位的创造效应相对较强，当地政府也制定了一些就业扶持措施，但由于这部分失地农民年龄偏大，加之文化程度偏低等人力资本障碍，因此对新的城镇环境的学习和适应能力均严重不足，很难成功实现自我非农化就业发展转型，只能从事残存农地的生产。如果土地100%被征用，将被迫陷入无业/失业的境地。显然这部分群体在征地后的收入状况也是不理想的，大多处于1000元以下的低收入阶层。考虑到这些中老年失地农民极易陷入就业和收入的双困境，因此，面向这类群体提供必要的政策性基本养老保险，将有利于降低其长期的生存风险。

| 第 4 章 |

失地农户劳动决策模式类型
测度与影响因素的实证研究

　　在相关理论章节，我们从逻辑层面推论出本书待验证的核心研究假设：即认为在城镇化征地情境下，不同失地农民之间将表现出显著的就业分化发展特征，而就业分化的形成和演变本质上是由不同农户家庭所具有的差异性劳动供给决策模式类型所内生决定并推动的。按照决策要素组合的特性不同，失地农户劳动供给决策模式可分为四类：①生计维持型；②小富即安型；③效益追求型；④自我实现型。基于每一类劳动决策模式下，失地农户成员将呈现相应不同的就业结构和劳动就业行为的特征属性。但与此同时，失地农户差异性劳动决策模式类型的选择与形成，也将显著受制于从农户内部禀赋资源到外部环境条件等多层面因素的影响机制。本章将力图从实证层面，通过构筑衡量农户劳动决策模式类型的定量模型，对全国不同地区样本失地农户劳动供给决策状况及其模式类型进行测度分析，并进一步运用多元 Lo-gistic 模型对影响失地农户劳动决策模式的影响因素进行实证研究，以初步验证上述假设。

　　本章的结构安排如下：第一节为基于决策要素视角下农户劳动供给决策模式的测量指标体系和测量模型构建；第二节为对全国样本地区失地农户劳动决策模式类型进行测定和比较分析；第三节为失地农户劳动决策模式影响因素的实证研究；最后是本章相应的研究小结。

4.1 基于决策要素的失地农户劳动
决策模式测量模型的构建

4.1.1 模型设定与变量开发

针对农户劳动决策模式类型的测度模型构建，我们将借鉴运用结构方程模型（简称 SEM）的相关思路和方法进行开发研究。SEM 模型是一种被管理学领域广泛应用的模型方法。SEM 包括测量模型和结构模型两部分，其中的测量模型适用于包含若干变量的内在潜变量的开发和测度。测量模型构建的理论机制为，假定存在某个潜在变量，其不能被直接观察和赋值，但可以在相应的理论推导和逻辑分析的基础上，将该潜在变量划分为若干维度，而每个维度确定出相应的能够被最终观测和赋值的显性子变量。假若该子变量仍然难以直接测定，可以进一步细化为一系列的相关测量量表项目体系，以达到最终能够被调研者赋值或观测之目的，从而形成了包含潜在变量、显变量和量表项目的综合测量问卷模型。经过相关的信度、效度等问卷质量检测，最终通过检测的量表问卷体系与潜变量测量模型，将具有很好的科学性和合理性，因而研究者可以运用该测量模型对特定潜变量状况水平进行有效测度。

理论研究已揭示，失地农户家庭不同劳动决策模式类型的形成，其本质上是由不同家庭所拥有的"四位一体"相关决策要素体系所内生决定的。表 2-3 也从理论层面勾勒出了不同类型失地农户劳动决策模式下的决策要素构成及其变化态势。在既定时点下，特定农户家庭的决策要素水平及组合状况，将最终构成衡量其劳动决策模式形态及其类型特征的关键刻画和核心体现。每类决策模式呈现出不同的决策组合要素水平，且彼此内部具有相对一致性特征[①]。因此，我们可在一定程度上借助考察特定失地农户相应的决策要素组合及其数值水平，来近似反映其所体现的劳动决策模式类型及其分布特性，这为我们尝试构建失地农户劳动决策模式的测量模型提供了重要依据。

---

① 理论研究揭示出每类农户劳动模式的决策组合要素状况及其变化可能呈现某种线性特征，比如，生计维持型农户，其家庭的收入要素、消费要素、风险和适应性总体处于极低水平，而其他决策类型下的决策要素水平也大致体现从低到高的逐步提升态势，这与不同模式间可能存在的"马斯洛式"层次结构特征相吻合。

　　循此思路，我们侧重从决策要素视角，尝试开发出失地农户劳动决策模式类型的测度模型体系。首先，将失地农户劳动决策模式类型定义为一个内在潜变量。其由四个维度的决策要素体系构成，分别为：收入变量、消费效用变量、风险变量和适应性变量，形成了相应的二级潜变量。而根据表 2 - 4 的相关释义，上述不同维度的决策要素变量又能进一步分为相应的三级测量指标体系，并可形成具体的量表项目开发。考虑到农户劳动决策模式的形成总体反映了农户的自我心理认知状况，因此，我们主要从感知角度对上述决策变量及其相应测量项目进行设计，即把所有维度的决策要素也定义为受调查农户的心理认知或态度变量，具体分为收入感知、消费效用感知、风险认知和适应性认知等四个维度变量。而各维度变量的三级变量也设计为相应的心理认知或态度变量，其中剔除掉二级潜变量——收入变量下难以转换为心理认知的农户收入结构项目，这样可把所有变量项目开发成相对标准化量表，并采用 4 级判断倾向方法进行调查。因为该填答方式的内部一致性程度相对较高，既满足了对主观性判断问题的测定，又能使测定的结果运用于定量研究。

　　在相关量表开发上，由于没有现成的量表可供借鉴，我们初步开发出如表 4 - 1 的失地农户劳动决策模式的测量变量指标体系。

表 4 - 1　　　　　　　　失地农户劳动决策模式的测量模型与指标体系

一级变量	二级变量	三级测量指标	赋值方式	均值	标准差
失地农户劳动决策模式	收入感知	A1 征地后的收入状况认知	与周边比，你认为目前家庭收入水平处于：偏低 = 1；中等 = 2；较高 = 3；极高 = 4	2.642	0.934
		A2 家庭目标收入线定位	未来，你家增收的努力方向是：养家糊口 = 1；中等小康 = 2；较为富裕 = 3；实现自我理想 = 4	3.125	0.857
	消费效用感知	A3 农产品消费效用感知	与征地前比，你觉得目前家庭农产品消费水平：明显降低 = 1；略微降低 = 2；不变或略微提升 = 3；显著提升 = 4	3.154	0.792
		A4 商品效用感知	与征地前比，你觉得目前家庭商品消费水平：明显降低 = 1；略微降低 = 2；不变或略微提升 = 3；显著提升 = 4	3.026	0.913

一级变量	二级变量	三级测量指标	赋值方式	均值	标准差
失地农户劳动决策模式	风险认知	A5 农地依赖度	你家对放弃土地迁居城镇的态度：极为后悔 =1；有点后悔 =2；基本不后悔 =3；几乎没感觉 =4	2.852	0.843
		A6 未来风险预期	你担心你家未来的生活吗：极为担心 =1；有点担心 =2；基本不担心 =3；根本不担心 =4	2.961	0.867
	适应性认知	A7 城镇环境适应性	你觉得家庭是否适应城镇生活方式：非常不适应 =1；有点不适应 =2；基本适应 =3；完全适应 =4	3.046	1.042
		A8 市民化认知	你是否同意你家已经成为城里人了：非常不 =1；有点不 =2；基本同意 =3；完全同意 =4	2.526	0.964

4.1.2　信度与效度检验

从表 4-1 可见，失地农民劳动决策模式的测量模型包括四个维度的二级潜变量，分别为"收入感知""消费效用感知""风险认知""适应性认知"，而每个二级潜变量均包含 2 个测量指标项目。因此，为了验证问卷数据中不同测量指标项目与潜变量之间的可靠性与契合度，需要进行问卷设计结构及测定项目的质量检验。我们在 2294 个全国失地农户总调查样本中，随机抽取了约 10% 左右共 230 个农户数据构成子样本，并运用该数据对问卷进行信度和效度检验。

（1）信度检验。信度检验也就是可靠性检验，是指对测量结果是否具有一致性程度或者稳定性程度的检验过程。SEM 模型中，开展信度检验，就是判断分析多个测量指标衡量的潜变量所得到的结果一致性程度，目前主要运用 Cronbach's α 系数法来检测问卷中各变量量表的内部一致性。一般而言，当 α 系数 >0.7 时，表明该量表可信度较高。本书运用 SPSS 20.0 软件对上述各变量进行信度检验，结果见表 4.2，从总体看，所有变量量表的 Cronbach's α 均 >0.7，表明问卷总量表的整体可信度较高。

（2）效度检验。效度检验是用来检验所开发的量表是否具有有效性，反映了测量结果与指标是否能够准确且客观地反映潜变量属性的程度。可运用 KMO 与 Bartlett 球形检验法对问卷变量测量项目进行效度检验。一般而言，KMO 值大于 0.7 视为良好，在 0.6 ~ 0.7 之间为可接受。表 4-2 中的各潜变量 KMO 值处于 0.667 ~ 0.796 之间，符合标准，因而得出结论，本书采用的 4 个潜变量的测量模型均具有收敛有效性。

表 4 - 2　　　　　　　　　　变量指标的信度与效度结果

一级变量	潜变量	测量指标	KMO	Bartlett 检验	因子载荷	累计贡献率（%）	Cronbach's α
失地农户劳动决策模式	收入要素	A1 A2	0.767	162.793 (0.000)	0.92 0.87	88.98	0.781
	消费效用要素	A3 A4	0.796	209.685 (0.000)	0.85 0.83	82.33	0.832
	风险要素	A5 A6	0.685	91.539 (0.000)	0.81 0.72	73.93	0.767
	适应性要素	A7 A8	0.762	219.449 (0.000)	0.79 0.83	89.4	0.739

4.1.3　验证性因子分析

验证性因子分析（CFA）是 SEM 模型中用于检验所假定的一组指标变量是否可以有效得作为因素构念（潜在变量）的测量变量的一种分析方法。通过 CFA 分析，能够揭示变量量表的因素结构模型是否与实际搜集的数据契合（吴明隆，2010）。为了验证本书所构建的失地农户劳动决策模式一阶潜变量与四维度的决策要素二阶潜变量之间，以及各决策要素潜变量与相应的测量指标变量项目之间是否契合，我们将分别进行一阶和二阶验证性因子分析（CFA）检验。

4.1.3.1　一阶验证性因子分析

首先运用 230 个抽样农户子样本数据对失地农户的四维度决策要素潜变量及其测量指标模型的适配性进行验证性因子分析。运用 AMOS 20.0 软件初步设置因果关系路径，并运用极大似然估计法对各模型路径系数进行估计。首先对原始估计模型的拟合优度检验，具体拟合优度检验如表 4 - 3 所示，显示其中部分指标未通过，表明原始模型需要修正。

表 4 - 3　　　　　　　　　原始模型检验与拟合优度结果

拟合指数	卡方值（P）	CFI	NFI	IFI	RMSEA	GFI	AGFI	RMR
结果	53.031（0.487）	0.832	0.815	0.826	0.13	0.76	0.718	0.106

将固定参数作为自由参数进行重新估计后，修正后模型检验结果见表 4 - 4。从表 4 - 4 中可见，*CFI*、*NFI*、*IFI* 的值均大于 0.9，*RMSEA* 值小于 0.08，满足模型检验与拟合优度的要求，相关检验值都满足要求，修正模型的拟合度总体较好。

表 4 - 4　　　　　　　　修正模型检验与拟合优度结果

拟合指数	卡方值（P）	CFI	NFI	IFI	RMSEA	GFI	AGFI	RMR
结果	53.031（0.487）	0.927	0.913	0.925	0.072	0.84	0.802	0.049

依据上文的理论建构，8 个测量维度项目分别代表衡量失地农户劳动决策模式四维度的决策要素体系，则 8 个不同测量数据（显变量）与四个维度决策要素（潜在因子）就构成了一个一阶验证性因子分析模型，标准化路径系数值分别见表 4 - 5 和图 4 - 1。我们在最终修正模型结果的基础上，计算形成结构方程标准化路径系数值，各测量变量的因素负荷均为显著。通过比较四个潜在变量的彼此相关系数值，发现其中收入要素和消费效用要素的相关系数值最高，达 0.865；消费要素和适应性要素的相关度次之，达 0.836；而收入要素和风险要素之间的相关度则最低，为 0.756。所有潜变量间的相关系数都通过了显著性检验，且四组一阶因素变量之间的相关系数值均在 0.75 以上，表明这些因子之间不仅具有紧密的内在相关，而且还可能存在另一个更高阶的共同因子（common factor），即失地农户劳动决策模式变量。

表 4 - 5　　　　　　　　一阶 CFA 模型的估计系数

变量	非标准化系数	标准化系数	S.E.	C.R.	P 值
收入要素↔消费效用要素	0.922	0.865	0.029	6.845	***
收入要素↔风险要素	1.023	0.756	0.050	5.824	***
收入要素↔适应性要素	1.044	0.784	0.045	6.353	***
消费效用要素↔风险要素	0.981	0.763	0.042	6.172	***
消费效用要素↔适应性要素	0.856	0.836	0.034	6.824	***
风险要素↔适应性要素	0.923	0.810	0.032	6.735	***

注：①非标准估计系数表示自变量改变一个单位，因变量或中间变量的改变量；标准化估计系数则表示自变量改变一个标准差时，因变量或中间变量的改变量。一般而言，当输入数据主要来源于调查测量，且度量方式相同时，两者差别不大，而当度量方式不同时，两者差别则较为明显。② "S.E." "C.R." 分别为变量间的协方差的估计标准误值与临界比值。

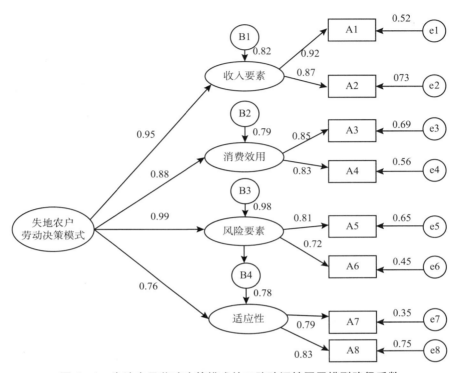

图 4 - 1　失地农民劳动决策模式的二阶验证性因子模型路径系数

注：卡方 = 53.031（P = 0.487），df = 48，*RMSEA* = 0.122，*GFI* = 0.778，*AGFI* = 0.709，*NFI* = 0.748，*RFI* = 0.704，*IFI* = 0.823。

4.1.3.2　二阶验证性因子分析

由前文理论分析可知，失地农户劳动决策变量的衡量机制较为复杂，它可以表现为一个包含多维决策要素组合的综合。而从上节一阶验证性因子分析结果来看，四个维度决策要素之间具有较高程度的关联性，相关系数值较高，这隐含了这四个一阶潜在因子构念的背后可能受到另一个较高阶潜在特质的影响，换句话说，将存在某一高阶结构因子潜变量——失地农户劳动决策模式。为此，我们引入二阶验证性因子分析模型，并运用随机抽取的 230 个农户子样本数据进行验证。

图 4 - 1 为二阶验证性因子分析模型的标准化参数估计结果。从相关适配性检验值看，适配卡方值为 53.031，显著性概率 P = 0.487 > 0.05，表明假设模型与样本数据可以适配，而卡方自由度比值 = 1.105 < 2.0，表示二阶 CFA 模型可以被接受。而从图 4 - 1 的各项适配度检验指标看，模型均达到了有效适配标准。考察初阶潜变量决策要素与高阶潜变量失地农户劳动决策模式之

间的标准化回归系数值，发现"收入要素""消费效用要素""风险要素"和"适应性要素"四个初阶因素在"农户劳动决策模式"高阶因素构念的因素负荷值分别为0.952、0.883、0.991、0.762，组合信度（％）为81.21，转换为"农户劳动决策模式"构念中能够解释农户收入、消费、风险和适应性四个潜在变量的变异量分别为0.906、0.78、0.982、0.581，显示了具有较高的解释比例。

4.2 失地农户劳动决策模式的测定结果分析

4.2.1 测定思路和赋值方式

根据图4-1所构筑的失地农户劳动决策模式的最终测量模型，我们可以测度计算基于标准化指数值下的各地区样本失地农户劳动决策模式实际值。具体赋值思路为，首先，从表4-1中的三级指标项目的赋值作为起点，其含义为对应于失地农户劳动决策模式下的二级潜变量——组合决策要素之相应的三级显变量测量指标。每个测量指标项可按照程度高低分别以"1~4"从低到高实现四级赋值，据此可形成对各地区样本失地农户各测量指标项目的实际分值计算；其次，二级潜变量——四维度决策要素变量的计算方式则主要采取因子加权平均法。即由各测量项目指数实际得分乘以相应载荷因子权重后取算术平均值，这样就能计算形成各维度的能力指数值的算术平均数。同理，对于一级潜变量——失地农民劳动决策模式变量的数值计算也采用相同的因子加权平均法，主要用各二级潜变量的实际分值乘以相应的载荷因子权重数后求和，将最终形成失地农民劳动决策模式变量的实际值。

由于理论上失地农户劳动决策存在不同模式类型，为了能形成对不同农户的劳动决策模式类型的具体衡量和判断，我们又进一步设计了相应的衡量数值区间水平。依据前文对不同失地农户劳动决策模式类型的决策形成要素特性的考察，发现失地农户存在的从低到高的四类劳动决策模式，总体与相应决策要素项目赋值存在同方向的紧密关联。例如，处于最低层次的生计维持型决策模式，其无论是收入变量（包含实际收入和目标收入两层测量项目）、消费变量（农产品、商品）、风险（农地依赖度、未来预期）还是适应性变量（城镇环境适应、市民化认知）等，都处于极低水平。因此在单个调查项目的分值情形上，将大多接近于2分以下，或以1分为主；而与此相反，最高层次的自我实现型模式，其农户决策要素都将处于极高水平，大多数项目分值将处于 4 分以上，而其他两类模式的决策要素项目分值也大致依循从低到高的分布特征。据此，我们可近似地拟定出基于不同类型决策模式的衡量标准和区间。

先不考虑因子权重因素。以 8 个三级测量项目作为基点，则每个项目得分值可从低到高分别为 1～4。而每个维度二级变量分值设为其相应三级项目分值的平均数，一级变量的分值设为四维度二级变量分值的简单求和，则理论上劳动决策模式一级变量的总值区间为 4～16。依据上面针对每种决策模式下的决策要素项目的可能性分值区间分析和预判，在不考虑权重的情形下，我们从理论层面初步确定了失地农户不同劳动决策模式的分值分布判断区间：（1）生计维持型。假设基于该决策类型下的单个要素项目平均分值区间为 [1，1.5]，则生计维持型决策模式变量的总分值衡量区间大致为 [4，6]。（2）小富即安型。假设基于该决策类型下的单个要素项目平均分值区间为 [1.51，2.5]，则小富即安型决策模式变量的总分值衡量区间大致为 [6.01，10]。（3）效益追求型。假设基于该决策类型下的单个要素项目平均分值区间为 [2.51，3.5]，则效益追求型决策模式变量的总分值衡量区间大致为 [10.01，14]。（4）自我实现型。假设基于该决策类型下的单个要素项目平均分值区间为 [3.51，4]，则自我实现型决策模式变量总分值的衡量区间大致为 [14.01，16]。

以上为忽略权重因素下，我们对失地农户劳动决策模式类型变量的测度标准及理论上可能性的赋值分布区间所进行的粗略界定。如果再把各变量的权重因素考虑进来，由于本书是采用的以 CFA 法确定的各变量因素负荷值作为相应的权重值（因子权重），这也是当前学术界的常用方法，我们发现虽然农户劳动决策模式的各变量因子权重值并不尽相同，但均大于 0.7 而小于 1，故权重因素将主要对决策模式总值区间的两端产生一定的影响。受不同权重值大小影响，将相应拉低极大值和极小值水平，但对中间值的分布态势总体影响并不大，因此某种意义上可以忽略。

基于此，我们进一步修正并最终确定了失地农户劳动决策模式类型的衡量区间及赋值标准。分别为：（1）生计维持型，赋值标准为：$A_i \leqslant 6$；（2）小富即安型，赋值标准为：$A_i \in (6, 10]$；（3）效益追求型，赋值标准为：$A_i \in (10, 14]$；（4）自我实现型，赋值标准为：$A_i > 14$。需要指出的是，上述赋值只是基于变化趋势的一种近似衡量方式，而非严格精准的测量，但可有利于揭示劳动决策模式类型的大致分布比例和结构比较，这符合本书的研究目的。下节将运用所确定的衡量思路和方式，对样本地区失地农户劳动决策模式状况及其特征进行测度和比较分析。

4.2.2　不同样本地区失地农户劳动决策模式类型的测度结果与比较

根据上文的衡量思路和方法，我们对全国样本地区失地农户劳动决策模式分值进行了测度，并基于相应的决策模式区间划分方法，形成了对不同地区农户决策模式类型结构的分布比例。具体见表4－6。

表4－6　　　不同样本地区失地农户劳动决策模式测度值与比例分布

变量		样本数			
		全国样本 （2294 份）	东部样本 （1102 份）	中部样本 （828 份）	西部样本 （364 份）
农户决策模式测度值 （均值/标准差）		8.93（3.04）	9.48（3.76）	8.82（3.25）	7.94（2.64）
农户决策模式类型分布（户数/比例）	（1）生计维持型	392（17.09%）	167（15.15%）	125（15.1%）	100（27.47%）
	（2）小富即安型	1001（43.64%）	417（37.75%）	374（45.17%）	211（57.97%）
	（3）效益追求型	640（27.89%）	361（32.76%）	228（27.54%）	51（14.01%）
	（4）自我实现型	261（11.38%）	158（14.34%）	101（12.2%）	2（0.55%）

表4－6结果显示，全国样本失地农户劳动决策模式平均测度值为8.93。表明当前我国失地农户劳动决策模式总体以小富即安型为主，但标准差为3.04，意味着内部具有一定的结构偏差；而从不同地区比较看，东部地区农户决策模式均值为9.48，中部为8.82，西部为7.94，总体均处于小富即安型决策类型上。但在相应数值水平上却存在显著的差异，体现为东部＞中部＞西部，存在区域间失地农户的决策层次和水平的梯度差，这构成了解释上述不同地区农户成员就业发展差距产生的内在根源。而对地区间农户决策变量的标准差值比较发现，也存在显著的东部＞中部＞西部，这显示了不同地区间失地农户劳动决策模式类型分布结构上同样存在显著的差异性。相比而言，东部、中部地区标准差大于西部，说明前两类地区的农户在征地后的劳动决策模式类型选择上更趋多元化，特别是在涉及更高层次的决策模式比例可能要显著超过西部地区。

再来考察不同地区农户四类决策模式的分布结构比例。首先看全国总样本。表 4 – 6 表明，在 2294 份总样本中，小富即安型农户的比例最大，占 43.64%；其次为效益追求型，占比 27.89%；生计维持型的比例为 17.09%；而最高决策模式的自我实现型农户比例也达 11.38%。因此，这总体反映了样本失地农户的劳动决策层次和水平较高，这可能与课题组受种种条件所限，导致在调研样本构成中，东部发达地区样本比例偏高等因素有关。

从不同地区样本的内部比较中，也能窥斑见豹地揭示区域间失地农户的劳动决策模式分布结构差异性特征。首先是东部地区，虽然小富即安型农户的构成比例最大，为 37.75%，但更高一层次的效益追求型农户比例也高达 32.76%，两者相差仅 5 个百分点；同时，最高层次的自我实现型农户比例也达 14.34%，在所有地区比较中最大。这表明东部地区失地农户的劳动决策模式层次相对处于较高的水平。其次看中部地区，从该地区不同农户决策模式结构比例，可推论出中部地区比东部地区具有显著的向下梯度性，在中低层次的生计维持型和小富即安型农户比例上超过东部地区，而在相对较高层次的效益追求型和自我实现型农户比例上则又略微少于前者地区。最后看西部地区，总体而言，西部地区失地农户劳动决策模式层次水平总体显著低于东中部地区。一方面，处于中低层次的决策模式类型农户比例合计高达 85.37%，占绝对主导比例，远远超过东中部地区；另一方面，在较高层次的两种决策模式比例上，则严重落后于前面两类地区，其中，自我实现型农户的比例近似为零。这也进一步验证了当前西部地区失地农户的劳动决策模式总体处于中低层次水平的状况，从而构成了制约本地区农户成员就业发展的突出掣肘。

4.3　失地农户劳动决策模式影响因素的实证分析

调查分析显示，当前我国不同地区失地农户劳动决策模式存在着多类型特征，分别有生计维持型、小富即安型、效益追求型和自我实现型等四类决策模式形态，而由不同类型的劳动决策模式选择则进一步决定了失地农户就业分化发展行为的产生。那么，失地农户差异化劳动决策模式选择是如何形成的？根据上文相关理论章节分析揭示，内生角度上，农户不同类型劳动决策模式本质上是由差异性决策组合要素所内在驱动，但同时也存在一些从农户家庭个体到征地政策环境等外在因素，其可能也构成了对不同失地农户实施劳动决策及其模式选择的重要影响机制。本节将力图运用多元 Logistic 模型方法，对失地农户劳动决策模式的外在影响因素进行实证研究。

4.3.1 模型含义

多元 Logistic 模型（Multinomial Logistic），又称一般离散多元选择模型，是研究两个以上的且不存在严格有序情形下的决策选择模型，其核心含义是考察决策者选择某种方案的概率与外部决策特征变量之间的关系。该模型将多个分类项置于一个模型进行两两比较。在模型的参数估计中，假设存在 $J+1$ 个选择类别，则可考察相比其他项，决策者选择第 J 项发生的概率比（张文彤，2009）。基本数学含义为：

假设 n 个决策样本中，第 i 个决策者存在 $J+1$ 项可供选择方案中选择第 j 项，则其决策效用模型形式为：

$$U_{ij} = \beta X_{ij} + \varepsilon_{ij} \tag{4-1}$$

$$P(U_{ij} > U_{ik}) \quad k = 0, 1, 2, \cdots, J \quad k \neq j \tag{4-2}$$

$$(y_i = j) = \frac{e^{\beta X_{ij}}}{\sum_{j=0}^{j} e^{\beta X_{ij}}} \tag{4-3}$$

假定 $J+1$ 个随机误差项互不相关，这样可运用极大似然法对多元 Logistic 离散选择模型的参数系数 β' 进行估计。对于第 i 个决策者而言，如果选择了第 j 个备选方案，则令 $d_{ij}=1$；否则等于 0；同时假定该决策者只存在一个选择，则对于所有 n 个决策者的联合概率函数，进而得出对数似然函数为：

$$\ln Z = \sum_{j=1}^{n} \sum_{j=0}^{J} d_{ij} \ln P(y_i = j) \tag{4-4}$$

这样对（4-4）式做一阶求导，利用 Newton 迭代法可以得到最大化一阶条件下的方程解，从而可得到模型的参数估计值。

4.3.2 失地农户劳动决策模式选择的多元 Logistic 模型构建

我们将失地农户存在的 4 类劳动决策模式视为四种可能性备选方案，虽然这 4 类劳动决策模式在理论上具有从低到高的层次性，但由于在既定条件下，对于某个失地农户而言只存在一种特定模式的选择，具有无序性，因此失地农户的劳动决策模式决策问题可以构建多元 Logistic 模型进行实证研究。

考虑到征地后农户的劳动决策模式可能性存在 4 种类型选择，分别为生计维持型、小富即安型、效益追求型和自我实现型。我们假设上述决策类型对特定农户选择而言是唯一的，可依次编码为 1、2、3、4。以上一节的农户劳动决策量表实际测度值和划分区间为基础，形成对失地农户劳动决策模式类型的归类，不同样本地区失地农户劳动决策模式的分布比例见表 4 - 6。我们将劳动决策模式类型选择作为多元 Logistic 模型的因变量，来估计影响该被征地农户可能处于某种劳动决策模式形态的各种因素概率，所构建的模型基本形式为：

$$P_{ij} = \mathrm{prob}(y_i = Model_i) = \frac{e^{\beta' X_i}}{\sum_{m=1}^{j} e^{\beta'_m X_i}} \qquad (4-5)$$

上式中，i 为第 i 个被征地农户，j 为当前被征地农户家庭分别处于生计维持型、小富即安型、效益追求型和自我实现型等 4 种劳动决策模式情形。与此同时，以第 2 章中的表 2 - 5 所构筑农户劳动决策影响因素体系 X_i 作为自变量。具体包括：①农户户主人力资本因素；②家庭因素；③区域因素；④征地政策因素。构建多元 Logistic 模型，并运用全国不同地区的 2294 个农户数据进行实证建模，综合整理后，各相关自变量的赋值情况与频率分布统计见表 4 - 7。

表 4 - 7　　全国样本地区 2294 个失地农户的变量构成与分布比例

维度	指标		样本量（比例）	备注
户主人力资本特征	年龄	35 岁以下	372（16.23%）	以家庭户籍登记的户主为对象
		36 ~ 45 岁	965（42.08%）	
		46 ~ 55 岁	682（29.74%）	
		56 岁以上	275（11.95%）	
	性别	男性	2148（93.64%）	
		女性	146（6.36%）	
	健康	良好	2029（88.45%）	
		一般或较差	265（11.55%）	
	教育	小学及以下	563（24.56%）	
		初中	1085（47.28%）	
		高中（专）	420（18.32%）	
		大专以上	226（9.84%）	
	有无技能	有	1090（47.53%）	是否接受过技能培训或掌握专门手艺
		无	1204（52.47%）	

续表

维度	指标		样本量（比例）	备注
家庭区域特征	地区类型	东部地区	1102（48.04%）	
		中部地区	828（36.09%）	
		西部地区	364（15.87%）	
	家庭所在地	近郊	1319（57.48%）	距离中心城镇≤15公里为近郊，反之远郊
		远郊	975（42.52%）	
	家庭决策方式	丈夫主导	1915（83.47%）	指针对一些重大经济事项的家庭最终决策者，"共同主导"指家庭丈夫和妻子共同决定；"其他"包括双方父母等核心家庭之外的其他成员
		妻子主导	98（4.26%）	
		共同主导	237（10.32%）	
		其他	45（1.95%）	
	社会资本	有	621（27.06%）	直系亲戚有无乡村（或企业）干部
		无	1673（72.94%）	
土地征用特征	征地程度	50%以下	317（13.82%）	指累计征地面积占农户家庭拥有耕地的比例
		51%~90%	654（28.51%）	
		91%以上	1323（57.67%）	
	征地用途	基础设施	718（31.28%）	"其他"项包括目前尚不明确或暂时空置
		经济开发区	891（38.82%）	
		房地产开发	590（25.74%）	
		其他	95（4.16%）	
	补偿形式	货币补偿	1939（84.52%）	因存在多选，故比例总和大于100%
		社保补偿	623（27.16%）	
		就业补偿	257（11.2%）	
		其他	423（18.45%）	
	补偿程度	1万元以下	611（26.64%）	
		1.01万~3万元	1050（45.78%）	
		3.01万~5万元	463（20.17%）	
		5万元以上	170（7.41%）	
	安置方式	集中安置	1338（58.32%）	集中安置是指政府面向被征地农户兴建的各类集中安置区（点）
		分散安置	956（41.68%）	

4.3.3　计量结果分析

为了便于分析，我们首先将样本中的一些组间分布频率差异过大的变量进行重新分类。比如，把"户主健康"分组变量中样本比例频率偏低的"一般"（5.45%）、"较差"（4.01%）和"经常生病"（2.09%）项目合并成"一般或较差"（11.55%）；"家庭决策方式"变量中，把"妻子主导"（4.26%）和"其他"（1.95%）项目合并，成为新的"其他"项，合计比例为6.21%。

这样，基于 Multinomial Logistic 模型的分析要求，我们选择以"生计维持型"作为因变量参照组，分别构建三个 Logistic 模型对失地农户处于其他3种劳动决策模式情形进行估计。当模型变量的估计系数 β 若为正，则意味着相对于参照组（生计维持型）来说，该变量对于农户选择该决策模式形态具有相对概率为正的影响，即失地农户处于此决策模式类型的可能性更大；相反，若 β 为负，则表明相比参照组而言，该变量对于失地农户选择该类型决策模式具有负向概率倾向影响，即处于该决策模式类型的可能性低。同理，也对相应自变量根据不同分类设立了相应的对照组，进而可以考察相比对照组，自变量其他分类项对因变量的影响概率方向。此外，我们对回归系数值取指数，这样可进一步计算出相比的具体分布概率水平。

据此，建立失地后的农户劳动决策模式形成的影响因素多元 Logistic 模型，并运用全国 2294 份农户调研样本数据进行实证分析，具体模型结果如表4-8所示。

表4-8　　被征地农户劳动决策模式 Multinomial Logistic 模型结果
（以生计维持型为基础）

影响变量		I. 小富即安型		II. 效益追求型		III. 自我实现型	
		系数	EXP（B）	系数	EXP（B）	系数	EXP（B）
户主性别（女性）		0.423 (0.162)	1.53	0.894** (0.012)	2.44	1.284** (0.00)	3.61
户主年龄（≥56岁）	35岁以下	0.164** (0.018)	1.18	0.783** (0.02)	2.19	1.829** (0.031)	6.23
	36~45岁	0.676** (0.04)	1.97	1.246** (0.00)	3.48	2.124** (0.00)	8.36
	46~55岁	1.125** (0.027)	3.08	1.876** (0.00)	6.53	1.452** (0.05)	4.27

续表

影响变量		I. 小富即安型		II. 效益追求型		III. 自我实现型	
		系数	EXP（B）	系数	EXP（B）	系数	EXP（B）
户主健康（一般或较差）		0.564* (0.032)	1.76	1.135** (0.00)	3.11	1.373* (0.00)	3.95
户主教育 （小学以下）	初中	0.012** (0.00)	1.01	0.625 (0.055)	1.87	0.584* (0.032)	1.79
	高中	0.256 (0.574)	1.29	1.14* (0.045)	3.13	0.746** (0.017)	2.11
	大专以上	0.108 (0.947)	1.11	1.372** (0.00)	3.94	1.132** (0.00)	3.1
户主技术水平（无）		1.046 (0.112)	2.85	3.28** (0.00)	26.58	2.35** (0.00)	10.49
家庭区域（远郊）		0.612 (0.13)	1.84	1.31* (0.04)	3.71	1.105 (0.21)	3.02
地区类型 （西部）	东部	0.427* (0.031)	1.53	1.628** (0.00)	5.09	1.271** (0.01)	3.56
	中部	0.712* (0.042)	2.04	1.342** (0.00)	3.83	0.935* (0.02)	2.55
社会资本（无）		-0.674* (0.025)	0.51	-0.342 (0.063)	0.71	0.305* (0.028)	1.36
家庭决策方式 （其他）	丈夫主导	0.721* (0.047)	2.06	1.384** (0.01)	3.99	1.836** (0.00)	6.27
	共同主导	1.069* (0.02)	2.91	1.147* (0.046)	3.15	1.326* (0.02)	3.77
征地程度 （≤50%）	51%~90%	-0.325 (0.514)	0.72	-0.532 (0.74)	0.59	0.104 (0.362)	1.11
	≥91%	0.472* (0.02)	1.6	0.275* (0.03)	1.32	0.032 (0.084)	1.03

影响变量		Ⅰ. 小富即安型		Ⅱ. 效益追求型		Ⅲ. 自我实现型	
		系数	EXP（B）	系数	EXP（B）	系数	EXP（B）
征地用途（其他）	基础设施	-0.137 (0.532)	0.87	0.309 (0.523)	1.36	0.408 (0.471)	1.5
	房地产开发	-0.216 (0.509)	0.81	-1.056 * (0.042)	0.35	-3.26 (0.189)	0.04
经济开发区		0.652 (0.312)	1.92	0.517 (0.693)	1.68	0.832 (0.052)	2.3
补偿形式（其他）	货币补偿	1.342 * (0.032)	3.83	3.26 ** (0.012)	26.05	0.735 (0.256)	2.09
	社保补偿	1.107 * (0.026)	3.03	0.461 (0.728)	1.59	-0.026 (0.103)	0.97
	就业补偿	-0.035 (0.225)	0.97	-0.026 (0.825)	0.97	-0.012 (0.923)	0.99
补偿程度（1万元以下）	1.01万~3万元	1.032 * (0.042)	2.81	0.847 * (0.043)	2.33	0.926 (0.058)	2.52
	3.01万~5万元	0.746 * (0.023)	2.11	1.257 * (0.02)	3.51	0.732 (0.068)	2.08
	5万元以上	0.957 (0.061)	2.6	0.723 (0.62)	2.06	1.128 (0.062)	3.09
安置方式（分散）		0.646 * (0.032)	1.91	0.073 (0.082)	1.08	-0.135 (0.056)	0.87

Chi-square = 437.19；-2Loglikelihood = 1623.52；Mcfadden R^2 = 0.318

注：影响变量中（）内为参照组；模型结果中（）内为 sig 值，B 为概率比值；* 和 ** 为通过 5% 和 1% 显著性检验。

从表 4-8 的相关检验系数看，Chi-square = 437.19；-2Loglikelihood = 1623.52；Mcfadden R^2 = 0.318，整体通过了各项显著性检验，表明模型效果较好。而进一步考察各模型变量的回归结果，可得出以下研究结论：

（1）失地农户劳动决策模式类型的选择与其户主的性别和年龄特征存在一定的关联性。相比女性而言，户主是男性的失地农户更倾向于选择中高层及以上的家庭劳动决策类型概率更大。模型结果显示，男性户主家庭选择"效益追求型"和"自我实现型"决策模式的概率分别是女性户主农户家庭的1.44倍和2.61倍。基于性别间的农户家庭决策分化特征十分明显，这主要与不同性别间客观上存在着在决策心理和风险偏好等方面的差异性有关。受我国农村传统的"男主外、女主内"等习俗影响，一般而言，当户主是男性的农户要比是女性的更偏向于追求家庭的更高经济目标，更意愿承担较高风险，而土地征用产生的环境变迁效应将更易使得男性户主家庭追求更高层次劳动决策行为。而年龄变量显示，55岁以下的各户主劳龄阶段的农户劳动决策模型系数值均为正值，且均通过显著检验。这表明当前我国样本地区中青年农户家庭要比老年家庭的劳动供给倾向更高，选择相对较高层次劳动决策模式概率更大，而从概率比（B值）看，不同年龄段家庭之间的决策模式分化度也较为显著。总体而言，户主年龄越趋于青壮年（45岁以下），家庭追求自我实现型等高层次决策模式的概率越大。

（2）户主的人力资本因素对失地农户家庭的劳动决策模式决策发挥了显著正向作用。从模型回归结果显示，无论是户主健康、教育还是技能等相关人力资本变量的回归系数总体均为正值。而从显著性水平看，健康人力资本变量在三种决策类型模型上均通过5%以上显著性检验。而相比低人力资本水平的参照项，健康、技能人力资本变量则在较高层次的模型Ⅱ、模型Ⅲ上总体显著。尤其值得注意的是，在最高层次的模型Ⅲ，所有人力资本变量均为显著，但在较低决策层次的模型Ⅰ上则未完全通过显著检验，这揭示相比低层次决策农户，户主拥有较高的人力资本禀赋水平能够促进农户家庭追求更高层次的劳动决策类型形态。换句话说，户主的人力资本因素构成了对失地农户家庭劳动决策形态选择的重要推动力，这初步验证了前文提出的研究假说三。对其解释是，由于户主既是家庭主要劳动力和经济收入的重要来源，同时也是家庭决策主体和最终实施人，因此家庭决策行为中的户主因素及其核心作用不可忽视。而大量研究已证实，个体人力资本状况构成了其包括就业在内的经济能力和面向不确定性环境下的决策能力与水平的决定因素，所以当户主人力资本水平越高，其越将具备更强的家庭中经济决策和经济行动的能力，将更能驱动家庭实现劳动决策模式的升级发展。上述分析结果充分验证了理论研究假设一。

（3）不同家庭和区域因素对失地农户劳动决策模式选择具有差异性的影响。

①地区类型变量。从计量结果看，在所有模型中，东部和中部分类变量的回归系数均为显著正值，这表明相比西部而言，东部和中部的失地农户更

倾向于选择更高层次的劳动决策模式。而从 B 值看，总体而言，东部地区农户平均劳动决策模式层次和水平不仅远超过西部地区，同时也比中部地区高。尤其是东部地区选择效益追求型、自我实现型等中高层次决策模式的概率分别比西部地区大 4.09 倍和 2.56 倍，显著超过了中部与西部之间 2.83 倍和 1.55 倍的差距水平。这充分表明，我国存在的东中西部区域发展差距也构成了对不同地区农户劳动就业决策水平的显著影响。总体上非农化经济更发达的东部地区，农户非农就业决策能力和发展水平也明显高于中西部农户。即便在当前各地区都在大力推动城镇化发展态势下，但受长期积淀的发展洼地效应和区域环境禀赋瓶颈的制约，中西部尤其是欠发达的西部地区被征地农户依然存在着与东部地区比相对较大的经济发展差距，特别是在家庭劳动决策模式层次和水平上呈现显著的发展瓶颈和缺口，继而危及今后这些失地农户就业收入等经济能力以及城镇市民化发展能力的提升，进而可能加剧不同区域间这类新市民群体的发展差距拉大的潜在风险。

②农户相关家庭因素变量。首先是家庭所在地变量。模型Ⅰ～模型Ⅲ结果显示，所有模型家庭所在地变量回归正值系数均为正值。表明相较地处远郊，总体上家庭越靠近中心城镇的近郊被征地农户，越易受到城镇良好的经济、产业与市场信息等良好发展机会的辐射，客观上其实现非农职业提升的机会也越大，因而逻辑上选择较高层次的劳动决策模式类型的倾向也越高，研究假设二得到验证；但值得注意的是，从显著性水平看，只有模型Ⅱ总的家庭所在地变量是显著的，其他两个模型则并未通过显著性检验。这昭示了面对靠近城镇的区域优势条件，只有效益追求型农户才能有效把握和加以利用，而无论是小富即安型农户还是自我实现型农户对此均不敏感，但对其原因解释各异。小富即安型农户受其较低程度的目标收入线激励机制和易满足安于现状心理的双重制约，使得这部分失地农户缺乏动力和意愿去主动抓住城镇辐射机会和谋求跨越发展；而自我实现型农户，由于其家庭经济状况和就业发展本身已处于区域内较高层次，因此单纯外部区位因素已经不构成对其劳动决策行为的显著作用。

其次是社会资本变量方面。模型Ⅰ、模型Ⅱ的回归系数为负值，其中前者为显著，而模型Ⅲ的回归系数却为正向显著。这表明，社会资本构成被征地农户劳动决策模式发展的充分而非必要条件，即农户家庭拥有一些社会资本只是其家庭成员具备追求高层次就业发展进而推动实现劳动决策模式升级的第一步，但这一转型最终的成功性可能还取决于其他条件（如人力资本等）；与之相反，假如农户家庭缺乏社会资本，则在被征地后，将可能面临家庭成员的择业能力和就业层次的低下，导致这些失地农户成员只能从事如短期雇工等低层次职业（陈浩，2013a），进一步恶化家庭的非农收入水平，从而使得这类失地农户被迫陷入生计维持型的决策困境。而从另一方面说，对于那些属于最高层次的自我实现型农户而言，必然意味着其家庭总体具有极高的经济水平和就业发展能力。相对应的是，这些家庭配置和利用良好的社会资本能力也更强，进而劳动就业决策层次水平也更高，最终形成基于就业资源和劳动决策之间螺旋式良性互动机制，营造出一种"马太效应"，体现为社会资本变量对自我实现型农户发挥了积极正向作用。

最后是家庭决策方式变量。回归结果显示，该变量的两个分类项："丈夫主导型"和"共同主导型"在所有模型中均为显著正值，表明相比最低层次的生计维持型，当失地农户家庭决策方式处于上述两种情形的，其家庭选择其他较高层次的三类劳动决策模式的概率显著为正。而通过比较 B 值发现，两种家庭决策方式之间也存在一定的差异。其中在效益追求型模型上，两者概率比值分别为 3.99 和 3.15，相差 0.84；而在最高层次的自我实现型模式方面，上述概率比值分别为 6.27 和 3.77，差距拉大到近一半，达到 2.5。显示了"丈夫主导型"农户家庭选择高层次劳动决策类型的概率比值显著大于由丈夫妻子"共同主导型"的农户。如果再考虑到家庭决策方式变量的参照项——"其他"变量里包含了"妻子主导型"（4.26%）和"其他成员"（1.95%），可以发现，越是男性（丈夫）居于主导地位的家庭，农户越倾向追求更高层次的家庭劳动决策模式类型。这也充分揭示了农户家庭中丈夫（男性）无论是实际非农职业水平还是择业层次意愿总体都显著高于妻子（女性），当丈夫成为家庭的户主或主要决策者身份时，将进一步影响到家庭整体劳动决策方向和发展定位。以上分析结果也充分支持了研究假设三和假设四的相关观点。

（4）基于不同层面的征地变量因素作用，失地农户劳动决策模式决策呈现一定的分化态势。

①征地程度变量。模型结果显示，与征地 50% 以下相比，不同程度的征地规模对失地农户劳动决策模式选择的影响效应存在差异性。首先看充分征地的情形下。模型Ⅰ和模型Ⅱ在 90% 以上征地变量回归系数为显著正值，这意味着高度征地率将可能有利于那些征地前家庭经济状况属于一般或较差水平的农户提升劳动决策模式，构成其实现从生计维持型向小富即安型、效益追求型由低层次→中高层次的转型升级发展的重要外部推力。这是因为对于上述农户而言，由于家庭经济禀赋条件一般，土地构成了家庭重要生计保障基础。所以随着征地加深，农户土地保障能力也将越弱，则越会强化农户家庭将谋求非农就业发展作为维系长期生计保障的核心手段，进而努力通过实

施积极向上的劳动决策模式，实现其家庭非农就业层次水平和自我保障能力的稳步提升。但对于那些征地前家庭经济就处于富裕水平的农户而言，总体征地因素不构成对其家庭经济决策的显著影响，因而模型Ⅲ不显著。

其次，值得注意的是，在征地规模在51%～90%的不完全征地情形下，模型Ⅰ和模型Ⅱ的回归系数却是负值。表明当征地规模达到中等强度但并不完全的征地行为，可能反而阻滞了农户劳动决策模式升级发展，甚至导致农户家庭经济生计状况和劳动就业安排的恶化。这是因为，一方面征地规模达到家庭农地面积的51%～90%区间，意味着农户大多数农地资源被剥夺丧失，这将对那些原先依赖农地的家庭经济收入构成不同程度的冲击①，且其冲击度要大于50%以下的低度征地情形，但小于完全征地情形；另一方面从政府征地补偿安置政策效应看，也存在某种与征地规模强度挂钩特征。一般而言，当农户被征地规模越大，享受政府与有关部门的征地补偿和相关配套安置力度及水平也越大，进而最终对被征地农户家庭经济冲击的弥补程度也越高，越能有助于其家庭顺利实现经济决策和社会行为的城镇化融入。从这个角度看，理论上，完全征地将更有利于促进失地农户的劳动决策和经济行为的转型升级，而不完全征地则其作用效果不佳，尤其是处于"中间夹层"的中等强度不完全征地行为将最不利于农户家庭经济福利的保障和转型发展能力的提升。

②征地用途变量。从各模型变量系数看，总体而言，各类土地征用开发形式对周边被征地农户的劳动决策模式发展并不构成显著的正向促进概率，这是由征地项目是否能有利于推动当地被征地农民非农就业发展决定的。相关研究已表明，当前我国城镇化征地开发战略存在某种不均衡缺陷，即过多地关注区域GDP增长等经济目标，而对促进包括被征地农民在内的区域民众就业机会创造和就业发展等民生目标较为欠缺，造成征地项目对当地民众特别是被征地农户的就业辐射能力和整体贡献度不高（王战，2015）。且不同开发项目类型的就业影响度也存在明显差异，这一定程度上制约了失地农户成员非农就业机会的拓展和职业层次提升，进而影响其家庭的劳动供给决策行为。从模型结果看，当前我国样本地区，无论是基础设施开发还是经济开发区建设等不同项目对当地被征地农户的正向就业溢出作用并不强，也不构成促进失地农户家庭劳动决策模式升级发展的显著动力；相反的是，所有模

---

① 不考虑其他因素，理论上，征地强度规模对那些涉农农户家庭经济的冲击程度呈现递增效应，总体上91%以上的完全征地情形＞不完全征地情形，而在不完全征地情形中，51%～90%＞50%以下。

型中的房地产分类变量回归系数值均为负值，且模型Ⅱ中还通过了显著性检验，这说明单纯的房地产项目开发不仅难以面向失地农户直接创造足够的非农就业机会，且其过度发展将形成对区域经济资源的畸形"虹吸效应"和产业发展"排挤效应"①，可能也不利于营造失地农民实现城镇化环境下的职业提升和创业发展的积极环境，进而不同程度地损害了失地农户家庭劳动决策模式的升级发展，这其中对中上层决策形态的效益追求型农户发展的阻滞效应尤为明显，长此以往，不仅将严重制约了失地农户的就业发展与转型能力，而且对区域长期城镇化质量水平和可持续发展也构成潜在风险。

③征地补偿方式和补偿程度变量。首先，征地货币补偿方式能显著增加失地农户倾向于选择小富即安型与效益追求型这两类决策模式的概率。模型结果表明，其概率比值分别相较于参照项生计维持型超出了高达2.83倍和25.05倍，这主要是由征地补偿带来的失地农户家庭收入流变化，进而对不同家庭成员的就业倾向与择业行为构成差异性影响。总体存在两种可能性效应：一是"收入效应"。即一部分失地农户因获得货币补偿，增加了其家庭短期非劳动收入。受自身人力资本水平低等因素的影响，将诱发这部分家庭决策者产生"小富即安"心理，将征地补偿收入视为某种"消费品"。其目标收入线和效用定位以维持家庭现有生活和消费水平为基准，而征地货币补偿一定程度发挥了收入替代效应，从而使得其家庭成员更倾向于降低劳动参与意愿，选择低风险、低劳动强度的保守型就业甚至"自愿"失业（李琴、孙良媛等，2007），整个家庭趋于选择小富即安型决策模式；而另一种可能性则是"替代效应"。即一些具备高人力资本禀赋的被征地农户家庭充分利用货币补偿契机，将征地补偿收入及时转化为提升家庭就业决策的替代型"投资品"。并为此确立了更高的家庭目标收入线和效用定位，积极引导家庭成员进行人力资本投资与就业创业投资等，从而不断提升其家庭成员的非农职业层次水平，推动家庭谋求效益追求型决策模式的发展。而从上述 B 值看，不同类型农户分布概率上存在替代效应＞收入效应规模。这意味着只要相关条件具备，我国样本地区多数失地农户更愿意将征地补偿转化为追求更高层次的效益追求型决策模式，并积极通过各种"投资品"效应，以实现家庭长期经济收入和效用水平的持续增长。

而从货币补偿程度变量的模型结果也进一步支持了上述论断。表4-8显

---

① 近年来，学术界日益重视对房地产业泡沫化的负面风险研究，其中，城镇高房价将显著导致对区域其他产业发展及民众就业、创业的成本急剧拉升，同时也构成对农村转移人口市民化发展的严重阻滞效应。

示，相比最低层次的生计维持型农户，不同程度的货币补偿对更高决策层次的农户模型均具有正向影响概率。其中，适度规模的征地货币补偿（人均 5万元以内）更有利于，一方面能改善一些贫困失地农户家庭的经济状况和生计压力，帮助其家庭短期内实现生活消费水平从温饱型向小康型提升，家庭决策层次从生计维持型向小富即安型的转型升级；而另一方面，对于一些中等收入失地农户家庭，适度的征地补偿款也能发挥积极有效的"投资品"效应，从而激励推动其瞄准效益追求型决策定位，进一步提升失地农户成员的非农就业水平，以实现家庭更高层次收入目标线和长期效用水平的提升。而对处于最高水平的自我实现型农户而言，征地补偿收入占其家庭实际收入比例较小，因此即便是最高的补偿程度，也不构成对其家庭经济决策的显著影响。

其次，进一步考察社保补偿变量发现，对于一些征地前家庭经济状况低下和以涉农就业为主的中低收入农户而言，征地将构成对其家庭生计的一定程度冲击。由于本身缺乏足够的人力资本能力，因而其家庭成员的非农就业参与层次和水平也偏低，导致也难以依靠其自我力量参与社会保障，久之将导致其家庭陷入生计维持陷阱，进而恶化未来预期水平。而针对这部分较弱势农户，采取征地社保安置方式，给予其家庭过渡时期的基本生活保障，以及通过征地补偿转社会保险等方式，吸纳失地农户参加城乡居民基本养老和医疗保险等基本社会保障，这能显著化解这部分农户家庭的未来悲观预期，改善风险认知状况，促进其谋求增加劳动供给（崔宝玉，2015），实现自身能力范围内的一定程度非农就业。同时也有利于保障家庭中的残疾、老年以及无业等弱势成员的福利水平，进而提升家庭成员的整体幸福感和满足感。这无疑能有助于促进失地农户家庭从原先的生计维持型向小富即安型等劳动决策模式的升级发展，这体现为模型Ⅰ的社保安置变量系数为显著正值。但对那些征地前就可能属于较富裕的失地农户家庭而言，由于其成员普遍非农职业水平较高、且大多已享有各类社会保险甚至是更高层次的商保形式，因此征地社保安置方式对这类家庭劳动模式发展不构成显著促进作用，进而体现为模型Ⅱ、模型Ⅲ的社保补偿变量均不显著。

此外，从相关模型的就业补偿变量系数结果显示，对于那些征地前就处于极度贫困农户而言，由于其家庭成员的严重人力资本残缺（比如文盲、年老或残疾患病）障碍，因而总体完全缺乏劳动力市场自主择业能力，但仍然存在一定的劳动意愿，属于农村最弱势的劳动群体。而征地可能进一步冲击和放大其家庭面临的就业和生计保障困境。考虑到就业及其创造的收入效应对农户生计保障的可持续性更强，因此，在征地补偿方式上，除了重视对这类家庭采取足额的资金补偿、社保补偿之外，还可考虑以政府提供免费职业培训、购买公益性就业岗位、征地开发相关企业提供慈善助工等方式，积极创造各种有利条件，以尽可能面向这类特困被征地农户提供各类公共就业援助，努力消除零就业失地农户家庭。从模型结果看，相比其他类型农户，就业补偿变量对处于最低层次决策模式的生计维持型农户发挥了重要作用。

④安置方式变量。从全国各地的实际做法看，有关部门面对征地拆迁农户采取的安置方式主要有两种：集中安置和分散安置。而相关理论分析揭示，不同征地安置方式将决定失地农户面临生产、就业和生活环境的差异。这将导致其家庭经济决策行为的环境参照对象和基准水平的不同，同时也可能涉及失地农户面对新环境的适应性及能力塑造程度。上述的变化和差异将影响失地农户的劳动决策要素，最终构成对其家庭劳动决策模式选择的差异性作用。而从实证分析结果看，仅模型Ⅰ的变量系数为显著正值。这表明与分散安置方式相比，集中安置方式可能更有利于失地农户小富即安型决策方式的形成。这是因为基于集中安置政策下，各地区大多采取的是整村、整庄农户统一征地拆迁并集中在城镇专门的失地农民安置区（点）并统一规划居住的做法，这使得被征地农户依然面临原有的乡邻群体和人际关系网络，其家庭决策的参照对象和社交模式仍将延续原有农村方式，因而不利于一部分失地农户追求与城镇居民相适应的更高目标收入线和消费效用定位。集中安置形成的相对封闭生活环境一定程度也构成对失地农户融入城镇市民化的心理和能力障碍，从而诱发其产生"小富即安""知足常乐"的惰性决策心理和行为倾向。而与此相反的是，模型Ⅱ、模型Ⅲ在集中安置变量回归系数偏小，且均不显著，且后者的回归系数符号为负。这充分显示了，与分散安置方式相比，集中安置的做法不利于形成良好的面向失地农户的城镇化环境条件塑造。从长期角度看，这既不利于激发失地农户家庭追求更高的就业和经济发展决策目标，也难以构筑促进失地农户从生活方式、社交模式到心理感知等深度市民化转型的积极条件。这支持了吴杰（2013）、杨磊（2016）等学者的研究观点，表明集中型征地安置方式对失地农户的劳动决策模式和就业安排具有一定的负面影响，因此颠覆了理论假设五中认为征地安置方式对农户劳动决策影响方向不定的假设。

4.4　本　章　小　结

本章主要运用实证研究方法对失地农户劳动决策模式进行了定量测度，在此基础上对影响失地农户不同劳动决策模式类型选择的影响因素体系进行了多元 Logistic 模型分析。主要研究工作和研究结论包括以下三方面：

（1）研究开发了失地农户劳动决策模式的测量模型和方法。本书相关理论章节分析揭示了失地农户四种劳动决策模式类型的形成，其内在决定机制在于不同农户家庭"四位一体"决策要素组合及其差异性。对此，可运用管理学领域较为科学规范的结构方程模型（SEM）方法进行相关测量分析。我们首先基于决策要素角度，尝试性开发了多维度、层次的农户决策模式测度量表模型，大致包含三级潜变量及其指标体系。其中：一级潜变量为失地农户劳动决策模式，二级潜变量分为四个维度，分别为：①"收入感知"潜变量，包含"征地后的收入状况认知""家庭目标收入线定位"2 个三级测量项目；②"消费效用感知"潜变量，包含"农产品消费效用感知""商品效用感知"2 个三级测量项目；③"风险感知"潜变量，包含"农地依赖度""未来风险预期"2 个三级测量项目；④"适应性"潜变量，包含"城镇环境适应性""市民化认知"2 个三级测量项目。进一步运用农户调查样本中的随机 10% 抽样数据对所构筑的变量项目和测量模型质量进行了信度效度检验，在此基础上分别开展一阶、二阶验证性因子分析（CFA），初步形成了可供实证研究的失地农户劳动决策模式测量模型体系。

（2）运用所开发的模型方法对全国样本地区失地农户劳动决策模式类型进行测量，并对不同地区间分布结构进行了比较分析。我们运用标准化指数方法，构筑了理论属性上不同类型劳动决策模式的界定准则和基本思路。基于二阶 CFA 法下确定相应多维测量变量体系的不同权重系数，从而最终确定了失地农户劳动决策模式类型测度的衡量区间及赋值标准。在此基础上，对全国样本地区失地农户劳动决策模式分值进行了具体测度，并对不同地区农户决策模式类型的分布结构进行了比较分析。

得出的研究结论为：①全国样本失地农户劳动决策模式平均测度值为8.93，总体以小富即安型为主，标准差为 3.04，不同地区间存在一定的结构偏差。②地区间比较发现，东部地区农户决策模式均值为 9.48，中部为8.82，西部为 7.94，在决策模式分值上表现为东部＞中部＞西部，显示了失地农户的决策层次和水平存在较为显著的区域梯度差。③不同地区内部结构也存在一定的差异性。首先是东部地区失地农户总体决策水平较高，且分布结构较为均衡，在构成比例上，虽然小富即安型农户比例略占优（37.75%），但更高层次的效益追求型和自我实现型农户也占相当大比例（分别为 32.76%、14.34%）；中部地区失地农户决策水平处于次之水平，以小富即安型为主（45.19%），其比例远超过其他农户类型，同时效益追求型也有一定的比例（27.54%）。与此相反的是，西部地区失地农户总体决策水平处于偏低水平，除了以中低层次的小富即安型占绝对主导（57.97%）之外，作为最低层次的生计维持型农户比例也高达27.47%。

（3）运用多元Logistic模型方法，对失地农户家庭劳动决策模式的外在影响因素进行实证研究。实证研究结论包括：

①失地农户劳动决策模式类型的选择与其户主的性别和年龄特征存在一定的关联性。相比女性而言，户主是男性的失地农户更倾向于选择中高层及以上的家庭劳动决策类型概率更大。不同年龄段家庭之间的决策模式分化度也较为显著，户主年龄越趋于青壮年（45岁以下），家庭追求高层次决策模式的概率越大。

②户主的人力资本因素对失地农户家庭的劳动决策模式决策发挥了显著正向作用。当户主健康、教育和技能等相关人力资本水平越高，其越将具备更强的家庭中经济决策和经济行动的能力，将更能驱动家庭实现劳动决策模式的升级发展。

③不同家庭和区域因素对失地农户劳动决策模式选择具有差异性的影响。一是东中西部区域发展差距构成了对不同地区农户劳动就业决策水平的显著影响。二是总体上家庭越靠近中心城镇的近郊被征地农户，越易受到城镇良好发展机会的辐射，农户成员非农就业发展机会也越大，因而选择较高层次的劳动决策模式类型的倾向也越高，这其中对效益追求型农户更为显著。三是社会资本构成了被征地农户劳动决策模式发展的充分而非必要条件，良好的社会资本条件更能促进自我实现型农户的发展。四是在家庭决策方式上，越是男性（丈夫）居于决策主导地位的家庭，农户越倾向追求更高层次的家庭劳动决策模式类型。

④征地政策变量对失地农户劳动决策模式决策的影响效应总体呈现某种复杂分化特征。一是在征地程度方面。完全征地将更有利于促进失地农户的劳动决策和经济行为的转型升级，而不完全征地将可能最不利于贫困农户家庭经济福利的保障和决策发展能力的提升。二是在征地项目方面。由于现阶段城镇化征地项目总体对当地被征地农户的正向就业溢出作用并不强，因而不能构成促进失地农户家庭劳动决策模式升级发展的显著动力；此外，过度的房地产项目开发将更不同程度地损害了失地农户就业和家庭劳动决策发展，其中对效益追求型农户的阻滞效应尤为明显。三是在征地补偿方式和程度方面。首先，征地货币补偿方式和适度规模的补偿程度能显著增加失地农户倾向于选择小富即安型与效益追求型这两类决策模式的概率；其次，社保补偿对于一些征地前家庭经济状况低下和以涉农就业为主的中低收入农户能够发挥很好的保障作用；最后，就业补偿方式对处于最低层次决策模式的生计维

持型农户发挥了重要作用。四是征地安置方式方面。与分散安置相比，集中安置方式对失地农户原有的劳动决策机制与社会交往环境不能构成显著改变。因而失地农户更倾向于维持小富即安型等传统家庭劳动决策方式，同时集中安置方式也不利于失地农户彻底融入城镇市民化转型发展。

第 5 章

基于静态视角的失地农户劳动决策
模式与家庭就业特征的质性研究

上一章的实证研究表明，当前我国样本地区失地农户存在着显著的家庭劳动决策模式异化特征，呈现出从低级形态到高级形态的层次性分布结构。失地农户特定劳动决策模式类型的形成，是受到从农户家庭内部禀赋条件到区域经济及征地政策等相关因素共同综合影响的，其中农户人力资本是核心内因，而征地政策构成了重要外部环境因素之一。但与此同时，应看到的是，失地农户劳动决策模式的决策过程结果，本质上也是体现和伴随着征地前后家庭就业结构演变与重构的进程。因此，从静态角度上讲，失地农户家庭就业结构分化特征与其异化的劳动决策模式之间具有内在关联性和均衡特征。而本书的相关理论章节也对不同供给模式下失地农户的就业决策形成机制及其家庭成员的就业结构组合特性进行了机理分析。本章将在上述研究的基础上，运用案例访谈分析等质性研究方法，进一步定性考察我国东、中、西部不同地区失地农户 4 类劳动决策模式的形成要素条件及其对不同家庭就业结构分化特征的决定机制。

本章的结构安排是，首先简要介绍质性案例研究的目的、案例素材采集的原则要求和总体思路。其次，分别依据 4 类劳动决策模式的归类方式，采集东、中、西部不同地区的相应失地农户典型案例，进行深度剖析，重点考察基于差异性劳动决策模式下失地农户家庭的要素条件、经济行为特征与就业安排倾向。最后，形成本章的研究结论。

5.1　质性访谈案例研究设计

质性研究是相对量化研究而言的一种适用于社会科学领域的重要定性研

究范式。其核心内涵是研究者通过深入实际，在各种自然情境而非人工控制的实验环境下，通过多种收集方法（观察、访谈、实物分析等），获得大量开放式的相关社会资料，并借助"描述—理解"方式归纳分析，进而形成对整体社会现象的理解和解构过程（文军，2010）。

深度访谈案例法是质性研究的重要方法之一。该研究方法是一种直接的、无结构的个人开放式访问调查。深度访谈法能够借助调查员的事先规划和引导策略及技巧，可以通过被调查者的自由主动描述和自我倾诉，获取大量涉及其自身及周边的现实与隐形信息。因而，相比其他结构性研究方法，访谈案例法能在不受干扰的条件下，更好地深入被调查者内心世界，获取其心理感知信息，从而有助于较为细致深入地了解被调查者真实的态度、内在动机和价值信念等心理机制。在此基础上整理形成的访谈案例分析，更能适用于对特定主体的认知及行为模式的探究，这符合课题的研究要求。

根据本书的相关理论基础。课题组围绕失地农户劳动决策模式的研究主题，开发了相应的决策要素及其就业状况认知项目，进而转化为一系列开放式问题的访谈提纲。课题组成员预先进行了小范围访谈调研测试，结合预调研效果状况，相应优化完善了访谈提纲和实施环节，并对调查员进行了相应的访谈能力与策略技巧培训。这样，结合同期课题组开展的大规模全国失地农户的入户调研过程中，在不同地区遴选了一些失地农户作为访谈调查对象，对其户主开展深度访谈调查。

访谈调查对象的遴选主要遵循以下基本原则：

（1）访谈样本来源要具有多样性和全覆盖性。一方面，针对全国东、中、西部不同地区，访谈调查小组首先根据调查的总样本规模和地区构成，大致确定了每个地区相应的备选访谈农户比例并进行遴选，这样能保证访谈案例来源的不同地区间结构均衡；另一方面，针对农户类型结构，主要根据农户家庭经济状况、禀赋条件、户主特征以及外部区域与征地政策环境的差异度，进行差别化遴选，尽可能覆盖多种类型的失地农户群体。

（2）访谈样本农户要具有很好的适应性和协调性。由于深度访谈调研以被调查对象的自我描述和认知判断为主，一般情形下，调查者不能干预和直接引导，因此对被调查者的心智模式、配合度和沟通交流能力有一定的要求。为此，调查组也进行了一定的甄别和遴选，尽量选择那些认知能力强、表达性好、具有主动倾诉和协作意愿的失地农户主进行访谈调查，尽可能多地获取由调查对象自由口述的真实访谈资料，以便后续整理成有效访谈案例并进行分析。

（3）访谈样本遴选也要考虑有效契合研究的目标。由于本书侧重研究农户征地前后家庭劳动决策模式演变效应及在此基础上的劳动成员就业行为主题，而针对不同农户劳动决策要素状况和就业决策行为成为访谈调查的重点内容。因此调研组在遴选访谈样本时，也要尽可能覆盖多种形态的家庭劳动决策要素体系和就业行为，这样有利于整理形成具有相对典型性的四类失地农户劳动决策模式访谈案例材料，为后续深度分析创造良好的条件。

在把握上述样本遴选原则的基础上，我们进一步确定了访谈案例的基本目的和分析思路：即分别面向东中西部等不同地区，围绕征地前后农户家庭经济状况以及相关就业环境演变，在收入、消费、风险和适应性等决策组合要素的认知与态度差异状况对失地农户主进行深度访谈调查，从而采集相应的开放性访谈信息。为了能获得更具典型性的失地农户案例素材，笔者先后利用 2014 年、2015 年"五一"和暑假假期，组织了数个调查小组，分别深入全国不同区域遴选相应的失地农户，开展针对性的访谈调查。在坚持质量至上的要求下，获得了 76 份有效深度访谈材料，通过系统整理分析，总结凝练出东、中、西部不同地区的生计维持型、小富即安型、效益追求型和自我实现型等 4 类失地农户劳动决策模式类型的典型案例。借助对每个地区每类决策模式农户的形成条件及基本特征的案例剖析和比较，可进一步深入考察比较基于异化的决策模式背景下，不同地区、不同形态失地农户家庭成员的就业结构特征与劳动行为倾向，并从实际层面诠释相应的影响因素与影响效应。

5.2 不同地区生计维持型失地农户的案例分析

5.2.1 案例简介

我们依据农户相关决策要素水平状况，从东中西部不同地区各自选取了三个具有典型"生计维持型"决策特征的失地农户访谈整理案例，分别为江苏省镇江平昌新城新茂苑社区张某某，河南省驻马店市新蔡县龙口镇杨庄季某和贵州省遵义市播州区鸭溪镇金刀村吴某某。

1. 东部地区。

案例 5-1：被访谈者家庭基本情况：张某某，男，56 岁，小学文化，家里三口人。老伴，52 岁，半文盲；儿子大学毕业 3 年，在无锡企业上班，尚未成家。平时就老两口在家，儿子周末有时回来。

征地前，我家住姚桥镇红光村。平时我在本村附近的私人厂打工，做汽配件加工，月工资2000多元，在我们这边马马虎虎，但不交保险，老伴主要在家伺候2亩责任田，种稻麦，家前屋后还有一些菜地，另外还养了一些家禽和家畜，这些都是她负责张罗，弄出的农产品主要供家里吃，像猪、羊之类的过年杀肉吃，吃不了也会到集市上卖掉。我家只有一个儿子，2012年从江南大学机械专业大学毕业后就在无锡找了一个对口企业上班了，工资还行。但之前上了4年大学，前后花了我10万元多，老本儿都被这小子搞光了（笑），不过想来还是值得的，邻居都羡慕我家儿子出息了，我心里也很高兴。现在儿子在外地工作，基本能够自立，也不经常回来，负担虽说小了点，但我觉得现在家庭生活只能算是能勉强地维持下去。

我们这边征地是镇江新区于2011年开始搞了"万顷良田"综合开发项目，具体我也弄不清楚，反正征地规模很大，我们这边连着几个村全被征收了，给我们集中安置到距离老家10公里之外的镇江新区平昌新城小区。当时的征地补偿方案是：房子是以面积换面积，我家原来是二层小楼约140平方米，这样给了2套房（一套为我现住的三居室98平方米，还有一小套约57平方米毛坯房空着）；另外，土地补偿费和安置费大部分都被政府统一转为基本生活保障了，说是以后可每月拿生活费，当时拆迁干部很多政策也没公开讲明，我们也不知道中间有没有问题，反正就稀里糊涂签字了，征地后我家压根也没落（获）得多少补偿钱。我家是2014年初搬迁入住这边的，政府建的这个安置区面积很大，也配套了菜场、银行、学校、公交，交通还是很方便的，还有健身广场，我家老太婆没事可以去跳跳舞。说实在的，这里环境还不错，生活也蛮便利的，我们原来的亲戚邻居也都住在这里，串起门来也很方便。

说到就业，本来在老家我跟那个私人老板干了快十年了，我也适应这个活，老板也挺信任我，可搬迁后，他厂子也拆了，到这边附近也找不到合适的汽配厂，我也只有小学文化，岁数也大了，再学也学不会，所以现在我还在找工作，前两天去报名了小区保安，听说月工资只有1500多元，还要值夜班，打心眼儿里不想去，但也没办法，实在找不到就只能准备去了，好歹有点收入。老太婆只会种地养殖，现在田被收了，她也歇了，不过现在吃粮、吃菜都要买，也受不了，我准备有空带她到小区附近找找，看能不能开片荒种点菜，这样就能给她找个事做，我们也不需要天天买菜了（笑）。

我现在最愁的就是今后家庭经济情况。我现在工作也没了，收入也少了，政府虽然每个月给我们家每人发生活补助金400多元，但根本不够用啊，你想想看，本来家庭供小孩读了四年大学，手上就基本空了，征地后也没落得多少现钱，基本也都扔到新房子装修上了，城里到处都要花钱，开支大；再说，现在我儿子虽然上班了，但他也27岁了，后面肯定要结婚成家，如果定在无锡，就那里的高房价和结婚花费，估计要我的老命了，到时只能厚着脸皮借，唉，不敢想啊（叹气）；还有就是，现在的人情花销也比搬迁前大了，现在亲朋好友全在这个小区里，靠得更近了，红白事一个都落不下，份子钱也不断涨价，唉，受不了，也躲不掉。想来想去，我还是觉得拆迁后，表面上大家看我们风光了，搬到城里住小区了，但还不如不搬呢，还是待在农村好，开支小，也自由，这是我们这一帮岁数大一点的人的想法，年轻人估计不一定（笑）。

（根据江苏省镇江市镇江新区平昌新城新茂苑小区张某某的口述整理；访谈时间：2015年5月2日）

2. 中部地区。

案例5-2：被采访者家庭基本情况：季某，女，38岁，家里五口人，小学文化。丈夫，41岁，小学文化；大女儿在读初二，二女儿和小儿子都在读小学，家里只有两个劳动力。

征地前，农忙时我和丈夫都在家忙农活，没有时间出去干活，农忙完之后我和丈夫就在当地的一个小砖厂打砖，一天合计就100多元，勉强能支持家里的日常开支，还稍微有些剩余，但手上这点小钱对家里3个孩子今后花销来说根本不中啊（方言：意思是不行）。你看，虽然现在几个孩子还在读初中和小学，花钱还是比较少，但是以后要是上高中大学花费就多了，所以想到这个我就愁得要死。我和我老公打砖打了好几年，但工资太低了，还很辛苦，可除了会打砖，俺们啥也不会啊。原来的家里也没啥值钱的玩意儿，房子也不大，是一个15年左右房龄的4间平顶房，地也比较少，只有3亩左右，只能种一些玉米、小麦之类的，产量不高，打得粮食只够自己家吃。总的来说，家里日子过得紧巴巴的。

我们家这边征地大概是从前年（2012年）3月开始，听说因为要修国家公路，而我家正好在路线上，所以赶上了（笑起来），地和房子全被征收了，当地政府对我家的赔偿是，在镇公路边上集中安置区分一套92平方米的回迁房，还有一些补偿款，但数目不多。怎么说呢，感觉这样的补偿对我家里来说，马马虎虎吧，毕竟家里的那些破烂也不值钱，再说国家修路，还是要支持嘀。后来，我丈夫用土地钱买了一辆摩托车，又花了一点钱考了摩托车驾照，这样去打砖和回家时比较方便，偶尔想去哪里走亲戚也比较方便。在政府统一安排下，我们全家也都参加了合作医疗保险，但其他保险就没有了。

现在我老公还是在砖瓦厂打砖，我呢，在家忙忙家务，他忙不过时，我也去帮帮忙。总的来说，现在家里的收入并没有什么增长，每月我和丈夫找（挣）的钱，除了必要的开销没剩多少了，因为现在要买米买菜买肉，现在开销真的是增加了，今后打算是和丈夫一起能找一个在居住地不远的地方的活做做就行了，维持家里的开销吧。大女儿的学习成绩比较差，其他两个孩子成绩还是可以的。我和丈夫都只是小学文化，所以都特别希望孩子们能考上大学，以后不再像我们一样下苦力。现在回迁房还没得到，得租房住，还好房租不用家里出，由政府出，剩下的补偿款准备存着，房子到手后还要简单弄（装修）一下，剩下的就为孩子读书做准备吧。总的来说，我觉得征地后，家里日子还是有点紧张，处处都要小心算计着用，还是苦，离你说的城里人差远了。

（根据河南省驻马店市新蔡县龙口镇杨庄季某口述整理；访谈时间：2014年 7 月 20 日）

3. 西部地区。

案例 5 - 3： 被访谈者家庭基本情况：吴某某，男，45 岁，小学文化，家里四口人。妻子 43 岁，初小文化；大儿子上大学，小儿子读高二，家里两个劳动力。

土地没被征用时，我主要待在老家，农忙时就在家里忙农活，不忙时就在附近找活干，我是一个砖瓦工，妻子平时没事也和我一起出去干活，打打下手每天早出晚归，帮别人下力（干活），一天得干 10 个多小时，每天只能挣 60 多元，雨天还的歇工，没办法啊，要找点钱供孩子读书啊。我有两个儿子，大儿子在贵阳读大学，每个月生活费至少 1000元；小儿子在读高中，每个月生活费也得好几百元，明年就要高考了，他学习成绩还可以，所以怎么着都要考虑以后供他上大学，所以我家负担一直蛮重的。以前家里种的地有 7 亩，种一些苞谷、谷子和山药儿等，除去自己家吃的，剩下全卖了。家里劳动力有点紧张，儿子们蛮懂事的，上中学时，两兄弟农忙回家也能帮点忙。

我们鸭溪是白酒之乡，老家征地是 2012 年，某大酒厂要在我们院坝（地方）建厂，当时征用了我家的三间瓦房和一部分平地，给出的补偿方案有三种：一次性现金，还房还有安排家里一个人进酒厂上班。我想进酒厂上班，但干部说我超过 40 岁了，人家酒厂不要，为了这个事我们很多人去村委会寻找解决的办法，可是村委会一直求挫挫（办事不得力），我们也没得办法儿，想到孩子们读书要用钱，我家就没要还房，要的是一次性现金补偿，总共有 13 万元左右，我现在在小儿子上县城高中附近租了一小套房，每月房租要 450 元，老婆在家午饭（做饭），照应小娃儿，现在土地没了，什么都要买，要买就得花钱，我还有 70 几岁的爸爸妈妈要供养，有时还得给点钱吧，大娃儿那也要供学，这样一个月开销至少也得 2000 元左右，不能光吃补偿款啊！以后孩子需要用钱没钱怎么办，想到这，我焦够咯很（烦心）。

现在我每天骑摩托车 20 公里从县城赶到乡下工地去干活，没办法，我只能干这个，但肯定比以前更辛苦，这不是长远之计。土地没了，这让我很是心慌，找工作没人要，干苦力活也干不了多长时间了，我不晓得以后老了可咋办？希望政府能有一个好的方法。现在家里正是最能花钱的时候，我可不想连累孩子以后的前景，别看拿到了一些补偿钱，但我还是不满意咯，被干部骗了，像我家这样困难家庭的就应该多给一点补偿嘛。再说，酒厂把我家好地征走了，山上的一些孬地他们又不要，现在路太远，没人去种了，种那一点地不划算，要占地把我家的全占完多好，像现在这样我真是恼火得很，我还得去找政府。

（根据贵州省遵义市播州区鸭溪镇金刀村吴某某口述整理；访谈时间：2014 年 8 月 12 日）

5.2.2　不同地区"生计维持型"失地农户的形成要素比较

我们从决策要素的视角，对上述东、中、西部三个失地农户案例进行深入解析，不难发现其符合某种"生计维持型"劳动决策模式的基本形成特征。从决策要素层面看，总体上不同地区的"生计维持型"失地农户表现出一定的共性特征，但与此同时，通过区域间比较，也显示出具有一些差异化特点。

1. 个体与家庭特性。

不同地区"生计维持型"农户的形成，总体具备某种相似的个体和家庭条件特性。第一，家庭人力资本禀赋水平极低。三个典型案例中的农户主要劳动力，男性（丈夫）都是小学水平，而女性（妻子）人力资本水平还要低于男性，平均处于初小以下文化程度，户主年龄以中（老）年为主，普遍缺乏专有技能，因而择业能力不强。第二，征地前拥有一定的农地资源，家庭经济对农业依赖度较高，农业领域投入了一定规模的劳动力。第三，家庭经济状况处于本区域较低水平，可归类于贫困型或勉强温饱型农户，且由于不同程度上存在着诸如子女养育等巨大刚性支出，导致家庭的即期（预期）负担水平较重，返贫风险较大。比如，案例 5 - 1 的东部张某某家庭之前供养儿子上大学，现在又考虑儿子今后的结婚费用，"前后花了我 10 万多元，老本儿都被这小子搞光了"，"后面肯定要结婚成家，如果定在无锡，就那里的高房价和结婚花费，估计要我的老命了（张某某）"；而中部的季某和西部的吴某某家庭也都存在着多个未成年子女的教育与供养问题，因此，家庭开销普遍较大，总体经济状况较差。第四，受经济状况影响，"生计维持型"农户拥有的房屋等家庭财产总体较少，因而在征地后，这类家庭平均所获得征地补偿安置水平也不高，难以从根本上改善家庭的经济状况和就业决策。

2. 决策要素共性特征。

结合对案例材料分析看，"生计维持型"农户的决策要素体系具备如下一些共性特征：

（1）收入要素层面。由于"生计维持型"农户经济状况处于本区域较低层次水平，因而在征地前就始终存在着显著的生计维持型目标收入线的制约，面临摆脱贫困，追求温饱和努力生存下去的奋斗目标。从案例 5 - 1 ~ 案例 5 - 3 中可见，无论是东部的张某、中部的季某还是西部的吴某某，在征地前，其家庭普遍收入水平不高，在当地处于中下游层次，总体处于贫困状态。而受访者也普遍形成对其家庭面临巨大生计压力的认知状态，如"家庭生活只能算是能勉强地维持下去（张某某）"，"家里日子过得紧巴巴的（季某）"，"我家负担一直蛮重的（吴某某）"。而征地前，其家庭成员所从事的就业模式和层次均普遍不高，总体以农业或兼业为主；家庭收入结构也较低，其中农业收入占了重要比例，而即便是那些从事兼业的家庭成员（如丈夫），其所兼业的非农职业层次也不高，基本以零工和短工为主。因此，农户家庭所获得的工资收入也远低于本地区平均工资水平，这使得在征地前，这类农户就始终处于致力实现生存型收入目标的经济状况。而在征地后，相比其他类型农户，受客观上所拥有的农地补偿资源偏少，以及主观上存在对补偿安置政策不满意等多种因素的影响，"生计维持型"农户事实上能分享到区域征地及其补偿安置政策带来的福利促进和收入增长效应水平最低。换句话说，征地并没有显著大幅度改善这类农户家庭的绝对收入水平，与之相反，考虑到征地后农户面临的消费支出和生活环境变迁压力，"生计维持型"失地农户将面临更严重的相对收入恶化，从而加剧了"被剥夺性"贫困感的增加，体现为在案例中，几乎所有受访人都对征地后家庭未来经济前景和化解生计压力表现出了巨大担忧，表达出一些悲观态度，如"受不了，也不敢想（张某某）"，"征地后，家里日子还是有点紧张，处处都要小心算计着用（季某）"，"土地没了，这让我很是心慌，找工作没人要，干苦力活也干不了多长时间了……像现在这样我真是恼火得很（吴某某）"。

（2）消费效用要素层面。征地前，受偏低的家庭收入水平制约，"生计维持型"农户家庭消费水平也普遍不高。不仅消费结构较为单一，大多集中在子女抚养和教育等代际刚性支出层面。而且在消费供给模式上，也大体以自给式为主，市场化比例很低，尤其是农产品等则高度依赖于家庭自我农业生产，实现完全自给自足式供给。基于此，当农地被征用后，"生计维持型"农户更易面临消费效用降低的冲击风险。案例中所有受访人都对城镇更高的物价水平和高度市场化消费方式产生忧虑感与不适应性；另外，值得关注的是，在集中安置模式下，失地农户的人情交往模式也有向城镇居民化趋同的态势。比如，东部张某表述的"现在的人情花销也比搬迁前大了，亲朋好友全在这个小区里，靠得更近了，红白事一个都落不下，份子钱也不断涨价，唉，受不了，也躲不掉"，就形象地揭示了失地农户迁居城镇后面临的社会交往支出水平现出显著增加态势。而一旦家庭就业收入和征地补偿收入增长难以弥补上述消费支出扩展，这无疑将进一步加剧失地农户家庭的经济负担和生计困境。

（3）风险感知和城镇化适应性要素。总的来说，"生计维持型"失地农户也普遍存在未来谨慎性预期和较高的风险感知状况，体现为受访农户用"日子紧张""焦虑""犯愁""心慌"等词描述其对未来家庭生活和发展的心理认知；此外，由于其家庭成员征地后所拥有的非农就业和社会保障水平也很低，因而使得"生计维持型"失地农户对土地被征用的接受度和满意度也不高，不同程度存在"后悔""被骗了"等感觉。最后对城镇适应性和市民化自我认知也较低，表达了诸如"但还不如不搬呢，还是待在农村好（张某某）"，"还是苦，离你说的城里人差远了（季某）"，"我不晓得以后老了可咋办？希望政府能有一个好的方法（吴某某）"的态度。

3. 差异性要素特征。

通过对不同地区案例材料进行对比分析，显示出东中西部"生计维持型"农户的形成要素方面可能也存在着一些显著相异之处：

一是不同地区"生计维持型"农户的贫困类型和程度具有一定的差异性。由于征地前，东部地区农户所从事的非农职业层次和家庭非农收入水平总体要高于中、西部地区。因此，相比而言，东部农户的贫困应属于相对贫困性质，表现为其即期收入能力可能处于本地区的相对低位。同时受到一些家庭支出增长冲击，而导致的相对收入水平降低和相对贫困。但受较发达的经济环境影响，东部农户相比中西部地区农户积累了更多的家庭财产或资产，比如，东部案例 5－1 的张某征地前就拥有 "约 140 平方米的二层小楼"。而相比之下，受区域经济总体欠发达的环境和农户成员就业水平较低的双重制约下，中、西部农户征地前更倾向处于绝对贫困状态。无论是家庭的收入流还是财产存量相较于东部农户，都将存在一定的差距，直接表现为案例中的不同地区农户在征地前所拥有的房屋、家庭财产等方面具有显著的差异。

二是征地对不同地区"生计维持型"农户家庭经济生计的冲击存在梯度性差异影响。源于上述东、中、西部农户征地前在贫困性质和程度上的异化，使得不同地区农户间所拥有的征地资源（家庭财产）也具有明显的差距，总体呈现东部＞中部＞西部态势。考虑到东、中、西部地区在面向失地农户的征地补偿政策强度上也存在梯度次序，这将决定了征地对不同地区的"生计维持型"失地农户家庭的经济生计负面冲击程度也有所不同。其他条件既定下，中、西部农户相比东部地区而言，当地征地补偿政策力度与标准相应的更低，而农户家庭拥有的征地资源数偏少，因而能够获得的征地补偿安置水平相比东部农户更低，更易陷入严重的生计困境和产生转型适应性等高度风险。

三是征地后不同地区失地农户的生计压力风险感知度也不同。从案例情况看，受家庭经济条件和征地冲击的影响效应，东、中、西部地区"生计维持型"失地农户虽然总体都面临着生计压力，但其类型和程度上也存在一定的不同。东部地区失地农户的生计压力主要体现为对未来不确定性风险感知，而中、西部地区农户既有对未来的悲观预期，还存在对处于新的城镇环境下家庭生活适应性和发展困境的现实担忧；而在风险程度水平上，中西部地区也显著大于东部地区。

5.2.3 "生计维持型"模式下的不同地区失地农户就业结构分化特征

结合案例材料分析，不难发现，不同地区"生计维持型"失地农户在家庭成员的就业安排和就业结构上也存在显著的分化特征。

在土地征用之前，处于"生计维持型"的农户家庭总体就业水平较低，就业形态上体现为以农业和就近农业型兼业为主；同时，家庭成员间存在着显著的农业＋非农领域的劳动分工。作为主要劳动力的男性（丈夫）更多的从事非农领域就业，而作为次要劳动力，女性（妻子）则主要在家务农或协助主要劳动力从事兼业。例如，案例中，在征地前，张某（东部）家庭的就业结构是：丈夫在工厂打工（非农就业），而妻子在家务农；而中部地区季某和西部地区的吴某某农户家庭就业结构都是丈夫和妻子共同兼业为主。显然，在征地前，东部农户家庭男性从事的就业模式和职业层次总体要超过中、西部地区；而相反的是，中、西部农户的女性参与非农劳动供给的强度和规模都要显著高于东部农户，这主要是因为中西部家庭经济状况更差，因而面临的生计压力更大，农户所有成员的非农劳动参与意愿更强，相应投入比率更高。而从具体职业层次看，总体上"生计维持型"农户成员所从事的非农职业层次也极低，即便是家庭男性的职业形态也基本以零工和短期雇工为主，岗位类型以临时工和操作工为主。例如案例中张某征地前在私人厂干操作工，而季某和吴某某则是做砖工，基本属于重度体力劳动，不仅岗位技能水平不高，且劳动时间长、工作强度大，工资水平也较低，此外也缺乏必要的劳动保障。

而在征地后，首先，"生计维持型"农户普遍表现为较高的劳动参与意愿和参与比率，特别是家庭中的男性更倾向于增加劳动供给。但受制于自身人力资本瓶颈，却面临相应的择业能力薄弱和非农就业机会缺口。如东部的张某在失去原有的工作后，仍积极谋求再就业，即便现有岗位工资收入低于过去的水平，但最后依然选择接受；而中部的季某和西部的张某某，受自身技能水平低下制约，缺乏重新择业能力，只能操着旧业，而在征地后可能面临着更严峻困难的就业环境条件，如"盼望和老公能找到一个在居住地不远的地方的活做（季某）"，"每天骑摩托车20公里从县城赶到乡下工地去干活（吴某某）"。由此可见，"生计维持型"失地农户依然具有强烈的就业意愿，其原因是征地及其补偿安置总体上并未显著改善"生计维持型"失地农户的经济状况。基于家庭依然存在着严峻的刚性消费需求增长和生计维持型目标收入线的双重约束，要求家庭核心劳动成员必须持续增加非农劳动供给，以获取必要的收入，缓解生计压力，这其中对家庭的主要劳动力——男性（丈夫）尤为突出。而作为次要劳动力的家庭女性成员，其劳动供给倾向与择业形态则首先要取决于家庭状况。当家庭存在着诸如子女照看需求时，女性成员更倾向于选择在家操持家务，如"我呢，在家忙忙家务，他忙不过时，我也去帮帮忙（季某）"，"老婆在家午饭（做饭），照应小娃儿（吴某某）"；而当家庭不需要过多照看时（如子女已长大），"生计维持型"农户女性也存在较强的劳动参与意愿，她将基于谋求家庭收入增长和满足消费需求等考虑，而选择与自身能力相适应的劳动供给，甚至之前从事纯农业的，也要想方设法"再就业"。如案例5-1中"老太婆只会种地养殖，现在田被收了，她也歇得了，不过现在吃粮、吃菜都要买，也受不了，我准备有空带她到小区附近找找，看能不能开片荒种点菜，这样能给她找个事做，我们也不需要天天买菜了（张某某）"。从这个角度看，如果相关部门在征地补偿政策设计中，能酌情增加一些针对失地农民有效就业安置政策措施，如开展专门性职业机能培训，公益性职业介绍甚至直接提供某些就业岗位等，对满足"生计维持型"失地农户的强烈就业需求，保障其平稳发展转型具有重要意义。

其次，与征地前相比，失地农户成员的劳动就业强度也有所提高。从案例中可见，征地后"生计维持型"农户成员的就业层次并未得到有效提升，相反却面临着就业机会的减少和更为困难的就业环境条件；而与此同时，征地后农户家庭面临的家庭支出负担却在不断增加。在此背景下，迫使失地农户只能选择尽可能提升家庭成员劳动参与程度、增加劳动时间和加大劳动强度，以努力实现征地后家庭生计维持型的收入目标。表现为如"好歹有点收入，城里到处都要花钱，开支大（张某某）"，"还是在砖瓦厂打砖，找（挣）点钱，维持家里的开销（季某）"，"我只能干这个，但肯定比以前更辛苦，现在家里正是最能花钱的时候（吴某某）"。而从地区间比较看，中西部失地农户成员的平均劳动投入时间和就业强度也显著超过了东部地区农户。

5.3　不同地区小富即安型失地农户的案例分析

5.3.1　案例简介

从农户相关决策要素状况出发，我们进一步从东中西部地区共遴选了三个具有典型"小富即安型"决策特征的失地农户访谈整理案例，分别为江苏省泰州市姜堰区罗塘街道原城南村王某某、湖北武汉江夏区安山街道马安村李某某和贵州省遵义市播州区鸭溪镇大岚村杜某某。

1. 东部地区。

案例 5-4：受访人家庭基本情况：王某某，男，52 岁，家住江苏省泰州市姜堰区罗塘街道城南安置一区，初中文化，身体状况一般偏差。家里现有三口人。母亲 76 岁，文盲，身体不好，经常生病吃药；妻子 49 岁，小学文化。儿子和女儿都已成家立业，居住在外地，儿子 2010 年大学本科毕业后在扬州亚星集团上班，刚提拔为车间主任，女儿大专毕业后嫁到了江阴。现在住在街道统一规划的安置房小区内，于去年（2014）年底入住，三室一厅，98 平方米，小区里有物业，去菜市场、超市很便利。

征地前，家里有五口人的地共四亩多，家里的田主要由妻子打理，主要种植水稻、油菜、大豆等，一年忙到头也赚不到一万块。自己一年到头跟建筑队在外工地做工程，我是钢筋工，每个月能赚四千块钱左右，除去自己的开销每年能带回家 3 万块，但很辛苦，后来落下了慢性腰痛病。但也没办法，当时，儿子女儿都在上学，家里负担很重，家里的经济条件在村里也属于不太好的层次，日子过得比较苦，人穷会被看不起，当时只盼着孩子们能争口气考上大学，早点赚钱，减轻家里负担。

我们村的征地是从 2011 年开始的，先是建了工业园区，2014 年成立新的罗塘街道后，又引进了一些商业房地产项目拆迁，我们家陆续所有田地、住的房子以及老祖屋都被征收了。我们家得到的征地补偿主要由安置房、一次性补偿款和养老保险等：安置房按照人口算的，一共分的两套房子，一套 98 平方米，一套 85 平方米；拿到的补偿款大概有 30 万元，另外我老娘还有每月征地养老金，也参加了医保。至于说对征地过程看法，拆迁中，村干部肯定有油水但没做出出格的事情（笑），不像电视上说的那样暴力强拆之类的，总的来说，我对村里征地过程和安置补偿大体上还算满意。

征地后，我就不跟工程队出去干了，一来年龄大了，身体不太好，那个苦吃不来了，二来，反正家庭担子也轻了（儿女长大了）。我就想在家附近随便找个轻松事情做做，正好工业园区招保安，我就去了，现在某厂传达室看门，工资不太高，一个月 2100 元，但工作轻松自由，我喜欢。现在老婆也被街道统一安置在园区当环卫工，一个月 1500 元，工作虽然有点累，但她也很高兴，说比种田强多了。征地后，我家经济状况应该说改善了不少，首先说是工业园让我和家属（妻子）都能在家门口找到事情做，还能兼顾着照应家里老娘。另外，儿女都成家，经济条件还可以，不用我们的钱，有时也会经常给家里拿钱；但哪能要他（她）们的钱啊，虽然我现在手上的补偿钱在之前儿子结婚、装修回迁房用得差不多了，我在想，只要我们老两口能动，就不给儿女添负担。

说到征地的影响，那肯定是有的，最明显的就是，以前我们这边男的干建筑的多，几乎村里的青壮年男劳力整年都在外地干活，全国各地都有，只是到过年才能回老家见上一面，平常待在家里的尽是妇女和老幼病残。现在不同了，一征地开发，有很多像我这样的都不出去了，就在家门口找个事做做，图个轻松！现在县城（姜堰）往我们这边发展了，建了不少商品房，人也慢慢多了，我们不少亲戚开起了小卖部、小饭店、烧烤摊，好像赚钱也不少，人过得比以前舒服了。征地后，大家有钱了，我家里也装修了回迁房，添了沙发、洗衣机、电冰箱等家电，现在邻里关系也好了吧，特别是像我一般大的，现在可以经常走动，要是以前大家还都在外面打工呢！不过，现在我们这边打牌赌钱的也多起来了，虽然我不好这个，但看到有个别家庭男的、女的整天泡在麻将桌上，输赢也不小，唉！现在世道变了；还有就是邻里之间的人情来往也水涨船高了，现在至少要四五百起步了，现在大家办大事都喜欢去饭店，你给少了脸上挂不住，给多了也心疼，但也没办法。

刚住进城里时，我还有点担心的。我们种了一辈子地，没有地了我们以后怎么办，那时候看着自己家的地被征用了，心里也是挺难受的。城市人的生活也不怎么舒服，以前家里基本上都是自给自足的，也不会买什么东西，现在干什么都要花钱，有时候都不知道怎么的钱就没了，感觉心里空空的。以前家里都住平房，现在我住在高楼里总感觉不安全，可能是我太老土了吧！我打算等我们做不了工了就不工作了，人不能不服老的。我感觉自己也不是城里人也不算是农村人，说是城里人吧，咱太老土了，赶不了潮流，说是农村人吧，咱没有地种了。

（江苏省泰州市姜堰区罗塘街道原城南村王某某口述整理；访谈时间：2015年4月16日）

2. 中部地区。

案例5-5：受访者基本情况：李某某，男，49岁，初中文化家里有四口人。妻子48岁，小学文化；儿子25岁，现在武汉理工大学读研究生；女儿19岁，初中毕业，在上海打工。家人身体都很健康。

征地前，我家有三亩多地，种些水稻、花生和蔬菜等，粮食和蔬菜主要留在家里自己吃，花生卖给收购站，家里农活都靠我和妻子两个人打理，后来觉得种田不划算，就干脆把家里的田包给种田老板，老板每年用1000斤粮食抵偿转包费。2008年开始，我和妻子就一起去附近工厂打工了。我们没有什么文化和技术，就在镇上的机械厂里当操作工，我是钳工，老婆杂工，当时每个月两人工资总共加起来有个四五千块左右的收入，就是工作时间长，太累，环境也差。那时候，由于家里两个孩子都在读书，儿子读大学每年要花费一万五千多元吧，女儿读中学每年也要三千多元吧，所以当时感觉家庭压力还是有点大的，家里经济条件在村里很一般的吧，属于中不溜那种。

我们村的最早征地大概是从2006年开始的，因为很多村民觉得种地不赚钱，也就不愿意种地了，出去打工，撂荒很多，所以村里找了一些种田老板来集中承包，种水稻、花生或者种树等。但到了2011年，我们镇改成了街道，陆续出现了政府造桥修路、建工业区等征地，这样，我们又从种田老板那里把地收回来，再跟政府谈征地拆迁，经过连续几次征地，现在我们村里基本上都没有田了，家里老房子也拆得差不多了，楼房和工厂倒是多了起来，村里一下子变成像城市模样了，感觉变化挺大的。

我们村的补偿标准据说好像是按照每家人口数、房子面积、土地亩数与青苗费等综合来算的，蛮复杂的，我们也看不懂。一些镇村拆迁干部的态度也不太好，征地过程中也不公平透明，与群众发生矛盾多。老百姓怀疑基层干部存在征地腐败，曾经过到区里上过访，但我胆子小，没参加……总之我们对征地过程感觉不太满意。最后我家分了 2 套安置房，但是要到明年（2015 年）8 月才能拿到，在这期间，政府每月发给我们一些租房费，另外，还有一笔 11 万元的补偿款。现在我家在街道上租住了一套二室一厅过渡房，新买了彩电、洗衣机、电瓶车等生活用品，剩下的补偿款都存在银行了，以后用钱的地方多也不敢乱用的。我们一家人都搬到那里住了，平时只有我和妻子在家，儿子上学，女儿在上海打工，也就过年大家都回家热闹一下，有时家里比较冷清。

征地后，我们两口子已经不在原来那个机械厂里干了，那里太脏太累了。现在，我妻子在街道上一家超市里当理货员，一个月两千元左右，工作比较轻松，也比较舒服，我在工业园区里找了一家广东老板新投资的铸造厂，还干我钳工老本行，现在拿到手工资有三千五吧，工作环境也还可以。女儿还在上海打工，估摸着年底回来让她在附近开家服装店，一个姑娘伢（方言）在外面打工不容易的，回来家里放心。儿子要后年（2016 年）毕业，估计也不会马上回家吧。如果待在武汉等大城市也可以，我想等后面安置房拿到手，自己装一套住，把另一套卖了，加上手上的结余，给儿子买婚房付个首付吧，对了，还要给姑娘稍备些嫁妆，哎，我们父母辛苦多年，不就希望儿女们能过上好生活嘛，是吧！

我感觉征地前后生活变化还是挺大的。现在亲戚邻居买私家车等也多了起来，虽然大家都不住在一起了，但联系也方便，应该和城市人过的生活差不多吧！不过，征地后也有不好的地方，比如现在每天吃喝拉撒都要花钱，周围工厂多了，环境也就不如以前好了。征地过后，大家都有钱了，红白事（泛指喜事丧事）的人情味也重了好多，往来费用也大了，之前邻里关系也就一百块吧，现在至少要二三百出手了，逢年过节亲戚之间的相互走动出礼数也多了。不过，总的来说征地还是一件好事吧，至少让我们的后辈不用种田出苦力了吧，让他们能过上更好地生活，接受更好地教育了，我还是能接受现住的生活方式的。要说我怎么看待自己的身份，我想我还是农村人吧，我们不像城里人那样会享受，我们还是喜欢把钱存起来而不是花掉，总觉得生活能省则省吧！

（根据湖北武汉江夏区安山街道马安村李某某口述整理；访谈时间：2014年7月26日）

3. 西部地区。

案例 5 - 6：受访者基本情况：杜某某，男，30 岁，初中文化，家里有五口人。妻子，29 岁，初中文化；儿子 8 岁，上小学二年级；父母都 50 多岁，身体都很健康，现在不跟受访者住一起。

　　征地前，我家有 4 亩多地，但一半是山地，也比较分散。种些苞谷（玉米）、山药之类的，山下平地种些谷子，但产量也低得很，只够全家吃的，基本都是我老爹老娘在家伺候。我 17 岁就出去打工了，干了 10 多年，攒了钱回来建了新房讨了老婆，结婚后，我和我老婆也一起出去打工。贵阳、昆明哪儿都去过，最远去过广州，做过很多工作，电子厂、五金厂等，都是做一线生产操作工，就是那种流水线上的。也不要多少技术，老板简单教我们几天就能上手，就是工作时间很长，经常要加班到 10 个小时以上，工资也不高，两人加起来不到六千，省吃俭用下来每年能剩个三万多元，马马虎虎。但关键是这几年大城市的企业也不稳定，老板破产跑路的也多起来，我们老是要换地方和工厂，也害怕工资拿不到。唉，如今在外面打工也不容易。

　　老家征地拆迁是要建大酒厂，从 2012 年下半年开始，拆迁干部就开始到我们村挨家挨户地量房测地了，补偿方案包括：拿钱、拿房，还可以选择安置家里一个劳力到酒厂上班，不过要求是男的，身体健康，35 岁以下、初中以上文化。公家提供了一个测算方案，每家根据总补偿额度可以选不同的方案组合，比如，你要多拿钱，就少拿房和不安排工作，安排工作的话，补钱和补房就会减少。我想了一下，觉得还是到酒厂上班更稳妥，所以就没要多少补偿，后来只要了一套还房（75 平方米），还有不到两万元的安置费。我现在在镇上暂时租房住等还房，租金不用我出，政府给了腾仓费，直到拿到还房为止。

　　谈到对征地搬迁态度，我还是心里复杂的。总的来说，搬迁是好的，发展当地的经济。但是想想以前穷够了，种的粮食都不够一家人吃一年，无奈出去打了多年工，辛辛苦苦好不容易把房子修起来了的，结果又遇到搬迁，总归有点舍不得。还有因为这两年搬迁的农户实在多，整个鸭溪镇要搬迁一千多户，到处买房或者是租房忙得焦头烂额，中间时常也会有些小矛盾，有点烦。不过，政府对我家的补偿我感觉还可以，能被安排到附近的酒厂上班，工作有着落了，不需要再出去四处跑，辛苦打工了。现在能在自家门口上班，还能好好照顾家庭和孩子，我就知足了。当然至于补偿方面，我也比较乐于接受，我已经很满足了。

现在我和老婆都在本地找到事做了，我在酒厂上班，她帮一个药材铺站店（营业员），两个人的工资加起来也有六千元以上，但没有以前那么辛苦了。我现在想买辆摩托三轮车来开，另外，补偿的钱为孩子存在银行，为他以后读书什么的做准备，以免他需要钱的时候家里到处借钱。老爸老妈现在快六十了，他们过得挺好，他们马上也分到了一套还房，还有一点钱，免去了我的担心。以后打算把他们接到我这里住，好照顾他们。

搬迁后，邻里关系还是比较可以的，大家都相互串门，我老婆现在也喜欢没事上街逛逛，跳跳广场舞。我觉得以前日子过得太苦了，一天起早贪黑，现在生活越来越好。我比较适应现在的新环境。

（根据贵州省遵义市播州区鸭溪镇大岚村杜某某口述整理，访谈时间：2014 年 8 月 14 日）

5.3.2 不同地区"小富即安型"失地农户的形成要素比较

循着上文的分析思路，我们结合案例 5 – 4～案例 5 – 6 来探讨不同地区"小富即安型"失地农户形成的条件和要素特征。

1. 个体与家庭特征。

与最低层次的"生计维持型"农户相比，"小富即安型"农户无论是劳动成员能力水平还是家庭禀赋条件方面都略胜一筹。首先在家庭人力资本层面。三个典型案例中，家庭主要劳动力（丈夫）的文化程度都是初中，而次要劳动力（妻子）的平均文化程度也达到小学以上，都显著超过了"生计维持型"农户家庭。此外，在征地前，这类农户主要劳动力都不同程度地从事完全非农就业，比如常年在外做工（打工），因而可能积累了一定的工龄经验，初步具备一些技能人力资本条件。其次，征地前家庭对农地经济依赖度不高。一方面在于农户平均拥有的农地资源规模要比"生计维持型"农户要少，因而需要投入农业领域的劳动力也不多，无须家庭主要成员专门务农；更重要的是，考虑到这类农户成员非农就业程度的提高，因而其家庭更倾向于从比较利益角度进行劳动资源配置决策。把主要劳动力（男性）完全投向收益更高的非农领域，而选择家庭里的女性、老人等次要劳动力投入低收益的农业领域，甚至采取转包方式处置。例如东部案例中，张某家庭就是典型的"男外女内"就业结构安排。征地前，张某常年在外干建筑工，而妻子在家务农和操持家务。而中部和西部案例中，农户更把家庭核心劳动力全部投入到了非农领域。例比如"我觉得种田不划算，就干脆把家里的田包给种田老板，老板每年用 1000 斤粮食抵偿转包费。2008 年开始，我和妻子就一起去附近工厂打工了（李某某）"，"家里的地基本都是我老爹老娘在家伺候。我 17 岁就出去打工了，干了 10 多年，攒了钱回来建了新房讨了老婆，结婚后，我和我老婆也一起出去打工（杜某某）"。再次，家庭经济状况总体处于本区域中等水平，大致可归类于温饱型或温饱小康型，家庭不存在显著的巨额刚性支出负担。一方面，与"生计维持型"农户相比，"小富即安型"农户的非农就业程度相对更高，家庭获取非农收入的能力水平也更强；另一方面，多数"小富即安型"家庭处于家庭生命周期中的空巢 I 阶段甚至是空巢 II 阶段。因此，子女养育和教育等刚性支出负担大幅降低，至少存在一个以上子女已经自食其力，甚至有能力反哺家庭。例如案例中"儿女都成家，经济条件还可以，不用我们钱，有时也会经常给家里拿钱，但哪能要他（她）们的钱啊（王某某）"，"平时只有我和妻子在家，儿子上大学，女儿在上海打工（李某某）"，从而显著地降低了家庭经济负担。最后，相较于"生计维持型"，"小富即安型"农户拥有的家庭财产（房屋、设施等）要多些，因而在既定条件下，征地过程中能够比前者获得更多的补偿资源，享有的补偿安置程度和水平相对更高。而这些补偿资源能不同程度地改善和提升失地后家庭的经济状况和条件，进而对这类型失地农户家庭决策心理和福利感知产生正向积极影响效应，同时也构成一部分家庭决策者可能降低劳动供给倾向之"收入效应"的重要诱因之一。譬如在案例中反映为"征地后，我家经济状况应该说改善了不少（王某某）"，"当然至于补偿方面，我也比较乐于接受。我已经很满足了（李某某）"，"我感觉征地前后生活变化还是挺大的（杜某某）"。

2. 决策要素特征。

我们再从"四位一体"组合要素角度，进一步考察"小富即安型"失地农户的形成所具备的一些特征。从总体来看，不同地区的"小富即安型"农户在决策要素上呈现出明显的趋同性特征，群体间的差异度较小。

（1）收入要素层面。从相关理论章节分析可知，一般而言，"小富即安型"农户，在征地前其家庭总体经济状况大致处于本区域（村庄）的中等平均水平线，家庭成员至少有一人从事完全非农就业。因此，"小富即安型"农户要比"生计维持型"农户获取非农收入的能力要强，而农户家庭收入构成也逐步过渡到以非农收入为主体，农业收入为补充的格局。与此同时，农户也初步积累形成了一定的房屋、设施等财产性资产，从而使得家庭总体达到了温饱乃至初步小康的经济水平，但受抚育子女等因素影响，此时家庭仍存在不同程度的经济负担压力。案例材料中，受访人也基本确认了征地前其家庭具备一定的较为持续获取非农收入和实现积累的能力，如"我每个月能赚 4000 块钱左右，除去自己的开销每年能带回家 3 万块（王某某）"，"当时每个月两人工资总共加起来有个四五千块左右的收入……家庭经济条件在村里属于一般般吧（李某某）"，"工资也不高，两人加起来不到 6000 元，省吃俭用下来每年能剩个 3 万多元，马马虎虎（杜某某）"。

在此背景下，征地后，这类农户的决策者将根据其内在决策机制，结合新的外部环境条件的变化，特别是征地补偿安置政策条件，重新确定其新阶段下的家庭目标收入线定位和劳动决策模式选择。这其中既存在少部分"积极进取型"失地农户由此制定了更高层次的收入增长目标，从原先的定位于本区域内中等平均水平向追求中上层次收入水平转型，进而推动家庭劳动决策向"效益追求型"等更高层次模式的升级发展。但与此同时，受到我国农村根深蒂固的"小富即安"传统小农文化的熏陶，加之一些农户决策者的自我心理偏好和认知惰性等个性特征影响，更可能存在着大量的"易于满足型"失地农户。他们秉持并满足于其原有的经济状况定位，以所谓维持型收入目标作为决策的基础，即依据所在区域的中等收入家庭作为其参照对象。在没有实现维持型目标收入之前，这类失地农户将会积极增加劳动供给，以实现家庭收入增长。而一旦目标实现，其家庭将更趋于"小富即安型"决策模式，表现为在心理上产生安于现状与满足感，而在劳动供给更倾向于采取守成式，甚至主动降低劳动投入强度与水平。

值得注意的是，影响"小富即安型"失地农户形成的因素，除了受其自我人力资本决策机制等内在要素决定之外，一个重要外部因素是征地补偿安置政策。由征地补偿安置创造出的财产性收入增长流，将显著影响到"小富即安型"失地农户维持型收入目标的制定及其实现程度，因而"小富即安型"失地农户总体表现为对征地存在较正面的认知度和接受度。这可从不同地区"小富即安型"失地农户的访谈材料中得到体现。例如："我对村里征地过程和安置补偿大体上还算满意……人过得比以前舒服了（王某某）"，"总的来说征地还是一件好事吧……我们父母辛苦多年，不就希望儿女们能过上好生活嘛（李某某）"，"不过政府对我家的补偿我感觉还可以……至于补偿方面，我也比较乐于接受，我已经很满足了（杜某某）。"

（2）消费效用要素。从"小富即安型"农户经济状况属于当地平均水平的角度可以推断，征地前其家庭生活消费水平也大致处于区域内的一般中游状况，属于温饱型或温饱小康型的类型。"小富即安型"农户家庭的消费效用状况总体表现为以下特征：

一是征地前农户家庭经济支出负担水平总体要比"生计维持型"低，且在征地后，呈现不断缓解和改善态势，家庭生计保障基本不存在严重的困难。

二是在家庭消费结构上，征地前，"小富即安型"农户家庭依然存在着某种二元消费模式，表现为在一些农副产品方面存在一定比例的自给自足型消费。例如，案例材料中，无论是东部还是中西部地区的受访农户家庭在征地前仍配置一些劳动资源从事农业，但其主要目标却主要限于满足家庭对一些农副产品的自给式消费需求（所谓"自己吃"）。但由于农户有一定的非农收入基础，因此家庭决策者对农业提供的这种自给式消费依赖度并不高；与此同时，考虑到这类农户家庭的成员往往有一些外出非农就业的经历，因此能够一定程度地积累形成对外部市场化商品获取与消费的意识和能力，所有这些都决定了征地后农户家庭面临着从原先"自给 + 市场"二元化向"完全市场"的一元化消费模式转型中，"小富即安型"失地农户在转型适应能力也将显著超过"生计维持型"农户。

三是征地补偿安置构成了"小富即安型"失地农户提升家庭消费水平和效用程度的契机条件。由于"小富即安型"农户拥有一定的家庭财产等征地资源，因而征地后能够获得比"生计维持型"农户更多的补偿利益。基于"小富即安"的消费价值观下，征地补偿对这类农户的作用更多体现为所谓"消费品效应"，而非"投资品效应"。表现为农户倾向于把所获得的补偿利益优先转化为家庭消费，改善居住条件，添置一些家具、家电、交通工具等家用消费品。这不仅有利于短期内迅速改善家庭生活品质，提升农户成员消费效用水平，更重要的是，从长期角度看，也能促进失地农户家庭消费结构的升级，进而不断缩小与城镇居民在生活方式和消费层次水平上的差距，这对提升这类失地农户的城镇环境的适应性和市民化自我认知能力也具有积极作用。从案例材料看，征地后不同地区受访农户都不同程度地改善了家庭福利水平。如"征地后，大家有钱了，我家里也装修了回迁房，添了沙发、洗衣机、电冰箱等家电（王某某）"，"我想等后面安置房拿到手，自己装一套住，把另一套卖了，加上手上的结余，给儿子买婚房付个首付吧，对了，还要给姑娘稍备些嫁妆……征地前后生活变化还是挺大的，现在亲戚邻居买私家车等也多了起来（李某某）""我现在想买辆摩托三轮车来开开，另外，补偿的钱为孩子存在银行（杜某某）"。

四是"小富即安型"失地农户具有更强的社交需求意愿和能力，其社会需求效用水平得到提升。从案例材料看，无论是东部还是中西部受访农户都表达了征地后亲朋好友走动更加频繁了，社交活动也更多了。例如，"现在邻里关系也好了吧，特别是像我一般大的，现在可以经常走动，要是以前大家还都在外面打工呢！（王某某）"，"征地过后，大家都有钱了，红白事（泛指喜事丧事）的人情味也重了好多（李某某）"，"搬迁后，邻里关系还是比较可以的，大家都相互串门，我老婆现在也喜欢没事上街逛逛，跳跳广场舞（杜某某）"。从社会学角度看，社交活动能够满足个体或群体的社会交往和归属等需求，因而有利于增加其社会效用水平，但特定社交活动可能也需要支付一定的成本（例如，案例中的"份子钱"等），这将取决于农户家庭的支付能力。与"生计维持型"相比，征地后"小富即安型"农户家庭具备了一定的经济实力，因此具备更强的承担社交成本的支付能力；同时，基于其"小富即安"的心理偏好倾向，家庭对参与社会交往的生活需求也将更为强烈。换句话说，"小富即安型"失地农户存在显著的社会需求，热衷于各类社会活动，其参与社交的边际收益水平超过成本，从而能获得了较高的社交效用水平感知，增加其自我满足感和幸福感。

（3）风险感知和城镇化适应性要素。总体而言，"小富即安型"失地农户对风险感知、城镇适应与自我市民化认知上存在一定的割裂特征，这主要取决于这类失地农户的参照群体类型的不同。正如相关理论章节所述，"小富即安型"失地农户是外部征地安置方式和内在自我定位的差异，将可能存在不同的目标参照群体，一种情形是基于集中安置方式下依然选择以原农村居民为参照对象，仍以原村庄家庭的平均收入水平 w_a 作为维持型收入目标线进行预期决策；而另一种情形是，源于分散安置方式下，失地农户可能会选择以新区域内的城镇居民家庭一般收入水平 w_a' 为基准，制定维持型目标收入线，显然有 $w_a' > w_a$。不同情形下，"小富即安型"失地农户决策模式将有所不同，这也构成了对其风险感知和城镇市民化适应性的显著差异：

①当失地农户基于 w_a 情形下进行决策时，其对预期风险与城镇适应性感知存在一定的割立性与矛盾状况。由于其家庭主要以原先农村居民家庭作为参照群体，因而能够较易地实现预期经济目标，并"更早地"达到"小富即安"状况。这将可能既有助于提升即期的自我满足感和幸福感，同时也能增强其长期发展信心，从而降低风险感知度。但应看到的是，由于此种情形下的失地农户仅以追求达到周边安置农户的平均经济水平和发展程度为主要"奋斗"目标，旨在实现在失地农户群体中的中游层次定位，因此，其未必能形成良好的城镇化环境适应和积极的市民化认知。例如，案例5-4中的王某既承认"征地后，我家经济状况应该说改善了不少……只要我们老两口能动，就不给儿女添负担"，但也认为"城市人的生活也不怎么舒服……我感觉自己也不是城里人也不算是农村人"。

②只有当失地农户基于 w_a' 情形下进行决策时，其才将以城镇居民家庭

作为参照对象，并将实现当地城镇家庭的平均收入水平为预期经济目标。而在注重实现上述经济目标的同时，"小富即安型"失地农户也会注重学习和吸纳城镇化的生活方式和行为模式等其他领域，从而达到实现成为城镇居民的终结目标，此时失地农户才会真正得以"满足"。可见，只有在第二种情形下，"小富即安型"失地农户才能形成相对全面而协调的风险预期、城镇化适应和市民化认知的心理状况。比如案例 5 – 6 中的杜某某，因为征地后能够像城镇职工一样实现稳定正式就业，进而形成了"我就知足了……免去了我的担心……现在生活越来越好，我比较适应现在的新环境"等积极预期认知。

5.3.3 "小富即安型"模式下的不同地区失地农户就业结构分化特征

我们进一步对案例中不同地区"小富即安型"农户征地前后的家庭成员就业状况进行比较。

首先看未征地之前。由案例 5 – 3 ~ 案例 5 – 6 可知，虽然征地前"小富即安型"农户家庭总体经济状况要比"生计维持型"好，能够维持基本生活温饱，但由于成家立业、子女教育等刚性开支增加、这类农户依然不同程度地感知到家庭的经济负担，如"家里负担很重……日子过得比较苦（王某某）"，"当时感觉家庭压力挺大的（李某某）"，"攒钱建新房讨老婆（杜某某）"。在此背景下，这类农户成员具有较强烈的非农就业动机和参与意愿，以谋求家庭收入增长和经济境遇的持续改善。从家庭就业结构看，"小富即安型"农户家庭的非农就业率显著提升。从案例可知，三个地区农户中的主要劳动力——男性（丈夫）都选择从农业领域彻底退出，从事完全非农就业。其中对于中、西部农户而言，受其家庭经济状况及其更强烈的改善需求影响，家庭非农化劳动配置程度更高，丈夫和妻子都选择从事非农就业，而把农地交给家庭老人等次要劳动力打理，或转包出去甚至是撂荒，特别是西部一些农户更选择远离家乡去异地打工。从职业类型看，征地前"小富即安型"农户成员从事的非农职业层次水平也比"生计维持型"农户显著提升，大多属于中低职业层次的诸如工厂一线操作工、一般技术工等类型。其与"生计维持型"农户所从事的临时工、短期雇工相比，不仅具备一些初步的技能水平，且在工资收入上也有所提高，但总体在工作时间、劳动强度和就业环境上依然较差。例如访谈中表达出"但很辛苦，后来落下了慢性腰痛病（王某某）"，"工作时间长，太累，环境也差（李某某）"，"工作时间很长，经常要加班到 10 个小时以上，工资也不高……在外面打工也不容易（杜某某）"。这隐含了征地前"小富即安型"农户对其所从事的非农职业，无论是在从业意愿还是工作满意度其实并不高，但农户家庭却始终依然保持了较高的劳动参与率，其原因何在？我们认为，这是因为"小富即安型"农户就业决策机制同样存在着一种刚性约束机制，即受其维持型目标收入线的内在驱动和决定。由于这类农户家庭依然面临着一些子女抚养、成家立业等刚性支出负担压力。此外，值得注意的是，这类农户还存在着较强烈的维持在本村庄经济地位的心态与动机①，据此形成了维持型目标收入线，这就构成了征地前"小富即安型"农户重要的内在激励和约束机制，农户将据此对其家庭劳动供给组合进行决策。只要家庭收入水平未达到这一维持型目标之前，整个农户家庭将更倾向于持续增加非农劳动供给，而其成员也保持较高程度的非农参与率，在劳动强度和劳动时间也将维持高位水平，以谋求家庭非农收入的持续增长。

而在征地后，由于此类农户获得了一定程度的征地利益补偿，这不仅显著改善了家庭收入状况，至少在短期内缓解甚至化解了家庭经济负担，促进了消费效用水平的提升，同时也构成对其家庭劳动就业决策的重要影响机制。受这类农户决策者内在的"小富即安型"心理偏好影响，征地补偿作为一种特定非劳动收入，将更多地体现对"小富即安型"失地农户劳动供给形成了显著的"收入效应"。突出表现为，与征地前相比，征地后"小富即安型"农户成员无论是就业意愿还是劳动投入强度（时间）都趋于下降，此时而家庭非农工资水平有可能不变或有所降低，也不排除少量失地农户成员（尤其是女性）甚至选择自愿失业（无业）。

从上面访谈材料可以看出，"小富即安型"失地农户劳动就业决策的工资待遇等经济动机趋于弱化，而基于个人偏好、工作环境以及照看家庭等非经济动机显著上升。这主要是因为，由于"小富即安型"农户的核心劳动决策机制是根据其所确定的维持型目标收入线（w'_a）所内在决定，而征地后失地农户的家庭收入（R）将主要由家庭成员的工资收入（w'_i）＋征地补偿收入（r）两部分构成。其构成了对"小富即安型"失地农户劳动决策和就业行为的双重影响效应。一方面是目标收入线效应。即当 R 越逼近 w'_a 时，此类失地农户将越倾向于总体降低劳动供给，表现为就业动机的弱化和劳动时间

---

① 访谈中我们发现，"小富即安型"农户也较在意自己家庭经济状况在本村（庄）的排位，特别是他们不愿意成为村庄的落后家庭。表达出比如"人穷会被看不起，当时只盼着孩子们能争口气考上大学（王某某）"，"家里经济条件在村里很一般的吧，属于中不溜那种（杜某某）"。

（强度）投入减少；而另一方面是收入结构效应。即在其他条件既定下，当失地农户所获得的补偿收入（r）规模水平越高，此时农户成员劳动就业决策行为中的经济动机（工资偏好）程度也将趋于下降，更看重一些非经济动机。表现为如案例所述的家庭成员在择业过程中更看重诸如"轻松自由""不脏不累不辛苦""靠家近，方便"等多元化决策动机倾向。

5.4　不同地区效益追求型失地农户的案例分析

5.4.1　案例简介

从农户相关决策要素状况出发，我们进一步从东、中、西部地区分别遴选了三个具有典型"效益追求型"决策特征的失地农户访谈整理案例。分别为江苏省常州市武进区湖塘镇湖塘街道原花园村顾某某、河南省驻马店市驿城区橡林街道原王楼村李某某和陕西省西安市临潼区斜口街道原付家村付某某。

1. 东部地区。

案例 5-7：受访者基本情况：顾某某，男，44 岁，高中毕业，家里有三口人。妻子 41 岁，高中毕业；儿子 17 岁，在常州上大专。家人健康状况良好。

　　征地前，我家里大约只有二亩多地，只种一些口粮，家里也没人专门种地的，也不怎么打理，收种都请本地的农机户。那时候，我在家里开了个小厂（2005 年办的），主要帮周边灯具企业代加工灯头业务等。刚开始厂子规模也不大，自建厂房面积约 800 多平方米，两套加工设备，总共雇了十来个人吧，基本都是我周边一些亲戚之类的。我做老板并负责跑业务，老婆在厂里管日常和财务，一年纯利润估计有 30 万~50 万元左右，收入还行吧（笑）。在征地前，我家经济条件在本地还算马马虎虎。家里房子是一栋面积约为 240 平方米的三层小别墅，2008 年建的，装修档次还不错，城里家庭有的空调、冰箱、汽车等，我家基本也都有了。另外，考虑以后儿子结婚需要，2012 年我在常州市区买了一套 120 平方米的商品房。

　　我们这边大规模征地大约是从 2010 年开始的。因为当时湖塘镇已经成为武进区行政中心驻地，所以引进了很多像常州大学城、区科技产业园以及各种商住小区等开发项目。征地力度也很大，给的征地补偿政策也挺公开透明的，主要是安置房＋货币拆迁，而且签字越早，政府还给优惠措施。我家有一个亲戚做镇干部，他动员我早拆早得，所以当时我家是比较早签字动迁的。最后我没有拿安置房，因为我在常州有房子，而是一次性拿了钱，包括老家房子、土地和厂房设备等动迁补偿一起算。至少是多少，呵呵，我就不想说了，反正后来到牛塘工业园厂子扩大重建时，多亏了这笔钱作为启动资金，少向银行借了钱，我还是比较满意征地安置政策的。

征地后，我和妻子还是忙我们的厂子。根据政府的统一布局，厂子搬到了武进区的牛塘工业集中园，新租了近3000平方米的标准厂房，规模扩大了。但我现在不想老是给人家做简单加工了，那样赚的利润太少了，所以除了现有加工业务之外，我最近在关注宠物照明灯领域，听说国外市场很流行的，但国内做的还不多，感觉是个机会。我现在不缺资金，就是缺这方面的技术和市场经验。我刚刚在昆山挖来了一个工程师，他懂这个，准备向他多请教请教。后面我也准备多参加一些广交会、光博会之类的行会，多学习考察这个产品，等筹划得差不多了，就准备着手买些设备、再从外面招点熟练工来，准备正式做。这也算现在流行的二次创业吧（哈哈），但我觉得还是有点把握的。

现在我们全家都住在常州市里的小区房里，儿子上的学校离家也不远，住在家里，由他外公、外婆来照应生活。我和老婆每日白天在工厂里张罗，晚上回来休息，开车也很方便。我家住的房子是在常州市中心街区，小区内的物业、绿化和生活配套设施还是比较完善的，市区的公园、商场、饭店等也很多。周末全家也经常逛街，进行购物、餐饮等消费，和城里人没啥两样。另外小区里的居民估计大多是常州人，我也不清楚，平时邻里间也不怎么认识。亲戚之间平常也不怎么联系，有事打打电话，往来比以前住在乡下时少多了。

（根据江苏省常州市武进区湖塘镇湖塘街道原花园村顾某某口述整理；访谈时间：2015年5月4日）

2. 中部地区。

案例5-8：受访人基本情况：李某某，男45岁，初中文化，家里四口人。妻子42岁，初中学历；女儿20岁，中专学历；儿子18岁，读大一。全家身体状况良好。

征地前，俺家有五亩多地，均由俺们两口子空闲时间打理，主要种植花生、小麦等作物。现在种田也不咋费劲儿，播种和收获都是用农机进行，所以俺家也不掏劲（累），除去成本，一年下来能赚八九千块钱左右。俺家靠在道边，俺开了个修车铺，修理自行车、电动车之类的，生意马马虎虎，一个月平均能收入4000~5000元。平时妻子在隔壁镇上的新潮服装厂上班，包吃住，每个月休班的时候回家，月工资有2500块。这样一年下来，全家能落下个五六万元纯收入，这在俺们本地只能算是中等水平（笑）。那时，由于女儿和儿子都在上学，女儿成绩不好，读的是中专，儿子读高中，两个娃的学费花销还是挺大的，另外还要预备小儿今后上大学费用，所以俺们还是感觉日子有点紧。

俺村的征地是从2011年开始的。首先征用的是东湖的田和附近的房屋，大概有三百亩左右，全都用来建工业区了。征地接连征用好几次，现在村里基本上每家都有被征收的田的。现在俺村应该有八成左右的田和房屋被征收了，俺家现在住的房子是征地前的2009年新选地方建的，所以没有被征用，但家里的老房子、责任田和自留地都已经被征收了。政府补给俺镇上两套安置房，一套76平方米，一套58平方米，也分到了一定的补偿款。但俺对拆迁安置过程是不太满意的，主要有几点：第一，拆迁中，村干部对房屋测量面积不准确，俺家就少报了20多平方米，申诉也没人理；第二，村干部权力过大，干什么都要捞点好处；第三，村干部在拆迁中有辱骂村民的现象。

征地后，我现在仍住在自家房子里，二层楼房，300平方米左右。现在附近工业园企业越来越多，家门口的马路拓宽了，人和车流也多了。我把一楼改造成了门市部，扩大了修车店面，另外又兼卖电动车和配件，我负责修理，妻子和妮子（女儿）卖电动车，生意比以前要好，收入也增加了不少。另外我又把分给我家的镇里安置房简单装了出租，好歹也能贴补点家用，这样算下来，俺家现在一年能有十多万的收入，感觉比较满意。

现在家里的经济压力也明显下降了，只有儿子上大学要花钱。我用补偿款买了一辆面包车，这样方便外出进货。家里又陆续新买了彩电、电冰箱、洗衣机和电脑等设备，家庭生活轻松了很多。现在，邻里关系也改善了不少，不像以前为了鸡毛蒜皮的小利吵吵闹闹的。俺每天都开店，一刻也不时闲（不闲着），很多没事的老邻居都会到店里玩，俺也就摆几张桌子让他们打打牌玩玩，大家也比以前更热闹了！

说老实话，俺对征地也没怎么感觉，因为种地太辛苦，还挣不到钱。不过那些上了年纪的老人不怎么同意征地，他们认为没有了田，农民怎么过生活啊，人老了观念就跟不上时代了，这不能怨他们。相比以前，拆迁后的生活环境都变了，像俺这样年龄的大多找到正式事做了，进厂的进厂、开店的开店，也像城里人那样每天上班下班。自留地没了，每天也要去菜场买菜。政府在工业园旁边建了一个绿化广场，每天晚上也聚了很多人跳舞、散步和锻炼，我觉得真跟城里人生活没啥区别了，日子过得还是蛮得劲（舒服）呢。

（根据河南省驻马店市驿城区橡林街道原王楼村李某某口述整理；访谈时间：2014年7月17日）

3. 西部地区。

案例5-9：受访者基本情况：付某某，男，63岁，小学文化，家里有六口人。妻子64岁，半文盲，身体状况一般；儿子和儿媳，都是41岁，高中（专）毕业；孙女17岁在县城读高中，孙子12岁读小学。

征地前我家里有五亩地，三亩旱地，主要种植一些小麦、玉米等粮食，还有二亩果园，套种了一些水果（石榴、苹果）和蔬菜等经济作物。粮食主要自己吃，蔬菜和水果交给儿子卖，平常主要是我和老伴打理田地。儿子和儿媳常年做农产品贩运生意，主要是收购本地的蔬菜和水果等农产品贩到西安、渭南等地方去卖。平时孩子们也忙得很，每天都要收购农产品，进货、送货，一年下来，家里也能有个八九万的收入。家里吃的都是自家产的，小孩上学也用不了多少钱。原来家里住的是一个约170平方米的二层小楼，是2010年儿子盖的，另外家里还建了一个100平方米的简易仓库用来存放果蔬。在我们村，我家生活还算可以啦，经济压力不太大咧。

我们这靠近兵马俑景区，村里的征地是从2010年左右开始的，是临潼区招商建设一个国家旅游休闲度假区项目。工程规模很大，修路并且建一些设施，我们村被全征用了。补偿方案是"产权置换+养老保险+货币补偿"。我家里拿到了三套安置房；为了将来考虑，我和老太婆、儿子儿媳都入了养老保险，自己交了一部分，公家贴了一些；另外，还拿到一些补偿款。因为我家拆得多，所以在村上我拿的房子和钱还算多的，但跟干部们比还是差一截！我们村里拆迁过程中不怎么合理和公平。镇村拆迁干部权力太大，以权谋私，补偿标准不公开，自己家拆迁分房子位置好、面积算的多，现在村干部还经常集体旅游，这让我们老百姓怎么满意啊！但都是乡里乡亲的，也没打算去检举和上告，就是检举了恐怕也没人管吧。

征地后，我们这边变化还是蛮大的。度假区越建越大，外来旅游的人也越来越多。现在我儿子不贩卖蔬菜了，卖掉了两套房再添加手上的积蓄,包了度假区一块地开了个农家乐旅店,做些吃饭、住宿之类的接待生意,还有就是顺便卖点当地农特产,这个他有经验。说老实话,一开始我不太赞成,投资有点大,怕赔钱,但是儿子和儿媳坚持要搞。儿子脑袋好使,还把他这个店放到网上宣传,在网上也卖我们这边地产石榴、苹果等。现在客人慢慢多起来了,农家乐生意也渐渐好了,我们全家都给他帮忙,另外他还雇了好几个人。现在想想这个生意还是可以的,和以前贩菜钱比,钱赚得多了,人也不要风吹雨淋。算下来现在一年我们家最起码赚个十五六万元,感觉不错。我们这边开发成旅游度假区后,外地人多起来了,很多亲戚都跟我家一样开商店、农家乐之类的忙活,赚外地人钱,旅游季节生意还不错,平常要淡些,但也不要紧,每家都好歹有些存钱。

等过几年,我和老伴就打算在家享享福咧。现在我们老两口每月也拿到政府发的养老金了,虽然钱不多,但好歹也像城里人那样有劳保了(呵呵)。至于说生活方面,我们这边开发后,物价也明显涨了,家里花销也大了起来,吃喝都要买,不过还行吧。另外,我儿媳她们还喜欢网购,我觉得还蛮有意思的,住在家里就能买东西,我好一小盅,儿孙辈们时常在网上买一些外地的稀罕酒孝敬我,我挺高兴的!另外,农村人情来往也水涨船高,亲戚家有什么喜事、丧事什么的至少要个四五百吧,关系好的至少要八百块开外了!不过总的来说,感觉村里征地是件好事吧,旅游开发给我们开了眼界,也带来了很多机会。另外,大家都分到了一些补偿款和安置房,生活也过得好起来了。我想以后有机会和全家人也出去看看,多了解了解外面的情况。

(根据陕西省西安市临潼区斜口街道原付家村付某某口述整理;访谈时间:2015 年 8 月 13 日)

5.4.2   不同地区"效益追求型"失地农户的形成要素比较

我们再根据案例 5-7~案例 5-9,继续来讨论东中西不同地区"效益追求型"失地农户家庭状况与劳动决策要素特征:

1. 个体与家庭特征。

结合对三个典型案例的分析发现,与前两类农户相比,"效益追求型"农户在人力资本、社会资本和家庭经济禀赋水平上都有显著提升。

(1)个体人力资本方面。一是家庭核心劳动力的健康状况总体处于良好以上水平。二是文化程度上平均达到初中及以上水平,例如案例中,东部地区顾某农户夫妻均是高中学历，而中部地区的李某夫妻是初中学历，西部地区付某家的主要劳动力——他的儿子（媳妇）也都是高中（专）以上学历。可见，"效益追求型"农户家庭劳动者总体教育人力资本达到了中等以上水平，这构成了其家庭具备更强的非农就业拓展和环境适应性能力形成的基础，同时也是推动其家庭持续追求"效益"增长决策的潜在内驱力。三是从征地前"效益追求型"农户成员所从事的非农职业形态看，总体处于中上层职业层次。例如案例中的三个农户分别从事私营业主、个体户等职业形态，而这些职业岗位往往要求从业者需具备一些必要的专业技能或管理经验。从这个层面看，"效益追求型"农户劳动成员也将拥有一定的专业技能人力资本水平，因而能够胜任征地后推动农户家庭非农职业层次进一步提升发展的能力。

（2）家庭禀赋方面。首先，相较前两类农户而言，征地前"效益追求型"农户的农地资源所占家庭总经济资源比重更低。更主要的是，农户家庭对自家农业产出的消费依赖度也较低，因而使得农业占农户家庭经济结构中总体处于"微不足道"的地位，农业在家庭经济决策中基本沦为一种"无关紧要"要素和边缘化状况。这导致农户无论是对农业生产的重视度还是家庭劳动要素的投入规模程度上都处于更低水平，而当地较高程度的农业机械化和社会化协作则进一步降低了农户投入农业的时间和精力。例如，"我家里大约只有二亩多地，只种一些口粮，家里也没人专门种地的，也不怎么打理，收种都请本地的农机户（顾某某）"，"征地前，俺家有五亩多地，均由俺们两口子空闲时间打理……现在种田也不咋费劲儿，播种和收获都是用农机进行，所以俺家也不掏劲（累）（李某某）"，"征地前我家里有五亩地，平常主要是我和老伴打理田地。儿子和儿媳常年做农产品贩运生意（付某某）"。其次，征地前"效益追求型"农户具备较强的收入能力，拥有较多的家庭财产，经济地位大致处于当地温饱型小康或富裕型小康水平。一方面，由于这类农户成员从事的非农职业层次较高，往往以中上职业层次为主，比如技术人员、个体户、中小企业主等。这就超脱了前两类农户成员大多以低层次的受雇型职业角色为主的职业特征，而转变成为拥有一定专用型人力资本能力的高层次受雇岗位形态，甚至拓展为自雇型、雇他型等更高层次的职业形态。这使得从业者能体现出更高的劳动价值，拥有了更强的工资议价能力，这样推动了"效益追求型"农户劳动收入水平的极大提高；另一方面，农户家庭也拥有更多其他非劳动收入来源，比如经营型资产收入、储蓄型财产收入等。最后，"效益追求型"农户的家庭负担水平也较轻。运用家庭生命周期理论来衡量，"效益追求型"农户大多处于满巢阶段 Ⅱ 或空巢阶段 Ⅰ 时期，其突出特点是家庭子女均已成人或接近成人，家庭照看负担水平显著降低，而夫妻年富力强，事业正处于高度发展阶段。这使得家庭收入持续增长，同时家庭经济负担和家务负担都显著降低，有利于家庭成员特别是女性（妻子）的劳动供给持续增加。这也从东、中、西部三个典型案例中的农户家庭结构以及妻子的就业模式中得以体现。

（3）家庭区域条件。结合之前的问卷调研样本数据看，在区域类型上，"效益追求型"农户主要以城镇近郊为主。上述案例材料中，三个典型农户家庭所在地都是位于区域中心城市的郊区，这暗示了这类家庭能够凭借其"天时地利"优势，充分接触到城镇非农化发展的辐射机会和有利信息，具备较早地实现从农业向非农就业的就业结构转型能力和条件。特别是征地后，上述家庭都不同程度地面临一些良好的非农产业发展条件和机会，例如案例中"牛塘工业园（顾某某）""现在附近工业园企业越来越多，家门口的马路拓宽了，人和车流也多了（李某某）"，"临潼区招商建设一个国家旅游休闲度假区项目，外来旅游人口越来越多（付某某）"。因而这构成了"效益追求型"农户征地前后都具有较高的非农化发展水平的重要区位条件；此外，以"家庭亲戚中担任干部或企业管理者"作为衡量社会资本的指标，无论是问卷调查数据还是案例材料，都揭示了"效益追求型"农户总体拥有社会资本的概率比例也较前两类农户要大。社会资本有利于家庭更好地获取和配置稀缺资源，如信息等，这能够有助于提高农户经济决策能力和效率，促进家庭收入增长。例如，案例 5 - 7 中顾某某描述了当地政府在征地中有"签字越早，政府还给优惠措施"这一利好信息，"我家有一个亲戚做镇干部……他动员我早拆早得，所以当时我家是比较早签字动迁"。可见，正是顾某某拥有一定的社会资本，通过有效配置和利用这些稀缺决策资源，使得他家能比周边其他农户更早、更多地攫取征地带来的发展契机。

2. 决策要素特征。

进一步来考察不同地区"效益追求型"失地农户所具备的一些决策要素特征。可以发现我国东、中、西部农户在征地前后的相关要素变动层面，存在基于"效益追求型"决策群体的共性之处，但同时不同地区之间也有些微差异性。

（1）收入要素层面。先看家庭收入结构情形。从案例材料看，征地前，无论是东部还是中、西部的"效益追求型"农户家庭都存在较高程度的非农就业。因此，非农收入占据农户家庭的绝对主体地位，而农业收入所占比例极低，甚至对于东部地区而言，近似为零。而另一方面，由于"效益追求型"农户成员从事的职业层次较高，因此家庭非农收入来源结构中，除了工资收入之外，家庭还存在着一定比例的经营性资产。比如案例中，征地前，东部的顾某某家开办了一个小微企业，"自建厂房面积约800多平方米，两套加工设备……一年纯利润估计有30万~50万元左右"，而中部的李某某和西部的付某某家庭也分别拥有"修车门市""约100平方米的仓库"等。显然，农户拥有的经营性资产规模数量将决定其家庭经营性资产收入的规模和水平。课题组调研发现，在征地前，同样属于"效益追求型"农户类型，不同地区间在家庭收入水平也存在一定的差距，越是在经济较发达的东部地区，农户家庭所拥有的经营性资产规模和获得的经营性资产收入水平也越高，因此这构成了不同区域间"效益追求型"农户家庭存在着绝对收入差距的重要形成诱因之一。

再看家庭目标收入线。正如前文所述，"效益追求型"农户的一个突出特征在于其家庭收入一般处于区域内中上层次水平，而维系和巩固这一基本经济定位也构成了此类农户决策的核心目标收入线效应。案例材料中，虽然受访者在描述其征地前的家庭经济状况时往往带有一定的"谦虚"口吻，但从中可以隐约解读出其家庭在本村庄中应属于较高的经济层次地位。如"收入还行吧（笑）。在征地前，我家经济条件在本地还算马马虎虎（顾某某）"，"家庭能落下个五六万元纯收入，这在俺们本地只能算是中等水平（笑）（李某某）"，"在我们村，我家生活还算可以啦，经济压力不太大咧（付某某）"。

从案例中可见，征地后，这类农户普遍获得了较多的补偿安置利益，这是源于其家庭拥有较多的房屋和财产所致。值得注意的是，一些"效益追求型"农户也持有一定规模的经营性资产，如厂房设备等。由于在现有我国各地征地补偿政策中，征用经营性资产的补偿标准要显著大于一般性资产，所以在同等条件下，一旦这些经营性资产也被征用补偿，由此将使得"效益追求型"农户要比"生计维持型"和"小富即安型"农户所获取补偿收入能力和水平大幅提升，这构成了征地后这类失地农户家庭收入结构变化的重要特征之一。由于涉及家庭的重大利益，所以这类农户对征地补偿安置政策也非常敏感，对征地及补偿实施过程中的公平、公正和公开性也十分关注，其一旦感知到征地行为中可能存在不合理或利益遭侵犯之处，将导致其对征地满意度评价的降低。案例中，中部和西部的受访农户都提及对当地征地中产生的"可能性腐败"和"违规"问题产生怀疑，担心自家的合法权益受到了侵害，表达出了诸如"不太满意"，"虽然我家补得多了点，但跟干部们比还是差一截！我们村里拆迁过程中不怎么合理和公平，镇村拆迁干部权力太大，以权谋私，这让群众怎么满意啊"等怨愤和不满情绪。

（2）消费效用要素。从家庭经济状况衡量，征地前"效益追求型"农户家庭生活消费水平也大致处于区域内的中上游状况，属于温饱小康型或富裕小康型的类型。结合案例材料分析，"效益追求型"农户家庭的消费效用状况总体表现为以下特征：

一是受家庭较高的非农收入影响，征地前"效益追求型"农户家庭面临的经济支出负担水平总体较低，因此农户在开展劳动供给和其他经济决策基本不存在受刚性的家庭支出项目预算与约束影响。而在征地后，这类农户相比前两类农户能获得更多地征地利益补偿，这将进一步弱化家庭的消费支出压力和负担水平，推动家庭生活品质的持续提升。

二是在家庭消费结构和水平上。首先，征地前，由于农户家庭总体拥有较高的非农化发展水平，因此家庭在农产品消费方式上，往往也不存在类似前两类农户的"完全自给型"或"自给 + 市场"二元型，而更多的加大了"市场化"供给的比例，特别是在东部地区，更完全采取外购方式获取。此外，由于这类农户成员基本具备了城镇化消费理念和生活方式的能力，甚至在征地前就已半迁居城镇，因而家庭在商品消费方式和水平上大体与本地区城镇家庭居民之间的差距也并不大。特别是在东部地区，这类农户家庭更具备与城镇家庭趋同化的消费方式和消费能力。如案例中的东部农户顾某某反映"城里家庭有的空调、冰箱、汽车等，我家基本也都有了……2012 年我在常州市区买了一套 120 平方米的商品房"。从"效益追求型"农户总体具备一定的市场化和城镇化消费模式和消费能力角度看，这昭示了相比前两类农户，这类农户家庭在征地后，将更能适应完全城镇化环境和生产、生活方式，进而更易成功地向城镇市民化角色转型。

三是征地补偿对"效益追求型"农户的"投资品效应"大于"消费品效应"。体现为征地后这类农户将倾向将家庭征地补偿利益更多地用于生产性投入而非消费支出，其中对东部地区而言更为显著。这是因为，一方面，部分"效益追求型"农户家庭的消费结构和消费水平在征地前就已接近甚至趋同于当地城镇家庭，因此，在征地城镇化安置后，这类失地农户的边际消费倾向并不一定会持续攀升，甚至还会有所下降，即便家庭收入或因征地补偿而显著增长。换句话说，对于"效益追求型"失地农户而言，受商品边际消费效用递减规律的影响，征地补偿收入增长将较少的转化为家庭消费品扩展效应，这点与"小富即安型"失地农户形成鲜明的对比。另一方面，最重要的因素是受农户家庭决策偏好的影响，上文理论分析可知，"效益追求型"农户决策者具有较强烈的"积极向上"发展意识和进取精神。从决策机制看，这类农户的目标收入线瞄准富裕型收入，即达到本区域的中上等甚至上等收入家庭的阶层水平，并为此而不懈努力。考虑到这个收入阶层大致处于类似企业竞争者定位中的"挑战者"层次，因此不仅竞争者分布范围大，且竞争激烈性程度高，当失地农户从农村迁居到城镇后，其面临的参照群体也将从原先村庄家庭向城镇家庭转变，"富裕型"收入线衡量标准将显著提升，这无疑将构成"效益追求型"失地农户家庭的新一轮经济决策的立足点。农户将积极配置包括征地补偿资源在内的各类经济资源，转化为进一步发展所需各类"投资品"，构筑家庭收入持续增长的推动力，以努力达到并赶超新的"富裕型"收入目标，而在此之前，农户将弱化其家庭消费规模的增长。比如案例中"厂子扩大重建时……这笔钱作为启动资金（顾某某）"，"我用补偿款买了一辆面包车，这样方便外出进货，家里又陆续新买了彩电、电冰箱、洗衣机和电脑等设备，家庭生活轻松了很多（李某某）"，"卖掉了两套房再添加手上的积蓄，包了度假区一块地开了个农家乐旅店（付某某）"。

（3）风险感知和城镇适应性要素。由于在征地前大多数"效益追求型"农户就呈现了较高的非农化发展水平，其传统农业情结和小农意识早已被长期的非农就业所冲垮，取代之的是非农化意识和城镇情结。家庭经济来源也从根本上摆脱了土地依赖，且其经济收入状况和消费生活水平不仅位居所在区域农村的中上阶层，甚至与一般城镇居民相比也不落下风。这使得农户家庭无论在经济层面还是社会层面等都具有较强的嵌入城镇化发展能力，其家庭成员接受现代城市文明和流行元素的意识和能力也更强，而征地及其补偿安置政策效应则也会更进一步增强这类农户的上述能力。"效益追求型"失地农户在面对乡城迁移的环境变迁下，一般将不会产生严重的预期风险感知状况。其面对城镇化环境下的就业、经济行为、生活方式、社会交往等也具有很强的适应力和驾驭力，其自我市民化认知度和接受度也很高，总体具备自主融入城镇市民化转型发展的各项意识和能力。从案例中受访人的描述中也可见一斑，如："我家住的房子是在常州市中心街区，小区内的物业、绿化和生活配套设施还是比较完善的，市区的公园、商场、饭店等也很多，周末全家也经常逛街，进行购物、餐饮等消费，和城里人没啥两样（顾某某）"，"拆迁后的生活环境都变了……也像城里人那样每天上班下班……每天也要去菜场买菜，每天晚上也聚了很多人跳舞、散步和锻炼，我觉得真跟城里人生活没啥区别了，日子过得还是蛮得劲（舒服）呢（李某某）"，"现在我们老两口每月也拿到政府发的养老金了……也像城里人那样有劳保了（呵呵），我儿媳还喜欢网购，我觉得还蛮有意思的（付某某）"。

5.4.3 "效益追求型"模式下的不同地区失地农户就业结构分化特征

结合案例材料，我们再来讨论征地前后的"效益追求型"农户家庭就业结构的变动与分化特征。

首先看征地前。上文分析已揭示，一般而言，"效益追求型"农户拥有较强的收入能力，家庭收入水平也较高。收入结构中既存在劳动工资性收入，还可能存在一定的财产性收入，其家庭经济定位总体处于本区域（村庄）的中上等级水平。而实现这一经济地位的关键在于家庭成员所从事的非农就业水平较高。与前两类农户形态相比，"效益追求型"农户人力资本禀赋水平更高，一部分家庭也拥有特定社会资本，而所在地区具备发展非农产业的良好区位优势，所有这些积极因素都为这类农户从事非农就业创造契机。因此，"效益追求型"农户家庭成员非农就业程度普遍较高，无论是男性（丈夫）还是女性（妻子）都较早且广泛地从事非农就业领域。从案例材料中可看出，征地前，"效益追求型"农户成员从事的非农职业层次总体处于中上层水平，具体职业形态上以技术人员、个体户以及私营企业管理者等为主。例如："我在家里开了个小厂（2005 年办的），主要帮周边灯具企业代加工灯头业务等，刚开始厂子规模也不大，自建厂房面积约 800 多平方米，两套加工设备，总共雇了 10 来个人吧，基本都是我周边一些亲戚之类的，我做老板并负责跑业务，老婆在厂里管日常和财务（顾某某）"，"俺开了个修车铺，修理自行车、电动车之类的……平时妻子在隔壁镇上的新潮服装厂上班（李某某）"，"儿子和儿媳常年做农产品贩运生意，主要是收购本地的蔬菜和水果等农产品贩到西安、渭南等地方去卖（付某某）"。

可见，这些职业类型本身就蕴含了一定的专业技能以及管理决策能力的要求，这将有利于"效益追求型"农户从业成员不断积累技能人力资本能力和相关行业经验，积累诸如行业人脉、信息等社会资本和人际资本。而较高的职业收入水平也能有助于家庭持续积累相应的资本实力，这些都为未来农户家庭谋求职业层次的持续升级和追求更高的"家庭效益水平"奠定良好的基础和条件。

再来看征地后。考察发现，"效益追求型"农户由于存在较高的富裕型目标收入线激励效应，因而拥有持续追求自身家庭经济发展的积极动力。总体表现为"效益追求型"失地农户家庭具有强烈而又正向的边际劳动供给倾向，体现为农户家庭将充分利用征地及安置补偿的有利契机和条件，以追求新的目标收入和实现家庭效益的持续增长为基石。家庭决策者将优化整合和配置家庭的资本、劳动和其他发展资源，努力开拓和把握新的发展机会，以推动家庭劳动就业决策优化、实现职业升级发展为重要推力，形成家庭新的经济发展模式，从而构筑推动失地农户家庭总收入和经济状况的长期增长机制。从案例材料中也可看出，与征地前相比，征地后，不同地区"效益追求型"农户均采取了积极的就业发展倾向。不论是家庭中的丈夫（男性）还是妻子（女性）都不断增加劳动投入，利用所积累的相关职业经验和能力，通过搜集整合征地带来的各种有利的发展资源条件，努力探索符合自身要求的新的发展思路和方式，从而推动了原有家庭劳动决策和职业发展模式的转型升级发展，以构筑实现家庭即期与未来经济效益持续增长机制。

但从不同地区间比较看，由于征地前东中西部"效益追求型"农户之间的非农职业层次和水平也存在一定的梯度差异，比如案例中的东部顾某某从事的私营业主，而中部的李某某和西部的付某儿子均从事的是农村工匠、商贩等个体户形态，在职业层次和技能要求上具有一定的差距，因而在获取职业收入能力和水平上也将有所不同；征地后，我们可以发现，虽然所有地区"效益追求型"失地农户的职业水平在征地后均不同程度地得到了提升发展，比如在经营规模和业务范围等领域得到扩大等。但值得注意的是，受区域间发展条件的差异，不同地区"效益追求型"失地农户的职业层次相对提升改善程度却有所各异，其中东部和西部地区要显著超出中部地区。其可能性原因在于：东部地区由于具备更发达的非农要素市场和产业发展环境，相关创业扶持政策力度也较大，因而更有利于产业转型升级发展。比如顾某某谋求拓展"宠物照明灯领域"等新业务，实现二次创业；而对于西部地区而言，受益于国家西部大开发政策以及西部农村电商产业扶持等外部推动力，如付某某所在地的旅游开发等，激发出大量新的发展机遇，同时为当地民众也创造出大量的就业或创业机会，有利于失地农户推动家庭职业层次的积极提升。

5.5　不同地区自我实现型失地农户的案例分析

5.5.1　案例简介

从农户相关决策要素状况出发，我们也进一步从东、中、西部地区遴选了三个具有某种典型"自我实现型"决策特征的失地农户访谈整理案例。分别为江苏省苏州市相城区黄埭镇原长泾村沈某、湖北省武汉市江夏区安山街道原安山村张某某和宁夏中卫市沙坡头区宣和镇何营村李某某。

1. 东部地区。

案例 5－10：受访者基本情况：沈某，男，52 岁，家里有三口人。妻子50 岁，儿子 28 岁，家人健康状况良好。受访者初中毕业，后来函授了成人大专学历，党员，区人大代表。妻子初中毕业；儿子研究生毕业，读的是财务管理专业。

我们这老早（大约在 1980 年）就开始办企业了，当时叫乡镇企业。我 19 岁就进厂了，刚开始在本地的一个乡办机械厂上班，从普通工人干起，先后做过车间组长，销售经理等，最后干到厂长。2003 年企业改制，我就把厂子买下来了，成立了苏州 H 机械有限公司，中间又陆续调整了几次业务，现在位于黄埭潘阳工业园内，主要从事机械加工、模具铸造等。目前公司注册资本 2000 万元，员工约 120 人，每年的销售利润还可以（保密），我做董事长兼总经理，老婆和儿子协助我抓厂里内部管理。平时我们都在厂里，家住在苏州相城区某小区独墅，不过除了儿子上大学迁了户口，我和老婆的户口都还在老家。我的老家长泾村很早之前就没有多少成片农田了，先后被工厂占了不少，但村庄没征。以前的老房子一直就有，是建于 90 年代初的老式二层楼，家里只有不到一亩的细碎耕地，也都包给合作社了。因为父母都不在了，所以平时家里也没人，老房子也就一直关着，我也没空回家，也就偶尔逢年过节走亲戚回老家看一下。

最近听说老家又开始新一轮征地拆迁了，可能要动迁到我家老房子。我巴不得早点拆掉算了，省得空在那烦神，我们也不可能回去了。至于补偿政策我也不太关心，也没有时间精力去关注，我觉得补偿款按照政策给就行了，说实在的，我也不差这几个钱；不过我听人讲，政府可能对被征地农民有一些创业扶持政策。我在想如果能在项目贷款或者税费方面有一些优惠措施，那我还倒是有点感兴趣，到时争取一下，怎么说我的身份也属于被征地农民啊（笑）。

现在我们全家都住在苏州城区，家庭经济实力还行吧。现在房价涨得太厉害了，我先后在城区买的几套房子，现在都增值了不少，自己住的那个小区档次还算不错。在生活方面，我们住在城里时间长了，城市人该有的我们也都有，都已经习惯了，我也从来没意识到自己还是农民身份（笑）。另外，我在区政协开会、洽谈业务等多个场合也结识了不少城里的干部、老板之类有身份的人。去年加入了一个网上民企协会，认识了一大帮志同道合的朋友，交际活动颇多，除了谈点生意，也经常组织一些家庭外出自驾游之类的活动。现在不缺经济条件了，想干啥都可以，所以我还是比较满足的。

（根据苏州市相城区黄埭镇原长泾村沈某口述整理；访谈时间：2015 年 5 月 7 日）

2. 中部地区。

案例 5 – 11： 受访者基本情况：张某某，女，49 岁，家庭有五口人。丈夫 54 岁，女儿，27 岁，女婿，35 岁，孙女 3 岁，全家身体健康。文化程度方面，受访者和其丈夫都是初中毕业，女儿大学本科，女婿研究生学历。

我和我老公 1987 年结婚，然后就到南方去打工了，在广东东莞那边的电子厂工作了近 20 年，我老公一直干到了技术主管。2004 年底，我们就回老家自主创业了，也办个电子厂。当时考虑是：一来我们基本熟悉这个行业，二来女儿当时要考大学，需要我照顾。2006 年初，我们在江夏区电子产业园成立了武汉 D 电子科技公司，主要做电脑、手机的配件品，注册资本是 1000 万元，员工 80 多人，规模不大。刚开始，厂子由我老公一手抓，我协助他。说实在的话，厂子刚起步的时候，我们还是很有压力的，武汉这边电子厂也很多，竞争也有点激烈。当时建厂子我们还需要从银行贷款，好在我老公在这个行业里人头（关系）还可以，从南方学来的技术还是比本地的要先进，所以，厂子业务也就慢慢多起来了。但后来又遇到 2008 年金融危机，多少也受到些影响，一些客户订单也黄了，当时我也有点紧张，不过后来厂子还是挺过来了，还是很不容易的，现在厂子发展的还行吧。姑娘大学也毕业了，学的工商管理，找了个研究生女婿，学光电子的，她爸爸很满意，也很高兴，准备慢慢让她们年轻人来接班。我们岁数大了，也快跟不上形势了，后面打算就带带孙女，做做后勤了（笑）。至于老家情况，平常我们也不回去，有四间老祖屋，另外有二亩多地，原来一直有老人（公婆）料理。老人走了（去世）后，堂侄就接过去了，挖了鱼塘，还搞了些什么苗木之类的，我也不太清楚。他要给点钱，我也从没收过，毕竟是家里亲戚呗。

老家征地拆迁好像是 2013 年底开始的，主要是修公路。当时我回家看了一下，也没全征，就用到一亩多点的田，老房子没动，后来我就不问了，统一交给我堂侄处理了。最后算下来也就 4 万元多的土地补偿款，我也没要，全给了堂侄。他人还是不错的，之前我们不在家时，都是他帮我们照顾老人，料理事务，而每次我们节假日回老家，他都热情招待，临走还塞一堆农产，这就当补偿他一点吧，我们家也不差这点钱（笑）。

现在我们平时住在靠近工业园的江夏新区，周末开车回武昌市区的家，姑娘女婿她们在武昌也有房子，距我们不远，平常生活上可以相互照应。现在家里各方面条件还可以，算得上一个武汉人了（笑）。我现在特别关心全家人的身体健康，平常也比较关注健康养生之类的信息。有什么好的保健品，我也常常会买回来给全家人用，我也报名参加了瑜伽班，经常去练。老公有空时，我就会拉他多逛逛公园，健健身。现在年纪大了，要注重养生了，以前太苦了，现在也需要享受享受了。

（根据江夏区安山街道原安山村张某某口述整理；访谈时间：2014 年 7 月 28 日）

3. 西部地区。

案例 5 - 12：受访人基本情况：李某某，男，54 岁，初中文化，党员，村干部，家庭有四口人。妻子 52 岁，小学文化；儿子，31 岁，大专；小儿子，26 岁，大学本科。

征地前，我家有农田 11 亩，其中 5 亩粮田，种一些玉米、小麦等。在前几年，按照县里"粮改经"政策，我把其余 6 亩都改成了果园咧，种了一些大红枸杞、砂西瓜和枣子等本地特色农产品，主要是我们两口子伺候着庄稼地。我一直担任村干部，干了近 20 年。哎，现在基层干部也不好当，事务忙，矛盾多，工作难做，待遇还低。谈到以前的家庭经济条件，总体还可以，大概处于我们这儿的中上游水平吧（笑）。因为早些年我和几个朋友合伙包了一个小煤窑，那时候开煤来钱，所以每年家里也落了不少利，两个娃子供学也多亏了这一营生。不过到了前年（2012），县里开始整顿小煤矿，我是党员干部，就响应上级要求退出来了，后来煤矿也关了。我就把重点放在抓好本村工作，另外搞搞果园营生。不过我家两娃子都有出息咧，大娃子在县城开了一家贸易实业公司，前两年主要卖本地的煤炭、沙石等，这两年又开始倒腾我们这儿的旅游产品开发，呵呵，小娃子师范大学毕业后，在区高中教书，是文化人咧。现在我们家没啥经济负担。

说到征地，我这儿最早从 2006 年左右就陆续有开发。先是前几年国家修路和石油管道，占了我村的一些田地，这两年，上级政府又说我们这靠近腾格里沙漠，适合搞旅游开发，成立了沙漠旅游开发公司。我就纳闷，都是一些沙子，能有啥好看的啊，但也没办法啊，上面的要求，我就要服从啊。拆迁工作组马上就要进村了，这回我家剩余的地和屋子估计都保不齐了。我想，作为党员干部，我肯定要带头的，另外，还要负责动员其他村民积极动迁，这中间工作累啊。我是凭良心做事的，不过有些干部工作方式上确实有点问题，所以征地中个别群众不理解甚至还有误解的情况是有的。至于征地补偿方面，我也不怎么计较，因为我是党员，也是村干部，怎么地都要坚决服从上级政策。再说，我家也不是最穷的，所以也不能跟组织乱伸手。

想着如果这次地和屋子全都被国家收了，村子也没了，我就打算退休咧，不当村干部了，和老伴去城里投奔娃子。啥也不想了，就准备享受享受天伦之乐吧。你要问我在城里蹲着会不会不习惯，我觉得没问题啊，以前我也经常进城开个会、谈个事啥的，城里场面我都见过，没什么特别的。城里干净，路也好走，啥都有，遛个弯、耍耍子（玩）也很方便，城里人很活泛（精神），所以我乐意蹲城里呢。至于老伴，我就不清楚了，她以前没出过多少门，估计以后进了城，刚开始肯定有点愁肠（发愁）咧，到时我就再劝导劝导她。

（根据宁夏中卫市沙坡头区宣和镇何营村李某某口述整理；访谈时间：2014 年 8 月 20 日）

5.5.2　不同地区"自我实现型"失地农户的形成要素比较

结合案例 5-10~案例 5-12 来考察"自我实现型"失地农户的家庭特征及其征地前后的决策要素变动状况。正如理论部分所述，之所以被称为"自我实现型"，意指这类农户在各方面条件上均大幅领先于区域内其他农户，因而处于整个农户群体金字塔的"塔尖"地位。在个体与家庭禀赋等各方面，这类农户总体也具有十分显著的优势特征。

1. 个体与家庭特征。

（1）农户个体人力资本。总体而言，"自我实现型"农户家庭平均人力资本水平较高。首先是教育人力资本层面。通过考察案例材料可发现，这类农户家庭中或多或少都拥有教育文化程度较高（大专以上）的家庭劳动成员，这点要显著超过其他类型农户。在农户家庭中，要么是户主，比如东部案例中的沈某通过函授取得大专文凭；要么是参与家庭劳动供给的成年子女等，比如案例 5-10 农户中的儿子与案例 5-11 农户中的女婿，甚至拥有了硕士研究生学历。当这些拥有高层次的人力资本成员参与到家庭劳动决策时，将显而易见地改善农户人力资本结构，有助于提升农户的决策水平和发展能力。其次，从征地前后家庭成员所从事的非农职业形态看，在征地前，"自我实现型"农户也比前述三类农户所从事的职业层次更高，往往处于经营管理者等上层职业形态。案例材料显示，东部的沈某一直经营发展着一个中等规模的公司；而中部的张某夫妇先是在南方打工，积累了相关技术经验后，返乡创办了一个中小企业；西部的李某某则是长期担任乡村干部。这意味着他们均具有较强的专业技能与管理人力资本能力，因而极大地提升了农户的人力资本层次和水平。从这个层面看，"自我实现型"农户之所以能取得相比其他农户类型最高的发展优势和经济地位，其归根结底的内因是由这类农户所拥有显著的人力资本优势所决定的。最后，一部分"自我实现型"农户也拥有一些专门型人力资本。案例材料显示，东部的沈某是党员，同时也是区人大代表，而西部的李某也是基层党员干部，具有一些政治资源和地位，这也意味着其蕴含了一些特殊的人力资本才能，比如政治能力等。而显然拥有这些特殊人力资本能力也将对其家庭获取种种发展机会发挥重要的意义。

（2）家庭禀赋方面。首先看家庭中的农业地位。可以这么说，征地前，"自我实现型"农户只能被称之为"名义型"农户。这是因为，在征地前该类农户就已实现高度的非农化发展，不仅家庭主要劳动成员完全投入非农领域，且家庭经济来源也已完全脱离农业，农户对农业依存度等于零。特别是对于东部地区而言，这类农户家庭无论是就业还是生活地点都已实现从农村迁居到城镇，与城镇市民无异，而只保留着"名义"的农民户籍身份和"名存实亡"的农地承包权与宅基地。其次，从家庭经济状况看，"自我实现型"农户拥有所在区域相对最高层次的经济收入和经济地位。农户拥有大量的家庭财产和经营性资产，这是由这类农户家庭所从事的最高职业层次及其所"贡献"的高收入流水平所决定的。这种高收入水平不仅超过了当地农村家庭，而且也超过了当地一般城镇家庭，因而大致可归结于当地城乡富裕阶层。最后，农户也拥有广泛的社交资源和社会资本。源于这些农户拥有的较高人力资本水平、职业层次以及社会经济地位，他们也具有很强的区域社会交往能力，积淀掌握了大量社会资本。例如，案例材料显示，"我在政协开会、洽谈业务等多场合也结识了不少城里的干部、老板之类有身份的人，去年加入了一个网上民企协会，认识了一大帮志同道合的朋友，交际活动颇多（沈某）"，"我老公在这个行业里人头（关系）还可以（张某某）"，"以前我也经常进城开个会、谈个事啥的，城里场面我都见过（李某某）"。无疑，这些社会资本既能有益于"自我实现"农户积极地获取外部良好资源，从而更好更优地进行家庭劳动供给与经济决策；更重要的是，能够增强农户在乡城转移下社会文化环境转型的总体适应能力。

2. 决策要素特征。

由于"自我实现型"是最高层次的农户决策模式，因此，其形成体现了某种共同性特征：

（1）收入要素层面。首先是家庭收入结构。在征地前这类农户就已归属于"名义型"农户，因此其家庭非农化程度要比"效益追求型"农户更高。在东、中部地区往往是一类完全非农农户形态。非农收入成为家庭收入结构的绝对比例，而农业收入极小，甚至趋于为零。与"效益追求型"农户相比，"自我实现型"农户由于从事的职业层次更高，以自雇型和雇他型职业为主，拥有大量的经营性资产。因此在家庭收入结构中，来源于企业家才能、股权、经营性资产等要素型收入占比更高，而一般劳动工资型收入比例不断减少。这使得此类农户能获得更高的边际收入水平，家庭收入增长能力更强，更能积蓄形成较雄厚的家庭财产实力，进而实现了在所在区域的富裕阶层经济定位。例如案例中，"2003 年企业改制，我就把厂子买下来了，成立了苏州 H 机械有限公司……目前公司注册资本 2000 万元……每年的销售利润还可以（保密）……现在我们全家都住在苏州城区独墅，家庭经济实力还行吧……我先后在城区买的几套房子，现住都增值了不少（沈某）"，"我们在江夏区电子产业园成立了武汉 D 电子科技公司……注册资本是 1000 万元，员工 80 多人……现在厂子发展的还行吧（张某某）"，"谈到以前的家庭经济条件，总体还可以，大概处于我们这儿的中上游水平吧（笑），因为早些年我和几个朋友合伙包了一个小煤窑，那时候开煤来钱，所以每年家里也落了不少利（李某某）"。

再来看家庭目标收入线。正如前文理论分析所示，由于"自我实现型"农户在征地前其家庭无论是经济地位还是生活水平都已处于当地城乡民众较高的层次水平。因此，总体而言，无论是在征地前还是征地后，"自我实现型"家庭劳动供给决策并不存在一个明确的"赶超"对象和目标收入基准，而主要是取决于其家庭成员特别是核心决策者——户主的自我追求和偏好；家庭劳动供给行为总体属于一种自我激励和自我约束机制，而较少地受到诸如征地等外部环境变化的影响。

（2）消费效用要素。与其所拥有极高的收入水平与经济地位相适应，"自我实现型"农户家庭在生活消费方面也处于本区域的上层水平，因而可划归于当地的较富裕型家庭类型。特别是在中东部地区，这类农户由于在征地前其非农就业地点就已实现"离土离乡"，家庭生活和居住地点也大多已迁离乡村，而定居城镇，只保留"名义上"的农户身份，因此其消费行为模式和消费偏好层面已基本摆脱了传统农民方式，而与城镇居民趋同。在无论是农产品还是一般商品消费方面，不仅该类农户家庭消费的市场化程度较高，且消费效用和生活水平上也远远赶超了当地农户家庭，达到甚至超过了当地城镇普通家庭水平。案例材料中，"在生活方面，我们住在城里时间长了，城市人该有的我们也都有，都已经习惯了（沈某）"，"至于老家情况，平常我们也不回去……现在我们平时住在靠近工业园的江夏新区，周末开车回武昌市区的家……现在家里各方面条件还可以，算得上一个武汉人了（张某某）"。

而在征地后，伴随家庭经济状况进一步提升和自我角色认知的深度转型，这类失地农户开始在消费目标群体和消费水平方面更趋于向城市中上层民众瞄准和定位，使得家庭不断推动消费结构的转型升级。特别是注重增加一些诸如时尚潮流消费品、旅游休闲以及养生保健等现代生活消费领域的投入，如"外出自驾游""好的保健品""瑜伽健身"等，以进一步提升家庭消费层次和效用水平。

再来看征地政策对"自我实现型"农户的影响。由于这类农户在征地前就已拥有较高层次的职业水平和收入条件，导致征地带来的经济效应在其家庭收入流增长和经济结构中所占比例较小，因此，征地补偿安置无论是对农户家庭短期的"消费品效应"还是"投资品效应"都不甚显著。这使得相比前三类农户而言，"自我实现型"农户对征地的经济动因大幅度下降。表现为一方面对征地政策的关注度和重视度也偏低，对征地的认知态度也较少是负面抵触心理，反而更多的持有正面支持态度；另一方面在征地过程中也较缺乏主动地参与意愿和行为，对征地补偿带来短期收益的需求欲望也不甚强烈。表现为"巴不得早点拆掉算了，省得空在那烦神，至于补偿政策我也不太关心，也没有时间精力去关注，我觉得补偿款按照政策给就行了，说实在的，我也不差这几个钱（沈某）"，"土地补偿款，我也没要，全给了堂侄……我们家也不差这点钱（张某某）"，"征地补偿方面，我也不怎么计较……再说，我家也不是最穷的（李某某）"。但值得关注的是，虽然"自我实现型"农户总体对参与征地的短期经济需求并不突出，但不排除存在一些其他动机需求，比如有少部分农户也关注征地能否促进其事业的长远发展。材料中东部的沈某表达"政府如能对被征地农民有一些创业扶持政策，我在想如果能在项目贷款或者税费方面有一些优惠措施……我有点感兴趣，到时争取一下"。而西部的李某某则还出于政治需求动机而选择主动参与征地行为，"我想，作为党员干部，我肯定要带头的……怎么地都要坚决服从上级政策"。

（3）风险感知和城镇适应性要素。考虑到"自我实现型"农户本身具有的"名义型农户"特征，这意味着这类农户家庭在征地前就已具备了较好的城镇化环境下的生活和发展资源，不同程度地积累形成了在城镇中的经济就业、社会交往和人际关系的经验与能力。这些都有助于塑造农户较强的城镇市民化自我认知和心理适应能力。因此总体而言，征地并不构成对这类失地农户的显著外部环境冲击，其家庭将不会表现出对城镇的强烈新鲜感和兴奋度。相反的是，由于他们早已熟悉并适应了城镇化环境下的经济行为、生活消费方式和社交活动，因而其内心在身份认同上已高度归属于城市市民而非传统农民。这无疑强化了这类农户对城镇的长期心理适应能力，进而在征地后对其家庭未来发展也不形成显著的预期风险感知。从案例材料可看出，无论是东部、中部还是西部地区，受访农户家庭由于拥有较高的非农就业层次和收入水平，构筑了城镇化发展所需相应的经济能力、社会能力和心理能力，从而最终体现为较强的市民化发展能力和认知水平。如"我们住在城里时间长了……都已经习惯了，我也从来没意识到自己还是农民身份……现在不缺经济条件了，想干啥都可以（沈某）"，"算得上一个武汉人了……要注重养生了，以前太苦了，现在也需要享受享受了（张某某）"，"你要问我在城里蹲着会不会不习惯，我觉得没问题啊，城里场面我都见过，没什么特别的……城里人很活泛（精神），所以我乐意蹲城里呢（李某某）"。

5.5.3 "自我实现型"模式下的不同地区失地农户就业结构分化特征

通过比较发现，征地前，"自我实现型"农户大致属于区域内较高经济地位的一类家庭，可归类为富裕户。这类农户之所有具备较强的经济实力，其根本上是由农户较高水平的非农职业发展所决定。由于相比其他类型农户，这类农户家庭拥有更高的人力资本水平，特别是具备技能型和管理型等专业人力资本，同时，一部分农户也具有一些政治资本和社会资本，这些有利条件为这类农户拓展更高的非农就业模式和职业层次奠定了良好的基础。

由此推出"自我实现型"农户的重要就业特征是，相比其他农户，这类农户成员从事的中高层职业层次比例最高，大致以创业与管理者形态为主。从案例材料看，东部的沈某和中部的张某某家庭成员很早就开始从事非农就业，积累了较为雄厚的职业技能、管理经验与资本实力，最终走上创业与企业经营者这一高层次职业发展形态。而西部的李某某则长期担任村干部，其间承包经营了煤矿等实业等，而家庭中的成年劳动子女也都在正规部门就业。

以经营管理者为主要职业形态使得这类农户成员的劳动属性和家庭经济结构也发生根本性变化。一方面，智力劳动、技能劳动等复杂劳动替代了以体力、工时为主的简单劳动，并成为"自我实现"农户劳动价值形成的核心体系。这将有利于减少农户成员的劳动时间，降低劳动强度和岗位危险性，实现了体面就业。而另一方面，借助复杂劳动要素对资本、信息等其他要素的强大配置能力，使得这类农户活劳动消耗水平得以有效降低，家庭收入来源结构也实现了多元化。特别是来自资产运营管理收益、资本投资性收入比例大幅增加，甚至占据了家庭收入的主体。这在构筑了农户家庭实现收入的持续稳定高增长机制的同时，更提供了农户在本区域内维系其长期富裕型家庭经济地位的根本保证。

而从征地后看，"自我实现型"农户无论是家庭经济还是就业发展，总体均不太受征地行为及其政策效应的影响。这是因为，一方面这类农户具备"名义型"农户属性。不仅其家庭经济发展早已脱离了农地资源约束，而广泛涉足非农领域，而且与之相应的是，家庭资源的投入与配置也大多侧重在远离农村的城镇和非农职业区域。这导致此类农户实际所拥有的诸如农地、农村房屋财产等征地补偿性资源也不多，从而在征地中所形成的补偿经济效应较为有限，对这类农户的家庭经济结构和决策行为不构成显著的变化影响，因此征地的经济动因对农户劳动供给和就业决策也显得无关紧要。另一方面，除了经济能力之外，由于"自我实现型"农户家庭在征地前就已长期生活在城镇区域，这也有助于家庭成员积累形成较强的社会、文化到心理等其他城镇化适应能力。对于征地带来的农户乡城迁移安置来说，也不构成对这些农户劳动决策的直接外部环境冲击效应。

从相关案例材料看，与征地前相比，总体上"自我实现型"失地农户家庭的就业结构和职业形态变化不大，并未发生显著的提升和发展。这一点与"效益追求型"农户存在明显不同，其主要原因在于征地行为对这类失地农户家庭的就业与经济决策不构成显著"收入效应"和"替代效应"。但征地后，随着时间的推移和环境条件的持续演变，此类失地农户家庭内部不同成员之间可能围绕未来就业意愿和行为上则可能存在一定的分化态势。考虑到"自我实现型"农户成员就业决策的经济动机已经显著弱化，取而代之的将是更重视对其个人自我价值实现动机，特别是当家庭存在有效的代际劳动分工与供给延续机制下，这类农户家庭的劳动配置和就业结构将面临重构。其中，受不同决策个体自我偏好和价值观差异性影响，将驱动不同失地农户家庭成员的行为决策模式和选择的异化，而家庭收入结构中的要素收入对劳动收入的显著替代效应也进一步强化家庭劳动供给决策倾向的偏移。在此背景下，一部分"自我实现型"家庭成员（特别是中老年、女性）更乐意追求高品质的生活价值，而趋于意愿降低劳动供给程度和时间，甚至选择"退休"而退出就业，转向社会交往活动与闲暇消费，以提升其个体及家庭的效用水平。如案例中，"去年加入了一个网上民企协会，认识一大帮朋友，交际活动颇多，除了谈点生意，也经常组织一些家庭外出自驾游之类的活动，现在不缺经济条件了，想干啥都可以，所以我还是比较满足的"（沈某）。"准备慢慢让她们年轻人来接班，我们岁数大了，也快跟不上形势了，后面打算就带带孙女，做做后勤了……我现在特别关心全家人的身体健康……老公有空时，我就会拉他多逛逛公园，健健身，现在年纪大了，要注重养生了，以前太苦了，现在也需要享受享受了"（张某某）。"我就打算退休咧，不当村干部了，和老伴去城里投奔娃子，啥也不想了，就准备享受享受天伦之乐吧"（李某某）。

| 第6章 |

基于动态视角的失地农户劳动决策
与就业行为演化博弈研究

在上一章，我们主要从静态角度，运用质性案例法考察了我国不同地区农户从低到高四类劳动决策模式的形成要素条件，并进一步比较分析了基于差异化劳动决策模式下的农户家庭征地前后的就业结构分化特征。研究表明，在既定条件下，农户家庭的就业模式和职业水平与特定的劳动决策模式类型具有紧密关联。其中，低层次的劳动决策模式类型将导致农户家庭的低度化就业发展，反之则可能相反。而农户不同层次劳动决策模式体现了不同决策要素状况与组合特性，其形成过程将受到农户内部和外部多方面因素体系的共同作用和影响。对于失地农户而言，存在着两类重要的因素变量，一是农户（特别是户主）人力资本内部变量。前两章的相关研究都充分揭示了不同农户劳动决策模式类型与其户主人力资本水平之间存在某种显著的正向相关关系，这意味着由户主人力资本所决定的农户家庭内生学习能力和决策能力，构成了其家庭劳动决策和就业行为发生的核心基石。二是政府相关征地补偿安置和就业政策外部变量。其能够汇集形成对农户经济行为决策的一系列外部经济与非经济效应。而不同农户据此进行的决策机制也有所差异，这也将构成影响失地农户家庭既有劳动决策模式产生及其特征表现的重要诱因。进一步从动态角度看，当失地农户户主发生人力资本投资行为、家庭决策要素重新定位以及政府征地政策等发生改变时，失地农户劳动决策模式和家庭就业行为无疑也将产生持续动态效应，而其变迁路径和动态均衡将取决于不同决策主体的演化博弈行为关系。

因此，本章将基于动态视角，运用演化博弈方法，力图从失地农户劳动就业决策行为的三个主要相关利益主体——政府、失地农户家庭以及农户户主出发，围绕"政府征地安置政策形态、户主人力资本投资与失地农户劳动决策行为"之间关系，分别构建"失地农户家庭—政府""户主—失地农户家庭"的演化博弈模型。探讨不同博弈主体在失地农户劳动就业决策行为博弈的均衡机制与稳定性条件，在此基础上研究促进失地农户劳动决策系统实现从消极状态向积极状态演化的策略。

6.1　失地农户劳动决策行为的演化博弈关系构建

6.1.1　演化博弈理论简介

演化博弈理论是在吸纳了达尔文的生物进化论和拉马克的遗传基因理论等思想基础上，所形成的研究生物行为演变的一个新兴理论流派，最早由史密斯和普瑞斯（Smith & Price，1973）提出。他们指出生物进化具有演化稳定策略（evolutionary stable strategy，ESS）概念，这奠定了演化博弈的重要理论基础。而生态学家泰勒和琼格（Talyor & Jonker，1978）又提出了生态演化中的复制者动态（replicator dynamic，RD）思想，从而进一步推动了演化博弈理论的突破发展。

演化博弈运用在经济学领域中颠覆了传统博弈理论所依据的"完全理性"假设。西蒙（Semon）最早提出了个体决策行为的有限理性假设，而纳什（Nash，1950）的"群体行为解释"论，被认为是较早体现了研究群体组织行为中的演化博弈思想。威布尔（Weibull，1995）、博尔丁、纳尔逊和克瑞斯曼等也分别从不同角度归纳发展了演化博弈经济学理论和方法。

演化博弈理论基于人的有限理性假设，强调以动态演化过程来分析微观经济个体与群体行为结果。其从系统论出发，把个体和群体行为的选择和调整过程视为一个动态系统，个体行为规则和策略是在时间演化的过程中不断修正和改进的。演化过程具有突变机制，存在动态试错效应，成功的策略将被模仿和扩散，而一旦形成较为稳定的适应性标准，则能够形成一定的可预测长期趋势。演化博弈理论认为，可通过前向归纳法实现对多个纳什均衡的精练，即存在一个动态的选择与调节过程，即便是每个参与人都是有限理性的，但依然能使得多个纳什均衡存在的情形下达到其中某一个均衡，实现纳什均衡的精练——演化均衡策略。

由此可见，复制者动态和演化稳定均衡（RD & ESS）构成了演化博弈理论的两个核心概念，其分别表征演化博弈的稳定状态以及向这种稳定状态的动态收敛过程。演化博弈分析也将涉及两个计算过程，首先要建立复制者动态模型，再通过求解得出系统的演化稳定策略和路径。

6.1.2　失地农户劳动决策与就业行为的演化博弈关系分析

从动态角度看，农户在被征地后将经历由新的环境变迁所导致的决策要素和条件的改变，这将构成对其家庭原有劳动决策和就业模式的颠覆。但不同失地农户新的劳动决策模式和就业行为选择的形成过程，却存在显著的动态持续演化博弈特征。失地农户劳动决策行为将涉及外部和内部多层面相关利益主体，其彼此间的博弈关系及其演化策略，构成了研究失地农户差异化劳动决策模式和就业行为动态变化的重要机制。

总体而言，影响失地农户的劳动决策行为及其演变的因素体系可大致归类为两个层面：一是外部因素。包括前文所表述的从家庭所在区域发展条件到外部相关政策等。二是内部因素。主要涉及家庭禀赋资源、农户（特别是户主）人力资本及其他微观要素等。而从动态演化视角审视，上述的内外部因素体系的变化最终可抽象成为三方行为主体，即"政府""失地农户家庭""户主"。而基于这三方面利益主体的策略行为，将分别推动形成失地农户劳动决策行为过程中家庭内部和外部两类演化博弈关系。

6.1.2.1　"失地农户—政府"的外部演化博弈关系

对于失地农户而言，由于土地被征用是导致这一群体形成及其生活发展环境发生变迁的直接推手，因此，征地因素构成了失地农户行为的最突出而又显著的外部变量。假设政府[①]是征地行为的主要发起人和实施者，而征地政策构成了政府和农户博弈行为的主要手段（董文波等，2013）。严格意义上，政府征地政策将涉及从征地前、征地中到征地后等一系列环节，涵盖多方面决策和政策行为。比如在征地前，政府也可能存在"要/不要征地"的公共决策行为，但基于中国的国情条件和决策体制下，农民在"愿意/不愿意被征地"上的总体发言权较小，在此环节上农户与政府之间基本不存在强博弈关系；因此，征地博弈行为更多地发生在征地中和征地后等相关环节，对此，国内一些学者围绕失地农民与地方政府在征地中的利益关系、利益分

[①]　在农户土地征用博弈行为中，实际可存在两类或多类政府主体（谭术魁，2010），比如：（1）上级政府，负责征地政策的制定；（2）基层政府，涉及征地政策的细化和实施，而不同政府之间可能也存在一定博弈关系。但本书为了简化分析，忽略不同政府之间的差异，假设失地农户劳动决策博弈行为中仅存在一类抽象的政府主体，不深度细分其具体形态和职责划分。

配和利益冲突及由此形成的行为博弈进行了大量有益的研究（黄祖辉，2002；赵旭，2013）。

基于本书研究目的，我们不把重点放在失地农户与政府在征地前和征地中环节围绕"要不要征地合作/不合作"以及"具体补偿利益分配行为"的博弈关系，而是侧重考察在征地后环节，关注政府"采取不同方式的征地安置政策"与相应的失地农户"选择差异化属性的劳动就业决策行为"之间博弈关系及其动态演化情形。假设政府和被征地农户在征地博弈中都是基于自身利益最大化诉求，且两者之间的行为博弈处于有限理性和信息不完全条件下。为此，针对上述行为主体，提出如下的博弈关系问题：

（1）政府主体。对于政府而言，理论上，实施征地行为将有利于带动区域的经济社会发展，增加施政政绩。因此，政府成为征地行为的直接受益方，潜在征地收益为正，故政府具备较为强烈的征地行为动机；但与此同时，政府也在征地时也需要考虑承担相应的责任和成本，其中制定和实施对失地农户的征地安置政策较为关键。征地安置政策的根本目的在于，能够一定程度弥补或补偿被征地农户因征地导致的潜在损失和成本，进而既能赢得其对征地行为的配合和支持，同时也能为促进农民平稳实现向非农发展转型创造良好的条件，有利于营造区域经济社会发展的稳定环境。

总之，征地安置政策是政府在与失地农户劳动决策行为博弈过程中的重要手段。但考虑到不同政策效应在相关短期/长期利益、成本和风险程度方面存在差异特性，政府面向失地农户制定的征地安置政策时也可能存在不同的形态。我们以安置政策中是否重视扶持失地农户的就业发展，将其划分为两种基本行动策略：

①非就业扶持型的安置政策。可称之为短期利益补偿安置政策。是指政府决策者仅关注和化解失地农户的短期利益损失风险，以即期利益补偿为中心，重视满足其征地后的合理利益和权益诉求为保障。政策的重心放在对失地农户即期征地利益的足额补偿和及时兑现上。而补偿目标定位在注重农户的短期利益需求，而忽视其长期发展扶持；在补偿方式上较为单一，倾向于采取即期一次性现金补偿或房屋等财产性安置，而对失地农户后续发展能力和劳动就业扶持则较少关注，更谈不上针对性引导。

②就业扶持型的安置政策。可称之为长期能力扶持安置政策。是指政府决策者更注重谋求培育和引导失地农户长期发展能力塑造和家庭长期收益增长，而非单纯的即期利益补偿。这类安置政策以促进和提升失地农户成员的长期就业发展作为重点，构筑以就业为中心的综合安置政策方式。具体政策方式涵盖多层面：制定专门的扶持失地农民就业发展的激励和保障政策，如

提供失地农民职业技能培训、就业转岗指导和择业信息咨询等，通过财政、金融等各种政策途径扶持失地农民积极就业与自主创业等；而在对失地农民征地补偿上，致力于营造有益于和鼓励农户积极劳动决策与长期就业发展为导向的补偿思路和形式，努力弱化失地农户在征地补偿上的"消费品"动机，引导强化"投资品"动机，采取如变一次性现金补偿为多次逐期补偿、加大社保补偿、就业岗位补偿等非现金补偿方式，甚至鼓励转化为失地农民创业基金，等等。

对于政府主体而言，选择上述两种短期化和长期化不同的安置政策模式行为，将对其收益以及成本的影响效应也有所不同，存在着不同的博弈策略问题。

情形 1：政府采用短期化利益补偿安置政策，即选择一次性发放征地货币（财产）的单一型补偿方式。这种方式具有政策设计和实施过程都相对简单的优点，因而相比第二种安置政策情形，第一种情形下政府需要支付的政策成本[①]较低（模型设计时，为便于分析，我们将假设为 0）。同时，因为短期内完成了征地任务，政府也获得了征地发展收益 R；假设失地农户短期内获得了正常利益补偿为 E_2，在农户消极就业情形下，将全部转化为"消费品"支出，且随着时间的推移，E_2 处于持续"损耗"状态，并且到了 t_1 时间节点，E_2 将可能最终消费殆尽而趋于零。基于这样理论，不考虑失地农户的行为策略，政府在采取短期化补偿政策情形下所获得的静态净收益为：$R - C_1$；在此情形下，失地农户因征地而获得了 E_2 收益。

情形 2：政府采取长期化能力扶持安置政策，即倾向于以扶持失地农户长期就业发展能力为重心的多样化补偿安置方式，以替代短期化的简单货币补偿。政府需要支付的扶持农户就业发展的政策成本 C_1。显然，考虑到这种安置政策体系涵盖内容领域更多，决策和实施过程更复杂，如需要赢得被征地农户的信任、说服其支持和接受等，这些都需要消耗更高的制度交易成本，因此有 $C_1 > 0$。当这种安置政策得到有效实施后，假如失地农户能够采取积极的劳动供给策略，促进了就业发展。这样，政府一方面获得了征地发展收益 R，另一方面还能获得了因失地农户积极就业或创业而新增的就业发展收益 r。政府在采取长期化补偿政策情形下所获得的静态净收益为：$R + r - C_1$，并假设以 t_1 为时间节点，在 $t \leqslant t_1$ 时，有 $r - C_1 \leqslant 0$，反映政府在短期内实施就业型安置政策所支出的边际成本 C_1 将可能大于所推动就业

---

① 这里的政策成本本质是一种交易成本概念，主要涉及政策内容制定设计的复杂性和难度，以及在推进实施政策过程中面临交易双方合作的程度与风险。

产生的边际收益 r；而当超过 t_1 时期后，将有 $r - C_1 > 0$，此时，政府的长期化安置政策的边际收益大于边际成本，政府最终获得比短期化安置更高的收益水平。

（2）失地农户主体。在讨论"失地农户—政府"外部演化博弈关系时，我们将农户家庭视为内部存在着高度合作关系的一个整体，而暂时不考虑其不同成员间可能具有的异质性。进一步假设失地农户家庭劳动供给决策行为博弈的外部因素条件主要取决于政府征地安置政策。按照征地后家庭成员是否追求就业发展，失地农户劳动决策行为可以划分为两种备选策略：

①消极劳动供给。这是一种不利于农户就业发展的劳动供给行为策略。在此策略下，农户缺乏更高的收入目标激励。比如征地安置后，其决策参照对象依然停留在原先农村居民，而非城镇居民，且缺乏积极赶超意识，满足于现有的家庭收入水平和经济效用状况，易产生安于现状、不思进取等惰性心理。失地农户总体缺乏谋求劳动决策模式升级发展的迫切性和动力，决策模式也大体处于"小富即安型"甚至"生计维持型"等低层次区间。大多数这类失地农户征地后家庭成员的劳动供给意愿与供给强度有所降低，推动家庭就业结构升级发展的积极性和欲望不足。此外，征地后，农户家庭也缺乏必要的诸如教育、技能等人力资本投资行为，因而普遍也缺乏自我就业提升的能力。基于消极劳动供给策略下，失地农户也将体现为就业发展能力和水平的显著不足。表现为这类失地农户成员所从事的就业形态和职业层次与征地前相比并没有得到显著提升，甚至有些还有所降低。职业岗位形态基本以中低层次的体力劳动型工作为主，如短工或雇工；在雇佣关系上偏向于他雇型，其中不排除少数失地农户在获得政府的征地利益补偿后而倾向于失业/无业。

②积极劳动供给。这是一种促进农户就业发展的劳动供给行为策略。在此策略下，农户始终保持着一种积极进取的心态发展，拥有自我激励、自我鞭策的前进动力。表现为在征地后，这类失地农户将不满足于现有家庭收入和经济状况定位，而是及时调整其家庭目标收入决策机制，以赶超新环境下的更高收入群体（如城镇居民）为出发点，持续推动其劳动决策模式的转型升级，寻求实现"效益追求型"乃至"自我实现型"等高层次区间的决策模式发展。在家庭劳动供给与就业行为上体现为，失地农户将以谋求家庭经济收入和发展能力持续增长为核心劳动决策目标，通过积极有效地投资和配置家庭内的人力资本、社会资本以及经营性资本等一切稀缺要素资源，以形成较强的就业发展能力和条件。基于积极的劳动供给策略下，失地农户在征地

后将努力推动家庭成员就业层次、就业效率和就业质量的持续攀升，以确保不仅能远超出征地前的家庭就业水平，甚至还谋求在新环境下能赶超与领先于其他城镇居民的就业水平。因此，当失地农户选择积极劳动供给时，显然能推动其征地后家庭成员加大专业化人力资本的积累，追求就业发展，提升其职业层次，从事具有高度专业人力资本属性的职业岗位，如从事技术型、管理型岗位。而在雇佣关系上，农户成员将更多的选择自雇或雇他型职业，如自主创业等。

　　同理，对于失地农户主体而言，根据其不同行为的成本和收益关系，劳动供给选择也存在不同的博弈策略。

　　情形 1：假若失地农户选择消极劳动供给策略。这就意味着在征地后其家庭不追求积极的就业发展，仅维持甚至低于征地前的就业水平，因此失地农户家庭的工资收入增长不显著。征地后的家庭收益增长主要取决于其他方面（如征地补偿），而与就业发展的关联度低。设此时家庭收益水平为相对固定值 E_2，与此同时，消极劳动供给策略下，失地农户短期内也无须付出相应的新增就业发展成本，比如用于改善就业机会的教育培训等人力资本投资成本，不妨假设为零。则其他条件既定下，失地农户选择消极劳动供给策略时的理论净收益水平为 E_2。

　　情形 2：假如失地农户选择积极劳动供给策略。表明征地后农户将积极追求就业发展，以达到提升家庭成员职业层次和推动工资收入增长之目标。这样当目标成功实现时，农户预期获得包含就业增长在内的家庭新收益水平为 E_1，$E_1 > E_2$；同样，在积极劳动供给情形下，农户选择积极就业发展行为需要花费一定的学习、人力资本投资以及择业费用等，比如创业者需要承担相应的创业成本。假设在政府不扶持的情况下，则失地农户需要独立承受就业发展成本 C_3，但如若政府实施扶持就业的安置政策，可降低失地农户承受的就业发展成本水平，从 C_3 降为 C_2，显然 $C_3 > C_2$。同时，政府的相关就业扶持安置政策也会影响到失地农户就业发展的成功概率以及实际获得的就业收益 E_1 的水平。假设当政府不扶持时，农户积极劳动供给策略下能取得的家庭就业收益水平将降为 vE_1，其中 $0 < v < 1$。这样，其他条件既定下，失地农户选择积极劳动供给策略的理论净收益水平可分为两种情况：当政府扶持时，为 $E_1 - C_2$；政府不扶持时，为 $vE_1 - C_3$。

　　据此我们围绕政府与失地农户两大主体之间的不同策略行为选择，整理形成了相应的策略支付矩阵（见表 6－1），在此基础上，将在 6.2 节构建农户劳动供给决策的外部演化博弈模型并进行深入分析探讨。

表 6 – 1 政府与失地农户策略支付矩阵

政府	农户	
	积极劳动供给	消极劳动供给
就业扶持型安置 （长期能力帮扶政策）	$R + r - C_1$，$E_1 - C_2$	$R - C_1$，E_2
非就业扶持型安置 （短期利益补偿政策）	$R + vr$，$vE_1 - C_3$	R，E_2

6.1.2.2 "户主—失地农户家庭"的内部演化博弈关系

在探讨"政府—失地农户"的外部演化博弈关系时，我们假设家庭成员间具有一致性，而将农户视为一个相对独立完整的博弈主体，这一假设在研究农户的外部行为时显然是可以接受的。但当把视角转到农户内部，考察农户决策行为的内在发生机制时，就不能忽视家庭潜在的成员间异质特性假设，特别是家庭核心决策者—户主其个体的偏好及行为有可能与家庭整体偏好及行为之间的不一致性，理论上表现为户主的不同策略行为与失地农户劳动决策形态之间也存在某种家庭内部演化博弈关系。在这一博弈关系中，户主与失地农户家庭构成了两方博弈主体，并假设双方之间的行为不具有完全一致性，失地农户最终劳动供给决策行为结果将取决于两方面的博弈条件和策略情形选择：

（1）户主。在农户家庭中，户主既构成了家庭核心成员，同时也是家庭的最终决策者。但对于户主个体而言，其实施的家庭决策行为所产生的收益和成本与户主的个人收益和收益未必完全相等。换句话说，户主个体决策也不能完全等同于家庭决策，户主的决策行为对于家庭而言将存在一定的外部性。但考虑到户主是决定家庭决策行为的重要影响者和最终决定力量，因而户主与农户家庭之间将存在一定的博弈关系，其彼此博弈程度和结果将关系到农户家庭最终决策均衡状况。

对于户主而言，假设其个体决策能力主要受人力资本水平影响，而后者取决于人力资本投资，可简称为"学习"行为。因此，当农户家庭在离地后面临新环境下的决策时，户主将存在"学习"或"不学习"两种策略行为选择。而户主的选择不同策略行为势必将直接决定其人力资本发展程度，进而决定了户主的家庭决策能力和决策效果，并对家庭决策行为的收益和成本也产生差异性影响。

①学习。意指农户户主在征地后实施了人力资本投资。因而能积累形成

较高的人力资本水平，这将有助于提升其个体及家庭的决策能力和效率，更有利于提高家庭劳动决策的收益水平，降低就业发展失败风险和成本。当然，考虑到失地农户家庭在劳动决策上存在不同的选择机制，其实际的劳动就业收益状况也会有所不同。但从长期角度看，户主选择"学习"策略更能有助于降低家庭选择积极劳动供给决策下的风险与成本，从而更能促进家庭就业发展，相应的家庭所获取就业发展收益水平也会更高，同时，户主的个人收益也能得以不同程度增长。但需要指出的是，短期内，户主"学习"行为也会增加农户家庭的学习支出成本 C_1。

②不学习。是指农户户主在征地后不进行人力资本投资，维持甚至低于征地前的人力资本水平，因此，此时农户家庭的学习支出成本 C_1 为零。但另一方面，会导致户主决策能力和水平下降，这将不利于农户家庭面向陌生的城镇环境实施积极劳动决策行为，将增加家庭选择就业发展的风险或成本，降低相应的就业收益水平。而当家庭采取消极劳动决策行为时，其负面影响效应程度则有可能相对减弱。

（2）农户家庭。这里所讨论的"户主—农户家庭"博弈形态，并非是指户主与家庭其他成员之间的相互行为博弈，而是特指基于户主所做出的个体决策与家庭整体决策之间的关系博弈。因为对于户主而言，即便假设其是代表农户家庭决策行为的唯一主体，但这一决策过程依然需要同时考虑户主个人偏好和家庭偏好的综合均衡优化，因而存在着选择博弈问题。如若户主仅重视个人偏好，而忽视家庭偏好，则其制定形成的家庭决策将不能形成最优均衡，并导致决策的负外部性成本增加，从而最终也将损害其个人收益。当然反过来的话，也将不符合户主个体的理性人假设。

由此，我们可从农户家庭劳动决策的两种状况，即积极劳动供给行为和消极劳动供给行为出发，来探讨上述家庭内部演化博弈关系的形成过程。本书的相关理论分析显示，在所有的决策要素体系中，收入变量是构成家庭劳动供给决策行为与模式类型的核心要素。因此，可从家庭收入要素角度对失地农户的劳动决策行为选择策略进行细分和归类，大致可分为两个维度：

①发展战略选择：赶超/不赶超。意指失地农户面临城镇的新环境下是否具备旨在促进家庭收入增长的赶超意愿，并为此制定并实施相应的赶超发展战略。显然，如果失地农户决策选择了赶超战略，这就意味着其家庭将形成强烈的发展意愿和进取精神，在劳动决策层面将倾向于采取积极劳动供给行为，积极谋求家庭成员的就业发展，推动家庭收入和经济地位的持续增长，从而努力实现在新环境下的赶超目标；反之，当失地农户选择了不赶超战略，意味着整个家庭将缺乏明确的目标激励，从而陷入发展动力不足窘境。而在

家庭劳动决策方式上，将更偏重于采取消极劳动供给行为，农户成员将满足于现状，贪图安逸，不追求就业层次水平的提升和发展，甚至一定程度弱化了劳动供给意愿。

②参照对象选择：城镇居民/农村居民。意指失地农户在实施收入赶超决策时所确立的赶超对象是谁？根据目标激励管理理论，当行为人所确定的参照群体不同，其形成的赶超目标也将存在差异。因此，当所参照群体的发展状况和水平越低，据此产生的赶超目标也将不高，进而所形成的对行为人的目标激励效应和程度也将偏低。对于农户来说，征地前其家庭经济发展的参照对象一般是周边农村居民，但在征地后，伴随着环境的变迁，失地农户可能面临着不同的参照群体选择：一种是依然以集中安置区的原先村民家庭为参照对象；另一种则是以安置区附近的城镇居民家庭作为新的参照对象。

假设在同等条件下，城镇居民家庭的发展状况和水平总体要高于农村居民，显然，对于失地农户来说，选择何种参照对象，将直接关系到其制定的赶超目标和赶超战略水平。当失地农户瞄准城镇居民家庭作为赶超对象时，将有利于形成更高程度的家庭目标收入线激励，使得失地农户家庭倾向于采取积极进取的劳动供给行为，推动劳动供给决策模式从低层次向高层次的升级发展。在此背景下，家庭成员的就业形态和职业水平也得以持续提升增长，加大诸如自主创业的比例，以最终实现收入赶超目标；反过来，如果失地农户的参照对象依旧停留在原有农村居民家庭，这就意味着其目标激励程度并不高，对于农户家庭而言也更易达到，因此这将影响到其决策者（户主）的家庭劳动供给决策安排。即便仍然采取相对积极的劳动供给行为，但无论是供给强度还是持续度显然都将低于以城镇居民家庭为参照群体的情形。

考虑到农户户主在选择"学习"/"不学习"，农户家庭采取"赶超"/"不赶超"以及赶超对象选择"城镇居民"/"农村居民"等不同情形时，所形成对相应主体的收益和成本具有显著差异性，因而将构成失地农户家庭内部的多重博弈关系，形成多层次的支付策略和均衡条件，并呈现一定的动态演化属性。对此，我们将在6.3节通过构建演化博弈数理模型进行深入推导分析。

6.1.3　失地农户劳动决策演化博弈体系构成与路径

结合上述的相关理论分析，我们将失地农户劳动供给决策的演化博弈关系、体系构成及基本路径过程进行了粗略总结，绘制成如图6-1的简要图。

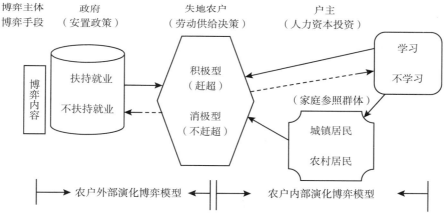

图 6－1 失地农户劳动决策的演化博弈体系与过程

6.2 "失地农户—政府"的外部演化博弈模型分析

我们进一步运用数理模型方法对失地农户劳动决策的演化博弈关系进行深入分析，本节首先探讨"失地农户—政府"的外部演化博弈模型的演算过程。

6.2.1 模型假设与构建

6.2.1.1 博弈问题与研究假设

循着上文的理论分析思路，我们针对失地农户劳动决策的外部演化博弈关系构建数理模型，该模型中存在着两类基本博弈群体：政府主体①，以下简称政府；失地农户主体，以下简称农户。并假设在特定时间，区域内上述群体的规模和总数不变，不妨抽象标准化为1；整个农户家庭劳动决策外部演化博弈过程中仅有上述两方参与者，而不考虑其他行为主体，且博弈双方均为有限理性。这样我们根据演化博弈模型的基本理论，依据不同主体之间的博弈策略及收益关系引入相应的演化博弈模型，通过建立分析动态复制方程，进而研究博弈双方的行为演化稳定策略。

① 正如上文所指出的，严格意义上，失地农户外部博弈关系中的政府形态可分为上级政府和基层政府，彼此间可能也存在博弈关系，但基于简化分析考虑，我们不再区分，而统称之为政府。

假设政府通过制定和实施相应的征地安置政策方式，产生了与农户家庭劳动供给行为选择方面的演化博弈关系。其中，政府基于安置政策方式的选择策略空间为 S_1 {扶持就业型安置，不扶持就业型安置}，而农户劳动决策行为的选择策略空间为 S_2 {积极劳动供给，消极劳动供给}。在农户家庭选择积极的劳动决策模式下，其成员的就业行为倾向将是进取型，比如谋求就业创业发展，简称为创业；反之，农户选择消极的劳动决策模式时，其成员就业行为倾向将是保守型，不谋求就业提升发展，其就业状况仅停留在一般水平，简称为一般就业。

为了更好地描述双方的收益支付关系和博弈模型，我们根据 6.1 节的相关博弈关系的理论分析，做出如下变量设定与分析假设。

假设 1：政府通过征地，预期能获得征地发展收益为 R，但政府同时需要承担面对被征地农户安置的公共政策责任，因而需要支付相应的安置政策实施成本（即交易成本）。政府存在两种安置政策形式的选择：①就业扶持型（或称长期能力帮扶型），简称为"支持"策略；②非就业扶持型（或称短期利益补偿型），简称为"不支持"策略。假设从政策设计实施的难易程度和交易成本大小的角度考虑，当政府选择扶持就业型安置政策时，需要支付的政策成本为 C_1，$C_1 > 0$；而反过来，当政府选择单纯利益补偿型安置时，则需要支付的政策成本 C_1 较小，不妨设 $C_1 = 0$；此外，如果失地农户选择积极劳动供给，将能通过促进家庭成员的创业增长，这也会给政府带来一定的就业发展收益[1]，记为 r。

假设 2：假设政府的就业扶持型安置政策具有正向促进失地农户就业发展的效应，能够增加农户成员就业创业发展的成功概率和收益水平，同时也有助于减少相应的失败风险和成本，而政府采取利益补偿型安置政策的就业效应则可能相反。这样，当政府采取就业扶持型政策下，农户实施积极劳动供给行为所获取的预期创业收益为 E_1，需付出的创业发展成本为 C_2；当政府采取非就业扶持型政策时，农户实施积极劳动供给与创业行为的成本将会增加，记作 C_3，有 $C_3 > C_2$。同时，由于缺乏政府的相应就业政策支持，农户积极劳动供给与创业的预期收益也会受到影响，记作 vE_1，其中 $0 < v < 1$。相应的，给政府带来的就业发展收益也将受到影响，记为 vr。

假设 3：当农户选择消极劳动供给行为时，家庭成员只能从事一般就业

---

[1] 例如，失地农户实施创业行为就能产生税收，同时也能带动区域经济发展和更多的就业等，这些都能增加政府收益。

形态，获得一般就业收益为 E_2，低于农户选择积极供给行为下的创业收益 E_1，即 $E_1 > E_2$。

根据上述变量界定和假设，构建政府和农户双方的博弈矩阵，如表 6 - 1 所示。

6.2.1.2　构建复制者动态方程

假设在初始状态下，政府采取"支持就业"策略的概率为 p，采取"不支持就业"策略的概率则为 $1 - p$；农户选择"积极供给"策略的概率为 q，选择"消极供给"策略的概率为 $1 - q$，下面将计算博弈双方的期望收益及平均收益。U_1 为政府选择"支持就业"策略的期望收益，U_2 为政府选择"不支持就业"策略的期望收益，U 为当地政府的平均收益。

$$U = q(R + r - C_1) + (1 - q)(R - C_1) = R - C_1 + qr \qquad (6-1)$$

$$U_2 = q(R + vr) + (1 - q)R = R + qvr \qquad (6-2)$$

$$U = pU_1 + (1 - p)U_2 = R + pqr + qvr - pC_1 - pqvr \qquad (6-3)$$

那么政府采取"支持就业"策略的复制动态方程为：

$$dp/dt = p(U_1 - U) = p(1 - p)(-C_1 + q(r - vr)) \qquad (6-4)$$

同理，V_1 为农户选择"积极供给"策略的期望收益，V_2 为农户选择"消极供给"策略的期望收益。V 为失地农户的平均收益。

$$V_1 = p(E_1 - C_2) + (1 - p)(vE_1 - C_3)$$
$$= p(E_1 - C_2 - vE_1 + C_3) + vE_1 - C_3 \qquad (6-5)$$

$$V_2 = pE_2 + (1 - p)E_2 = E_2 \qquad (6-6)$$

$$V = qV_1 + (1 - q)V_2 = q(p(E_1 - C_2 - vE_1 + C_3) + vE_1 - C_3) + (1 - q)E_2 \qquad (6-7)$$

那么失地农户采取"积极供给"策略的复制动态方程为：

$$dq/dt = q(V_1 - V) = q(1 - q)((pE_1 - C_2 - vE_1 + C_3) + vE_1 - C_3 - E_2) \qquad (6-8)$$

6.2.2　演化博弈模型分析

6.2.2.1　均衡点及其稳定性分析

演化系统均衡点的稳定性可由该系统的雅克比矩阵的局部稳定性分析得到。

根据方程（6-4）和方程（6-8），可求得相应的雅克比矩阵 J，以及雅克比矩阵 J 的行列式 $\mathrm{Det}J$ 和迹 $\mathrm{Tr}J$。

$$J = \begin{pmatrix} (1-2p)(-C_1 + q(r-vr)) & p(1-p)(r-vr) \\ q(1-q)(E_1 - C_2 - vE_1 + C_3) & (1-2q)((pE_1 - C_2 - vE_1 + C_3) + vE_1 - C_3 - E_2) \end{pmatrix}$$

$$\mathrm{Det}J = J_1 J_4 - J_2 J_3 ; \quad \mathrm{Tr}J = J_1 + J_4 。$$

根据上述的复制动态方程（6-4）和方程（6-8）可知，当 $p=0$，1 或 $q = C_1/(r-vr)$ 时，政府群体中采取"支持就业"策略所占比例是稳定的；当 $q=0$，1 或 $p = (E_2 + C_3 - vE_1)/(E_1 - C_2 - vE_1 + C_3)$ 时，农户群体中选择"积极劳动供给"策略的农户所占比例是稳定的。由于 p、q 分别表示博弈双方群体中选择某一策略的个体所占比例，因此有 $0 \leq p$、$q \leq 1$，从而在 $M = \{(p, q) \mid 0 \leq p \leq 1, 0 \leq q \leq 1\}$ 的平面上讨论系统方程的均衡点及稳定性。

由 $0 \leq p = (E_2 + C_3 - vE_1)/(E_1 - C_2 - vE_1 + C_3) \leq 1$ 及 $0 \leq q = C_1/(r-vr) \leq 1$，可得约束条件为 $C_1 < (r-vr)$ 且 $vE_1 - C_3 < E_2 < E_1 - C_2$。在此约束前提下，该系统有 5 个局部平衡点，根据雅克比矩阵的局部稳定分析法对这 5 个均衡点进行分析，具体如表 6-2 所示。

表 6-2　　　　　　　　　　　局部稳定分析结果

均衡点	$\mathrm{Det}J$	符号	$\mathrm{Tr}J$	符号	结果
$p=0$，$q=0$	$-C_1(vE_1 - C_3 - E_2)$	$+$	$-C_1 + vE_1 - C_3 - E_2$	$-$	ESS
$p=0$，$q=1$	$(C_1 - r + vr)(vE_1 - C_3 - E_2)$	$+$	$-C_1 + r - vr - vE_1 + - C_3 + E_2$	$+$	不稳定
$p=1$，$q=0$	$C_1(E_1 - C_2 - E_2)$	$+$	$C_1 + E_1 - C_2 - E_2$	$+$	不稳定
$p=1$，$q=1$	$(-C_1 + r - vr)(E_1 - C_2 - E_2)$	$+$	$C_1 - r + vr - E_1 + C_2 + E_2$	$-$	ESS
$p = (E_2 + C_3 - vE_1)/(E_1 - C_2 - vE_1 + C_3)$，$q = C_1/(r-vr)$	$-C_1(E_2 - vE_1 + C_3)(1 - (E_2 - vE_1 + C_3)/(E_1 - C_2 - vE_1 + C_3))(1 - C_1/(r-vr))$	$-$	0		鞍点

从局部稳定分析中可知，5 个均衡点中有两个为 ESS（演化稳定策略），分别对应于政府和失地农户博弈过程中两个极端的模式，即：政府支持、农户积极劳动供给；或政府不支持、农户消极劳动供给。而 $(0, 1)$、$(1, 0)$ 为不平衡点，$M = (p^*, q^*) = ((E_2 + C_3 - vE_1)/(E_1 - C_2 - vE_1 + C_3), C_1/(r -$

vr）） 为鞍点。这三点的折线是系统收敛于不同模式的临界线，折线左侧区域为收敛于不良模式的概率，右侧区域为收敛于理想模式的概率。由鞍点的表达式可知，相关参数变动会引起鞍点的移动，从而起到调控演化方向的作用。图 6 - 2 显示了政府与农户交往的不同情形下的动态演化过程。

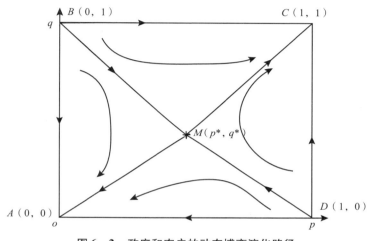

图 6 - 2　政府和农户的动态博弈演化路径

6.2.2.2　参数分析

下面将分析政府获取的就业发展收益 r、支持就业政策成本 C_1、农户积极劳动供给获取的收益 E_1 及农户就业发展成本 C_2 等参数变动对演化结果的影响，并绘制相应的相图。绘制相图时，需分析 $\mathrm{d}p/\mathrm{d}t$ 及 $\mathrm{d}q/\mathrm{d}t$ 在相平面上的符号，（$\mathrm{d}p/\mathrm{d}t$）>0 表示轨线的水平分量 $p(t)$ 增加，且鞍点水平向右移动；（$\mathrm{d}p/\mathrm{d}t$）<0 时鞍点会水平向左移动。同理，（$\mathrm{d}q/\mathrm{d}t$）>0 时，分量 $q(t)$ 增加，鞍点垂直向上移动；而（$\mathrm{d}q/\mathrm{d}t$）<0 时鞍点垂直向下移动。综合以上可绘制出不同情形下相应的系统演化稳定相位图，见图 6 - 3。

（1）农户积极劳动供给政府带来的就业发展收益 r。由图 6 - 3（a）的鞍点表达式可知，$\partial p^*/\partial r = 0$，$\partial q^*/\partial r = -C_1(1-v)/(r-vr)^2 < 0$。这表明当农户采取积极劳动供给，会通过诸如自主创业等提升区域经济与就业增长等，这样能够给政府带来更高的就业发展收益时，表现为鞍点垂直下降，而区域面积 S_{BMDC} 增加，从而系统收敛到理想状态的可能性提高。现实中，农户通过积极劳动供给，推动就业创业发展能够带动当地经济增长，为区域民众创造更多的就业机会，增加地方税收，因而使得政府从中所获的公共收益 r 明显增加。

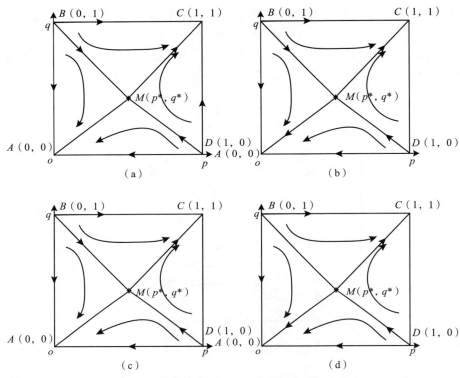

图 6 – 3 "失地农户—政府"系统演化稳定相位图

（2）政府支持农户积极劳动供给的就业安置政策成本 C_1。图 6 – 3（b）显示，$\partial p^*/\partial C_1 = 0$，$\partial q^*/\partial C_1 = 1/r(1-v) > 0$，表明当政府支持就业安置政策成本提高时，鞍点会垂直向上移动，区域面积 S_{BMDC} 减小，从而收敛于良好状态（政府支持，农户积极供给）的概率降低。这使得农户在劳动供给决策时趋于消极，从而趋于满足现状，难以形成长期就业发展的积极性和动力，这样将不利于系统的良性演化。

（3）农户选择积极劳动供给的预期收益 E_1。由图 6 – 3（c）可知，$\partial p^*/\partial E_1 = (vE_2 - E_2 + vC_2 - C_3)/(E_1 - vE_1 + C_3 - C_2)^2 > 0$，$\partial q^*/\partial E_1 = 0$，表明在农户采取积极劳动供给从而实现创业发展的预期收益 E_1 提高的前提下，鞍点会水平向左移动，区域面积 S_{BMDC} 增加。显示了较高的创业发展收益也能够起到激励农户劳动决策的正强化作用，此时系统朝着理想状态演变。

（4）农户积极劳动供给的成本 C_2。由图 6 – 3（d）可知，$\partial p^*/\partial C_2 = (E_2 + C_3 - vE_1)(E_1 - vE_1 + C_3 - C_2)^2 > 0$，$\partial q^*/\partial C_2 = 0$。这表明当农户选择

创业等积极劳动供给的成本 C_2 提高时，鞍点将会水平右移，区域面积 S_{BMDC} 减小，从而系统收敛于不良模式的概率增加。其含义是，当农户选择积极劳动供给时，将可能面临较高的创业成本或潜在失败风险的威胁与制约，如果不加以有效化解将对系统的良性演化不利，此时需要政府提高相应的外部政策支持力度，以避免农户就业发展陷入自我恶性循环发展陷阱。

综合上述演化系统图（见图 6-2 和图 6-3）的变动规律可知，要引导系统向良好模式演化，需要控制和调节相关的参数大小，使得区域面积 S_{BMDC} 增大。

6.2.3　模型结果讨论

本节运用演化博弈方法对"政府与失地农户"劳动供给的外部动态博弈模型系统进行了探讨，研究结果可归纳为三点：

（1）失地农户劳动供给的外部演化博弈系统的博弈主体是由政府与农户两方面构成，而博弈行为演化将最终收敛于两种稳定均衡模式。其中，一种为不良模式，即"政府采取不扶持就业安置政策，农户选择消极劳动供给行为"，简称为（不支持，消极供给）均衡策略；而另一种则为良性模式，即"政府采取扶持就业的安置政策，农户选择积极劳动供给行为"，简称为（支持，积极供给）。图 6-2 的系统演化路径图也显示，这两种模式均能够形成持续的演化稳定策略，而其他均衡点均不稳定。但这两种均衡模式对博弈双方主体的最终收益程度影响存在不同。显然，只有形成（支持，积极供给）的良性模式下，才能最终实现政府和农户的长期收益均得以均衡增长，形成互动双赢的良性循环，而整个系统也能够更接近于一种理想的帕累托最优状态；而在不良模式下，极易形成农户和政府博弈行为的恶性循环，产生长期下去双方将陷入双输的不利格局。

（2）不同"失地农户—政府"博弈系统均衡模式形成的现实条件存在差异性。针对（不支持，消极供给）的不良演化博弈均衡模式的形成，其现实解释是，当前我国一些地方政府存在着片面追求 GDP 快速增长和短期"政绩"等动机偏好，在征地开发行为上更注重短期推进速度和规模，而忽视长期发展质量。在此背景下，面向失地农民征地安置政策方式的选择也偏好于采取某种"短平快"思路，即倾向以降低政策体系内容的设计难度、减少和化解政策实施中的农户抵触与交易成本以及关注满足农户短期利益诉求为侧重点，更愿意选择以单纯一次性货币化（利益）补偿为主要政策方式。其积极影响结果是，在不考虑政策扭曲等特殊情形下，这种安置方式客观上能有利于农户家庭获得相应的征地利益补偿，使得家庭收入短期内显著上升，进而也有助于提升农户对征地行为的即期满意度和支持度。而政府也因获得了农户的配合和支持而得以快速顺利完成本次征地任务，实现短期内征地政策成本的降低，同时也获得了征地发展收益。

但从农户的劳动决策角度，政府实施的单纯短期性利益补偿安置政策也将极易诱发失地农户劳动决策的"收入效应"。在缺乏外部引导下，一部分农户会因"一夜暴富"，将可能削弱家庭成员劳动决策意愿和参与程度，加大选择消极的劳动决策模式倾向，不积极追求就业能力提升和发展。这样，短期内将形成"政府—失地农户"两方主体的博弈均衡结果，体现为"政府不扶持就业，农户消极劳动供给"。

但从长期角度看这种均衡模式是不良的。随着演化的深入，这种短期均衡格局是不稳定的，且极易最终陷入"囚徒困境"博弈格局，导致博弈双方长此以往都面临着净损失。由于政府缺乏引导和扶持失地农民就业发展的政策，使得农户成员就业意愿和程度降低，家庭经济结构呈现过度依赖征地补偿收入，而劳动收入比例不断减少的特征，久之将造成家庭内源性收入增长能力和可持续保障逐步丧失。此外，在缺乏必要的宣传和引导下，一些失地农户在迁入城镇后，也不能树立健康向上的生活方式和价值观，易滋生"贪图享乐""追求奢靡"的畸形消费行为，"坐吃山空"、肆意挥霍浪费征地补偿款现象较为突出，甚至极少数农户还走上了诸如赌博、吸毒等违法道路。这使得这类农户更易陷入长期发展风险，其短期博弈均衡结构也难以为继。在上述博弈结构下，失地农户逐步丧失了自主就业发展意愿和能力，高度依赖政府的补偿安置政策，而一旦手上的补偿款用完，其家庭经济状况也将很快下降，甚至会降到比征地前更低水平状况。在此背景下，农户会产生"以前补偿太低""我家被骗了"等新的认知心理，产生与政府二次博弈行为的诉求，比如要求政府后续追加补偿，否则将会采取"闹事""上访"等激进的抗争策略，并通过学习和模仿扩散到整个失地农户群体，这必然导致政府选择利益补偿型安置政策的长期交易成本增加，而预期的长期征地发展收益也将变得不确定甚至降低。因此，这一模式的持续演化结果，将导致无论政府还是农户家庭都最终陷入类似"纳克斯"贫困循环陷阱。

而对于第二种良性演化博弈均衡模式形成的现实解释是，假如地方政府秉持科学发展观，注重区域可持续发展和包容性增长，在实施新型城镇化战略中，将更强调提升城镇化发展质量因而在重视地方 GDP 增长的同时，更注重促进城乡居民就业发展和构筑长效化福利保障机制。将体现为在推进征地开发时，不一味追求规模和速度，而是注重征地开发发展与配套民生保障相衔接，特别是重视保障被征地农民的后续可持续生计发展能力。而就业是一种积极的生计保障措施，因此，政府将高度重视采取"扶持就业优先"的征地安置政策思路，将促进和扶持被征地农户家庭的就业发展征地安置政策体系中的核心内容。摒弃简单的一次性货币（利益）补偿方式，而是除了基本必要的货币补偿之外，构建契合社保补贴、技能培训、职业辅导和创业支持等综合性多样化的就业扶持安置方案，致力于促进失地农民持续就业发展。虽然对于政府而言，在短期内实施就业安置政策需要支出的交易成本要比单纯货币安置政策偏大，比如方案设计内容更多，推进流程更复杂、实施要求更高等。但一旦能成功实施，将意味着能够有效带动失地农户非农就业转型发展，进而为政府增加了区域经济长期发展收益。

对于失地农户而言，假如政府提供的安置政策是以扶持就业能力为重心，而非单纯货币利益补偿，这将客观上有助于农户家庭避免陷入决策误区，从而形成积极向上的发展价值观和行为观，弱化短期"获利"动机，树立长期"能力塑造"动力。这样，失地农户家庭更倾向采取积极的劳动供给行为，利用就业扶持型征地安置政策提供的种种有利发展条件和契机，积极开展家庭人力资本投资，增强家庭成员就业创业发展能力，从而实现家庭长期收入的可持续增长机制，获取比短期补偿利益更高的长期就业发展收益。

在此背景下，"政府—失地农户"演化博弈行为将最终形成一种良性均衡模式，即"政府扶持就业，农户积极劳动供给"。从长期角度看，这种演化博弈均衡能够促进两方主体的长期收益水平都能有所增长，进而形成类似"智猪博弈"式合作共赢的良性结果。但从短期看，这种良性演化博弈均衡结果能否显现依然会受制于一些因素条件，特别是博弈主体双方可能面临着短期成本和不确定风险的增加，表现为政府需要额外增加支付相应的政策成本；而农户也需要额外支付一定的新增人力资本投资和就业拓展成本，同时也存在着就业拓展的潜在失败风险等。

（3）基于"政府—农户"博弈双方行为策略的成本/收益参数变化，将对系统演化路径乃至不同属性均衡模式的形成具有关键性作用。通过对演化博弈模型的相关参数分析，可揭示出无论是政府和失地农户，作为有限理性人主体，其博弈行为都是建立在双方对所采取不同策略行为下的预期成本和收益这一核心参数上，而基于短期/长期收益和成本参数变化将构成双方演化博弈行为及其均衡模式形成的关键要因。为此，要想使得"政府—失地农户"外部劳动供给的动态博弈系统避免陷入不良均衡模式，而努力向理想模式方向的演化，也就必须考虑通过合理界定农户与政府双方的博弈条件。重视引导政府和农户在征地发展中形成恰当的决策目标定位，不断改进和调整双方之间基于短期/长期的预期成本和收益状况及其影响度，以达到长期共赢与有效均衡，最终实现博弈系统朝向"政府扶持就业，农户积极劳动供给"之良性模式方向演进。

6.3 "户主—失地农户家庭"的内部演化博弈模型分析

上一节我们从外部视角，探讨了失地农户与政府之间基于"征地安置政策—家庭劳动供给行为"的演化博弈模型与均衡结果。在此基础上，本节将转为内部视角，侧重考察导致失地农户劳动供给行为发生的家庭内部户主个体决策与家庭决策之间演化博弈模型，进而计算分析其均衡条件和演化路径。

6.3.1 模型假设与构建

6.3.1.1 博弈问题与研究假设

根据6.1节所阐述的"户主—农户家庭"存在的理论博弈关系，我们把农户劳动供给行为不再视为基于家庭整体性和一致性下的集体决策行为，而是假设家庭存在着内部演化博弈关系。虽然我们依然假定户主拥有最终实施家庭决策的决定性权力，但此时，户主决策行为的发生，可能存在着户主个人成本/收益和家庭成本/收益之间的不一致性与潜在矛盾。即当户主的个体决策行为一味满足其个体利益，而损害家庭收益时，将受到其他成员的"抗议"和"不配合"，最终也会导致家庭决策行为的失败。据此，我们构建如下的失地农户劳动供给的家庭内部演化博弈模型假设：

假设失地农户家庭劳动供给的内部博弈行为有两方参与者：家庭户主，以下简称户主，农户整个家庭，以下简称家庭，博弈双方均为有限理性。户主的策略手段为征地后是否进行人力资本投资（简称学习和不学习），这将影响到户主个体的决策能力和效率，因此户主决策的策略空间可记为 W_1 {学习，不学习}，而农户家庭的最终劳动供给决策行为类型可基于决策要素特性进行不同层面的细分，其中第一层面为"是否实施赶超"，赶超意味着农户偏向于积极劳动供给，不赶超则倾向于消极劳动供给，这构成了失地农户家庭基于是否赶超决策行为的第一层次策略选择空间，记为 W_2 ｛赶超，不赶超｝；第二层面是涉及家庭选择"不同赶超对象"类型：一类是停留于原先的周边农户，另一类是瞄准新环境下的城镇居民，这样就形成了家庭基于赶超对象差异的另一层次策略选择空间，记为 W_3 ｛原先周边农户（简称同等农户），安置区附近城镇居民（简称城镇居民）｝。我们假设周边城镇居民的家庭经济条件要比同等农户高，所以失地农户选择赶超同等农户将比赶超城镇居民难度要小一些，由此其家庭劳动决策的赶超目标收入线也会相应降低。

在农户劳动决策体系中，假定户主通过自己的策略选择来影响家庭策略，为了更好地描述双方的收益支付关系，我们做如下假设：

假设1：户主的正常收益为 S，当其选择学习策略时将付出一定的成本，记作 C_1，如果不选择学习，$C_1 = 0$；当农户家庭实施赶超策略时，将能促进农户积极劳动供给与就业发展，这样也能够给户主个体带来一定的就业收益增长，而根据赶超对象不同，其个体获取的收益增量程度也不同，当赶超同等农户时，获取的就业收益记为 s_1，此时户主获取的总收益为 $S + s_1$，当赶超城镇居民时，户主的就业收益记为 s_2，有 $s_1 < s_2$，此时户主的个人总收益为 $S + s_2$。同时，农户家庭如果选择赶超，这样家庭也将能获得因成员就业发展所形成的赶超收益 e，e 值将因赶超对象差异而有所不同。

假设2：当户主选择学习策略时，家庭选择赶超同等农户将能获得的预期赶超收益为 e_1，其付出的赶超成本为 b_1，家庭选择赶超城镇居民能获得的预期赶超收益为 e_2，$e_1 < e_2$，其付出的赶超成本为 b_2，有 $b_1 < b_2$；而当户主选择不学习时，将会加大其家庭实现赶超的难度，使得家庭赶超成本将会增加，分别记作 d_1、d_2，存在 $b_1 < d_1$，$b_2 < d_2$。同时，由于户主不学习，也使得家庭在选择不同类型赶超行为时所获得的预期赶超收益受到负面影响，其数值水平将比户主学习情形时有所降低，分别记作 ve_1、ve_2，其中 $0 < v < 1$。同样，给户主带来的个人就业效益也将受到负面影响，分别记为 vs_1、vs_2。

假设3：当家庭选择不赶超时，失地农户将维持一般劳动供给行为，与征地前相比，其成员就业水平也未得到显著增长，因而家庭只能获得一般收益 e_3，$e_1 < e_2 < e_3$。

根据上述变量的定义，构建户主与失地农户家庭双方的收益—成本博弈矩阵，如表 6-3 所示。

表 6 – 3 农户家庭与户主策略支付矩阵

农户家庭	对象	户主	
		学习	不学习
赶超	同等农户	$e_1 - b_1$，$S - C_1 + s_1$	$ve_1 - d_1$，$S + vs_1$
	城镇居民	$e_2 - b_2$，$S - C_1 + s_2$	$ve_2 - d_2$，$S + vs_2$
不赶超	同等农户	e_3，$S - C_1$	e_3，S
	城镇居民	e_3，$S - C_1$	e_3，S

6.3.1.2 构建复制者动态方程

在农户土地被征用后，假设初始状态下，失地农户的户主采取"学习"策略的概率为 o，采取"不学习"的概率则为 $1 - o$；而失地农户家庭选择"赶超同等农户"的概率为 p，选择"不赶超同等农户"策略的概率为 $1 - p$；农户家庭选择"赶超城镇居民"的概率为 q，选择"不赶超城镇居民"的概率为 $1 - q$，这样，根据不同博弈情形下，可分别计算出户主与家庭博弈双方的期望收益及平均收益。

1. 情形 I：家庭是否赶超同等农户。

（1）U_1 为户主选择"学习"策略的期望收益，U_2 为户主选择"不学习"策略的期望收益，U 为户主的平均收益，则：

$$U_1 = p(S - C_1 + s_1) + (1 - p)(S - C_1) = S - C_1 + ps_1 \qquad (6-9)$$

$$U_2 = p(S + vs_1) + (1 - p)S = pvs_1 + S \qquad (6-10)$$

$$U = oU_1 + (1 - o)U_2 = S + ops_1 + pvs_1 - oC_1 - ovps_1 \qquad (6-11)$$

那么户主采取"学习"策略的复制动态方程为：

$$\mathrm{d}o/\mathrm{d}t = o(U_1 - U) = o(1 - o)(-C_1 + p(s_1 - vs_1)) \qquad (6-12)$$

（2）X_1 为家庭"赶超同等农户"策略的期望收益，X_2 为家庭"不赶超同等农户"策略的期望收益。X 家庭平均收益。

$$X_1 = o(e_1 - b_1) + (1 - o)(ve_1 - d_1) \qquad (6-13)$$

$$X_2 = e_3 \qquad (6-14)$$

$$X = pX_1 + (1 - p)X_2 = p(o(e_1 - ve_1 + d_1 - b_1) + ve_1 - d_1) + (1 - o)e_3$$

$$(6-15)$$

那么家庭采取"赶超同等农户"策略的复制动态方程为：

$$\mathrm{d}p/\mathrm{d}t = p(1 - p)(o(e_1 - ve_1 + d_1 - b_1) + ve_1 - d_1 - e_3) \qquad (6-16)$$

2. 情形 II：家庭是否赶超城镇居民。

（1）V_1 为户主选择"学习"策略的期望收益，V_2 为户主选择"不学习"

策略的期望收益，V 为户主的平均收益。

$$V_1 = p(S - C_1 + s_2) + (1 - p)(S - C_1) = S - C_1 + ps_2 \qquad (6-17)$$

$$V_2 = p(S + vs_2) + (1 - p)S = pvs_2 + S \qquad (6-18)$$

$$V = oV_1 + (1 - o)V_2 = S + ops_2 + pvs_2 - oC_1 - ovps_2 \qquad (6-19)$$

那么户主采取"学习"策略的复制动态方程为：

$$\mathrm{d}o/\mathrm{d}t = o(V_1 - V) = o(1 - o)(-C_1 + p(s_2 - vs_2)) \qquad (6-20)$$

（2）Y_1 为家庭"赶超城镇居民"策略的期望收益，Y_2 为家庭"不赶超城镇居民"策略的期望收益。Y 家庭平均收益。

$$Y_1 = o(e_2 - b_2) + (1 - o)(ve_2 - d_2) \qquad (6-21)$$

$$Y_2 = oe_3 + (1 - o)e_3 \qquad (6-22)$$

$$Y = qY_1 + (1 - q)Y_2 = q(o(e_2 - ve_2 + d_2 - b_2) + ve_2 - d_2) + (1 - o)e_3 \qquad (6-23)$$

那么家庭采取"赶超城镇居民"策略的复制动态方程为：

$$\mathrm{d}q/\mathrm{d}t = q(1 - q)(o(e_2 - ve_2 + d_2 - b_2) + ve_2 - d_2 - e_3) \qquad (6-24)$$

6.3.2　演化博弈模型分析

6.3.2.1　均衡点及其稳定性分析

演化系统均衡点的稳定性可由该系统的雅克比矩阵的局部稳定性分析得到。下面对失地农户的不同赶超情形进行模型均衡条件的推导与计算：

1. 情形 Ⅰ：家庭是否赶超同等农户。

根据方程（6-12）和方程（6-16），可求得相应的雅克比矩阵 J，以及雅克比矩阵 J 的行列式 $\mathrm{Det}J$ 和迹 $\mathrm{Tr}J$。

$$J = \begin{pmatrix} (1 - 2o)(-C_1 + p(s_1 - vs_1)) & o(1 - o)(s_1 - vs_1) \\ p(1 - p)(e_1 - ve_1 + d_1 - b_1) & (1 - 2p)(o(e_1 - ve_1 + d_1 - b_1) + ve_1 - d_1 - e_3) \end{pmatrix}$$

$\mathrm{Det}J = J_1J_4 - J_2J_3$；$\mathrm{Tr}J = J_1 + J_4$。

根据上述的复制动态方程（6-12）和方程（6-16）可知，当 $o = 0$，1 或 $p = C_1/(s_1 - vs_1)$ 时，户主使用"学习"策略所占比例是稳定的；当 $p = 0$，1 或 $o = (d_1 + e_3 - ve_1)/(e_1 - ve_1 + d_1 - b_1)$ 时，家庭选择"赶超同等农户"策略所占比例是稳定的。由于 o、p 分别表示博弈双方群体中选择某一策略的个体所占比例，因此有 $0 \le o \le 1$，$0 \le p \le 1$，从而在 $K = \{(o, p) \mid 0 \le o \le 1, 0 \le p \le 1\}$ 的平面上讨论系统方程的均衡点及稳定性，由 $0 \le o = (d_1 + e_3 - ve_1)/(e_1 - ve_1 +$

$d_1 - b_1) \leqslant 1$ 及 $0 \leqslant p = C_1/(s_1 - vs_1) \leqslant 1$，可得约束条件为 $C_1 < (1 - v)s_1$ 且 $(ve_1 - d_1) < e_3 < (e_1 - b_1)$。在此约束前提下，该系统有 5 个局部平衡点，根据雅克比矩阵的局部稳定分析法对这 5 个均衡点进行分析，具体如表 6 - 4 所示。

表 6 - 4　　　　　　　　"赶超农户"博弈模型的局部稳定分析结果

均衡点	Det$J$	符号	TrJ	符号	结果
$o = 0$，$p = 0$	$- C_1(ve_1 - d_1 - e_3)$	+	$- C_1 + ve_1 - d_1 - e_3$	−	ESS
$o = 0$，$p = 1$	$(C_1 - s_1 + vs_1)$ $(ve_1 - d_1 - e_3)$	+	$- C_1 + s_1 - vs_1 - ve_1$ $+ d_1 + e_3$	+	不稳定
$o = 1$，$p = 0$	$C_1(e_1 - b_1 - e_3)$	+	$C_1 + e_1 - b_1 - e_3$	+	不稳定
$o = 1$，$p = 1$	$(- C_1 + s_1 - vs_1)$ $(e_1 - b_1 - e_3)$	+	$C_1 - s_1 + vs_1 -$ $e_1 + b_1 + e_3$	−	ESS
$o = (e_3 + d_1 - ve_1)/$ $(e_1 - ve_1 + d_1 - b_1)$，$p = C_1/(s_1 - vs_1)$	$- C_1(e_3 + d_1 - ve_1)$ $(1 - (e_3 + d_1 - ve_1))/$ $(e_1 - ve_1 + d_1 - b_1)$ $(1 - (C_1 s_1 - vs_1))$	−	0		鞍点

从局部稳定分析中可知，5 个均衡点中存在两个 ESS（演化稳定策略），分别对应于户主和家庭博弈过程中的两个极端的演化均衡模式，即：当"户主学习、家庭赶超同等农户"；或当"户主不学习、家庭不赶超同等农户"。$(0，1)$、$(1，0)$ 为不平衡点，$K(o^*, p^*) = ((d_1 + e_3 - ve_1)/(e_1 - ve_1 + d_1 - b_1)，C_1/(s_1 - vs_1))$ 为鞍点。这三点的折线是系统收敛于不同模式的临界线，折线左侧区域为收敛于不良模式的概率，右侧区域为收敛于理想模式的概率。由鞍点的表达式可知，相关参数变动会引起鞍点的移动，从而起到调控演化方向的作用。图 6 - 4（a）显示了"赶超农户"情形下的户主与失地农户家庭博弈行为的动态演化过程。

2. 情形 Ⅱ：家庭是否赶超城镇居民。

根据方程（6 - 20）和方程（6 - 24），可求得相应的雅克比矩阵 J，以及雅克比矩阵 J 的行列式 Det$J$ 和迹 TrJ。

$$J = \begin{pmatrix} (1 - 2o)(- C_1 + q(s_2 - vs_2)) & o(1 - o)(s_2 - vs_2) \\ q(1 - q)(e_2 - b_2 - ve_2 + d_2) & (1 - 2q)(o(e_2 - b_2 - ve_2 + d_2) + ve_2 - d_2 - e_3) \end{pmatrix}$$

$$\mathrm{Det}J = J_1 J_4 - J_2 J_3; \quad \mathrm{Tr}J = J_1 + J_4.$$

根据上述的复制动态方程（6 - 20）和方程（6 - 24）可知，当 $o = 0$，1 或 $q = C_1/(s_2 - vs_2)$ 时，户主使用"学习"策略所占比例是稳定的；当 $q = 0$，1 或

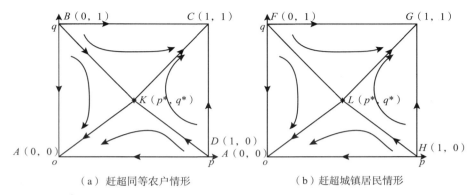

图 6 - 4　不同赶超情形下的动态相位图

$o = (d_2 - ve_2 + e_3)/(e_2 - b_2 - ve_2 + d_2)$ 时，家庭选择"赶超城镇居民"策略所占比例是稳定的。由于 o、q 分别表示博弈双方群体中选择某一策略的个体所占比例，因此有 $0 \leqslant o \leqslant 1$，$0 \leqslant q \leqslant 1$，从而在 $L = \{(o, q) \mid 0 \leqslant o \leqslant 1, \; 0 \leqslant q \leqslant 1\}$ 的平面上讨论系统方程的均衡点及稳定性，由 $0 \leqslant o = (d_2 - ve_2 + e_3)/(e_2 - b_2 - ve_2 + d_2) \leqslant 1$ 及 $0 \leqslant p = C_1/(s_2 - vs_2) \leqslant 1$，可得约束条件为 $C_1 < (1 - v)s_2$ 且 $(ve_2 - d_2) < e_3 < (e_2 - b_2)$。在此约束前提下，该系统有 5 个局部平衡点，根据雅克比矩阵的局部稳定分析法对这 5 个均衡点进行分析，具体如表 6 - 5 所示。

表 6 - 5　　　　　　　　　　局部稳定分析结果

均衡点	DetJ	符号	TrJ	符号	结果
$o = 0$，$q = 0$	$- C_1(ve_2 - d_2 - e_3)$	+	$- C_1 + ve_2 - d_2 - e_3$	−	ESS
$o = 0$，$q = 1$	$(C_1 - s_2 + vs_2)$ $(ve_2 - d_2 - e_3)$	+	$- C_1 + s_2 - vs_2$ $- ve_2 - + d_2 + e_3$	+	不稳定
$o = 1$，$q = 0$	$C_1(e_2 - b_2 - e_3)$	+	$C_1 + e_2 - b_2 - e_3$	+	不稳定
$o = 1$，$q = 1$	$(- C_1 + s_2 - vs_2)$ $(e_2 - b_2 - e_3)$	+	$C_1 - s_2 + vs_2$ $- e_2 + b_2 + e_3$	−	ESS
$o = (e_3 + d_2 - ve_2)/$ $(e_2 - b_2 - ve_2 + d_2)$，$p = C_1/(s_2 - vs_2)$	$- C_1(e_3 + d_2 - ve_2)$ $(1 - (e_3 + d_2 - ve_2))/$ $(e_2 - ve_2 + d_2 - b_2)$ $(1 - (C_1 s_2 - vs_2))$	−	0		鞍点

同理，由上述局部稳定分析结果可知，5 个均衡点中存在两个 ESS（演

化稳定策略），分别对应于户主和家庭博弈过程中两个极端的演化均衡模式，即：当"户主学习、家庭赶超城镇居民"或当"户主不学习、家庭不赶超城镇居民"。$(0，1)$、$(1，0)$ 为不平衡点，$L(o^*，q^*) = ((d_2 - ve_2 + e_3)/(e_2 - b_2 - ve_2 + d_2)，C_1/(s_2 - vs_2))$ 为鞍点。这三点的折线是系统收敛于不同模式的临界线，折线左侧区域为收敛于不良模式的概率，右侧区域为收敛于理想模式的概率。由鞍点的表达式可知，相关参数变动会引起鞍点的移动，从而起到调控演化方向的作用。图 6-4（b）显示了基于赶超城镇居民情形下户主与家庭博弈行为的动态演化过程。

6.3.2.2　参数分析

1. 情形Ⅰ：家庭是否赶超同等农户。

根据上述户主与失地农户家庭策略选择的演化博弈状态可知，基于家庭赶超同等农户情形模型下，博弈系统的演化收敛路径与不同均衡模式的形成将与户主的个人收益 s_1、户主学习成本 C_1、失地农户实施赶超带来的家庭收益 e_1 及赶超成本 b_1 等这四项参数的变化状况相关，下面将重点分析这四项参数的变化对潜在博弈均衡的影响。

（1）家庭赶超同等农户给户主带来的预期个人收益 s_1。由鞍点表达式可知，$\partial o^*/\partial s_1 = 0$，$\partial p^*/\partial s_1 = -C_1(1-v)/(s_1 - vs_1)^2 < 0$，表明当家庭通过实行赶超手段能够给户主带来更高的收益时，图 6-4（a）中的鞍点垂直下降，区域面积 S_{BKDC} 增加，从而系统收敛于理想状态（户主学习、家庭赶超同等农户）的可能性提高。在现实生活中，当农户家庭决定赶超同等农户时，整个家庭会共同努力、齐心协力，能够为整个家庭带来财富收益和技能提升；同时，也能够为户主带来收益，大大提高户主学习的动力和带头作用。

（2）户主学习付出的学习成本 C_1。$\partial o^*/\partial C_1 = 0$，$\partial p^*/\partial C_1 = 1/(s_1 - vs_1) > 0$，表明户主的学习成本提高时，图 6-4（a）中的鞍点会垂直向上移动，区域面积 S_{BKDC} 减小。从而系统收敛于良好状态（户主学习，家庭赶超同等农户）的概率降低。在户主预知自己进行学习提升将付出高额的学习成本时，大多数户主会安于现状，不进行学习而节省成本。而此时户主的选择也将影响到农户家庭的决策，进行赶超的难度将增大，倾向于不赶超。

（3）家庭赶超同等农户带来的预期家庭收益 e_1。$\partial o^*/\partial e_1 = (ve_3 - e_3 + vb_1 - d_1)/(e_1 - ve_1 + d_1 - b_1)^2 > 0$，$\partial p^*/\partial e_1 = 0$，表明在家庭赶超同等农户的预期收益提高的前提下，图 6-4（a）中的鞍点会水平向左移动，区域面积 S_{BKDC} 增加。从而系统收敛于理想状态（户主学习、家庭赶超同等农户）的概率提高，此时系统朝着理想状态演变。当农户家庭预知其赶超同等农户的收益比较高，家庭选择赶超这一策略的统一性将会大大提高。此时，户主的选择也会受到家庭的影响，倾向于学习来带动整个家庭。这说明较高的赶超预期收益会起到激励家庭的作用。

（4）家庭赶超同等农户需付出的赶超成本 b_1。$\partial o^*/\partial b_1 = (e_2 + d_1 - ve_1)$ $(e_1 - ve_1 + d_1 - b_2)^2 > 0$，$\partial p^*/\partial b_1 = 0$，表明当家庭赶超同等农户的成本提高时，图6-4（a）中的鞍点将会水平右移，区域面积 S_{BKDC} 减小，从而系统收敛于不良模式（户主不学习，家庭不赶超同等农户）的概率增加。因此，过高的赶超成本让家庭望而却步，安于现状。

2. 情形Ⅱ：家庭是否赶超城镇居民。

进一步分析失地农户家庭在是否选择赶超周边城镇居民情形下的演化博弈模型。同样地，模型显示系统演化收敛路径总体也与在家庭选择赶超周边城镇居民下户主的个人收益 s_2、户主学习成本 C_1、家庭实行赶超带来的收益 e_2 及赶超成本 b_2 这四项系数相关，为此，本节将分析这四项参数的变化对潜在博弈均衡的影响。

（1）家庭赶超城镇居民给户主带来的预期个人收益 s_2。由鞍点表达式可知，$\partial o^*/\partial s_2 = 0$，$\partial q^*/\partial s_2 = -C_1(1-v)/(s_2 - vs_2)^2 < 0$，表明当失地农户家庭通过选择赶超城镇居民策略能够给户主带来更高的就业收益时，图6-4（b）中的鞍点垂直下降，区域面积 S_{FLHG} 增加，从而使得系统收敛于理想状态（户主学习、家庭赶超城镇居民）的可能性提高。而在现实生活中，我们可以观察到，当某个失地农户在家庭目标收入方面实现了"赶超原先同等农户"后，其家庭往往会在此基础上继续启动下一阶段的劳动决策行为，即围绕是否"赶超城镇居民"这一更高目标进行博弈决策。显然，当失地农户家庭决策决定实施持续赶超时，整个家庭将在前期取得成功的基础上，形成积极的正反馈激励机制，进一步团结合作，付出更大的努力。而与此同时，户主也将形成更强烈的发展信心和更高的个人预期收益，这反过来也将强化激励户主追求持续学习的动力，发挥家庭良好的带头作用，体现为在此阶段，户主的学习行为将比之前更加专注和投入。

（2）户主学习需付出的学习成本 C_1。$\partial o^*/\partial C_1 = 0$，$\partial q^*/\partial C_1 = 1/(s_2 - vs_2) > 0$，表明当户主的学习成本提高时，图6-4（b）中的鞍点会垂直向上移动，区域面积 S_{FLHG} 减小，从而使得系统收敛于良好状态（户主学习，家庭赶超城镇居民）的概率将可能降低。其现实含义是，当农户户主预知自己的学习行为可能将付出高额的学习成本时，基于有限理性和风险规避角度考虑，大多数户主将难以形成未来明确的发展预期，而倾向于选择安于现状，不愿冒险，从而不进行人力资本投资和学习，以降低风险，节省成本。而此时户主的谨慎性和"不学习"选择势必将影响到农户家庭决策倾向，会加大家庭实现赶超的难度和风险，在农户家庭同样具备有限理性假设下，家庭决策将趋于保守，而选择譬如赶超难度相对较小的同等农户作为目标，甚至少数家庭会满足于现状，而采取更为消极的"不赶超"策略。

（3）家庭赶超城镇居民带来的预期家庭收益 e_2。$\partial o^*/\partial e_2 = (ve_3 - e_3 + vb_2 - d_2)/(e_2 - ve_2 + d_2 - b_2)^2 > 0$，$\partial p^*/\partial e_1 = 0$，表明在家庭赶超城镇居民的预期收益提高的前提下，图6-4（b）中的鞍点会水平向左移动，区域面积 S_{FLHG} 增加，从而使得演化博弈系统收敛于理想状态（户主学习、家庭赶超城镇居民）的概率提高，此时系统朝着理想模式状态演变。当农户家庭预知其赶超城镇居民能够获得更高的收益，且成功概率较大时，这时失地农户家庭成员都会增强选择赶超这一策略的意愿程度和信心，家庭选择积极的劳动供给决策将变得更加明确和具有动力性，同时，户主个人决策的选择也会显著受到家庭其他成员发展动力的感染和影响，也将倾向于通过努力学习来驱动整个家庭超前发展。这表明营造较为明确而较高的预期赶超发展收益，会起到激励从户主到家庭其他成员共同进步的作用。

（4）家庭赶超城镇居民需付出的赶超成本 b_2。$\partial o^*/\partial b_2 = (e_2 + d_2 - ve_2)$ $(e_2 - ve_2 + d_2 - b_1)^2 > 0$，$\partial p^*/\partial b_2 = 0$，表明当家庭赶超城镇居民的成本提高时，图6-4（b）中的鞍点将会水平右移，区域面积 S_{FLHG} 减小，从而系统收敛于不良模式（户主不学习，家庭不赶超城镇居民）的概率增加。因此，当农户预期征地后如果实施赶超城镇居民所耗费成本过高或风险过大时，将导致家庭成功实现赶超城镇居民的难度加大，即便能够实现赶超目标，但其实际获得的赶超净收益也会降低。因此作为有限理性主体，此时无论是户主还是整个家庭都将因过高的赶超目标所形成的潜在风险而产生规避防范心理，此时农户家庭更倾向于选择赶超同等农户甚至是不赶超，以降低家庭发展风险和控制成本，受此家庭环境的影响和制约，此时户主的劳动就业决策也将偏于保守消极，倾向于不学习，家庭劳动供给行为上满足现状。

6.3.3 模型结果讨论

通过对失地农户劳动决策的内部演化博弈模型的分析，我们可得出如下研究结果：

（1）户主与家庭构成了失地农户家庭劳动决策的内部演化博弈架构中的两个基本行为主体，其中，户主个体的人力资本投资行为将产生学习和不学习两种策略，当农户选择学习策略时，将有利于增加家庭赶超收益，降低家庭赶超成本，户主自我也能获得预期更高的就业发展收益，但同时短期内也需要支付一定的学习成本。而对于农户家庭主体而言，其劳动决策博弈存在两个层面，一是选择是否赶超。当失地农户家庭选择赶超时，其将比征地前更致力于提升劳动决策模式的层次水平，推动家庭成员就业发展。二是当农户家庭选择不赶超时，其家庭劳动决策与就业将基本停留于甚至少数会低于征地前水平。此外，在家庭实施赶超的对象选择上，存在着选择同等农户家庭和周边城镇居民家庭之分，由于城镇家庭收入与经济状况高于农户家庭，因此，当失地农户家庭选择城镇家庭作为赶超对象时，更有利于家庭提升劳动决策层次，其追求就业发展水平更高。

（2）失地农户内部博弈模型存在动态演化路径关系，其最终结果存在着良性模式和不良模式两类不同均衡形态。根据图 6 - 4（a）（b）可知，户主与家庭在行为策略博弈上具有相互影响机制与动态演化关系：一方面，家庭在赶超与不赶超、赶超城镇居民还是原先农村居民层面的策略选择将受到户主学习策略行为的影响，另一方面，户主在学习与不学习行动策略选择上也会受到家庭赶超意愿与赶超对象策略的动态影响。

而从农户内部博弈的两层演化关系看，系统将最终趋于演化并收敛于两种相对稳定均衡模式，一类为"户主学习、家庭赶超"的良性模式；另一类是"户主不学习、家庭不赶超"的不良模式，这两种模式都具有演化稳定策略属性。而其中对于良性模式，还可进一步分为：①"户主学习，家庭赶超同等农户"；②"户主学习，家庭赶超城镇居民"。很显然，良性模式①对于失地农户家庭劳动决策提升与就业发展而言，只能属于一种"帕累托次优"形态；而只有实现模式②，才能达到失地农户家庭的"帕累托最优"状态，构成了系统最理想的模式。这是因为，只有在良性模式②情形下，失地农户家庭的劳动决策模式才具备持续升级发展的内在动力，其家庭成员就业才能追求更高层次水平发展，比如推动高度创业化发展。在此背景下，家庭所获得的就业发展收益和福利增长才能达到极大化，处于本区域城乡领先水平。这同时也能激发户主的最大潜力，促进其人力资本积累水平提升，进而有助于其形成更高效率的家庭决策，推动家庭发展能力和收益进一步持续攀升，形成具有螺旋式上升效应的失地农户可持续发展模式。

（3）不同博弈均衡模式的形成取决于农户和家庭双方的行为策略成本/收益之核心参数组合及其变化。从相关参数分析和相位图可知，影响"户主—农户家庭"系统演化的一系列参数因素，主要指户主和农户家庭两个博弈主体在不同行为策略下的成本和收益及其变化程度。

其中对于户主而言，包括：①户主学习的成本；②家庭赶超同等农户情形下户主获得的个体收益；③家庭赶超城镇居民情形下户主获得的个体收益。

对于农户家庭而言，包括：①家庭赶超同等农户情形下需付出的赶超成本；②家庭赶超同等农户情形下需付出的赶超成本；③家庭赶超同等农户情形下获得的预期家庭收益；④家庭赶超城镇居民带来的预期家庭收益。

（4）要致力引导整个演化系统避免陷入不良模式状况，并沿着从"次优模式"→"最优"理想模式的路径良性演进。要想达到这一目标，就需要使得图 6-4 演化路径图上的区域面积 S_{BKDC}、S_{FLHG} 增大，其关键措施是要着力调节系统中的相关行为策略成本与收益参数的影响度，引导优化上述参数水平瞄准促进系统向良性模式演化。为此可行的建议是：

①提升户主学习收益，降低学习成本。对于失地农户而言，在征地后，面对新的发展环境，要重视发挥户主在引导家庭劳动决策中的核心作用，重点是激励户主采取学习行为。农户户主是否采取学习行为对整个失地农户家庭劳动决策具有重要的影响作用，而这取决于户主能否形成对学习行为所产生预期个体收益和成本的决策。当户主缺乏对学习能否增进其个人收益的积极预期收益，或者预知采取学习行为过程中所付出的成本与失败风险过高时，作为有限理性人假设，户主都将可能停留于满足现在的状态而放弃学习。而在户主不学习情形下，家庭的劳动决策无论是赶超城镇居民还是同等农户的难度都会相应上升，家庭预期获取赶超收益下降。作为对应的是，此时失地农户家庭也更倾向于选择消极的劳动供给行为，仅仅实施赶超同等农户或者不赶超，使得整个家庭都会安于现状，缺乏就业发展动力。

②改善家庭赶超决策的预期收益，降低其实施赶超的发展风险和成本。在农户内部博弈行为中，家庭策略同时也会反向影响到户主的策略。一方面，当家庭实行赶超策略能够为户主带来一定的收益，推动整个家庭进步，这是户主愿意看到的。另一方面，当家庭预期收益较高时，户主更倾向于学习来带动整个家庭更快更好的实现这一预期发展结果。但由于赶超策略行为具有一定的挑战性，其能否实现赶超也存在某种不确定性。特别是当失地农户的赶超目标定位于更高层次的城镇家庭时，更对其家庭资源投入配置和劳动供给组合能力提出更高的要求，其家庭成员就业选择也将追求具有很大挑战性的创新创业型职业，这无疑具有高度的风险性，因为存在一定的失败概率。因此，只有构筑外部相应的针对失地农户创新创业的扶持举措和保障政策，有效分担和降低这部分农户家庭决策的风险和机会成本，这样才能更好地推动失地农户家庭追求赶超型积极劳动供给行为。

③推进实现户主与家庭决策行为的协调化和整体化，减少非合作博弈行为。组织行为学认为，特定组织内部机构或成员之间目标与行为的不一致性

是组织内部博弈行为产生的根源，这也是导致特定组织运营与管理成本增加的重要原因。而从整个组织层面审视，组织成本增加将导致组织效率的降低和组织的不经济性，特别是当组织成本过高时，将意味着组织内所有成员都将面临高成本约束，组织行为效能也将最终丧失。由于家庭也是一个特殊的微观社会组织，其是由户主和其他家庭成员共同构成，因此家庭行为的收益和成本也将最终分担到每个成员身上，特别是当家庭规模较小的情形下，将使得每个成员的个体行为与家庭行为紧密性加剧，成员个体决策行为的家庭外部性影响程度趋于降低，因而更强调家庭内部成员的合作博弈，减少非合作博弈，这也是提升家庭行为效率/效益的、减少家庭组织成本的重要环节。为此要求家庭的核心决策主体——户主：一方面要致力提升自身的人力资本素质，提高积极进取的决策意愿与能力水平；另一方面要追求家庭合作性博弈为切入点，以实现家庭整体收益增长为个体决策的关键点和核心目标，通过推动与每个成员的充分沟通和信息交流，构筑家庭集体参与决策机制，以推动整个家庭决策行为的一致性和整体化，达到家庭的进步和整体收益增长，实现失地农户家庭劳动供给内部博弈系统最终朝着"户主学习，家庭赶超城镇居民"的理想最优化模式状态的演化发展。

第 7 章

促进我国失地农户就业发展的对策研究

    本书的研究表明，当前我国城镇化战略的快速推进，进一步改变了现有的"三农"发展模式与发展结构，突出表现为大规模的城镇化农地非农化征收行为将导致农户和农民原先的生产、生活环境发生强制性制度变迁效应，导致在城镇化转型过程中不同失地农户家庭的劳动供给决策机制和决策模式层次类型产生差异性改变，由此构成了对失地农户群体之间的就业形态和就业水平分化扩大的内生性影响。

    综合本书的研究主线和核心观点，不难发现当前我国失地农户的就业发展中存在一系列的困难和问题，简要归纳起来主要包括：

    （1）与征地前相比，征地后不同地区、不同失地农户类型之间的就业发展差距呈现持续深化扩大态势。其中，尤其是经济欠发达的西部地区和非农就业能力偏弱的农户更易遭受到城镇化征地导致的就业发展冲击。

    （2）在城镇化进程中，不同失地农户的家庭劳动决策机制和决策模式也存在显著分化差距问题。而受多种因素影响，一部分失地农户的家庭劳动决策水平和决策模式层次将趋于降低，这是导致失地农户之间就业分化的恶性扭曲和失范的内在根源。长此以往将引致不同失地农户之间的长期发展意愿和能力差距的拉大，最终造成失地农户的群体分化风险。

    （3）现有城镇化征地及相关保障政策对激发失地农户的有效劳动决策和积极就业的促进效应不显著。当前我国一些地区在相关失地农民征与补偿安置政策存在一些缺陷和不足。比如，在政策重点上存在着重前期征地补偿、轻失地农户后期安置和发展环境建设，补偿方式层面重"利益"补偿、轻"能力"补偿，甚至还不排除少数地区一些干部在土地征用过程中的严重损害被征地农户合法土地权益和补偿利益等违法、违规征地行为。这些都将导致农户对征地满意度水平下降，进而制约了其劳动就业决策层次和水平。

    （4）现有面向失地农户的就业扶持政策也存在一定的缺陷或不足。虽然不少地方政府也陆续出台了多方面促进和扶持失地农民就业发展的政策体系，并且取得了一定的成效；但总体而言，对不同失地农户群体之间的差异性和劳动就业分化特征的关注不够，使得现有相关就业扶持政策体系的分类指导性不强，难以针对不同类型失地农户群体形成促进其短期和长期就业发展的清晰战略思路与政策体系。

7.1　确立新时期促进失地农户就业发展的战略思路定位

　　在新时期我国深度推进新型城镇化战略背景下，要促进失地农户的短期和长期有效的就业发展，应始终坚持以人的城镇化为核心，重视以家庭劳动决策为切入点，从分化视角，立足通过把培育农户人力资本等内部核心决策要素禀赋和营造良好征地政策等外部环境条件有效契合起来，重点要确立清晰有效的促进就业发展的战略思路定位。

　　综合以上分析，本书认为新时期促进失地农户就业发展，要致力形成以"短期差异化—长期均等化"为核心的战略思路定位。具体含义为：短期内要立足于把握不同农户征地前后的劳动决策模式的变化及其分化属性，研究基于适应不同失地农户劳动决策层次定位下的差异性就业发展政策思路；而长期则注重积极引导和促进中低端失地农户劳动决策模式的升级发展，构筑推动其家庭成员持续有效就业增长的良性机制和驱动力。通过多层面的策略安排和政策供给，不断缩小失地农户之间、失地农户与城镇居民之间的就业发展差距，最终实现长期就业均等化的发展目标；同时从长远角度，通过不断提高失地农户的就业发展质量水平，形成动态促进其家庭劳动决策持续提升的正反馈机制，营造"就业发展—劳动决策"的可持续良性互动效应。

7.2　短期层面基于劳动决策模式分化下扶持不同失地农户就业发展的政策选择

7.2.1　明确不同劳动决策水平下的失地农户就业发展目标

　　依据总体非农化水平差异，农户家庭劳动决策模式从低到高可分为四个层次，分别为：生计维持型、小富即安型、效益追求型和自我实现型。而基于不同层次的决策模式下，农户成员从事就业的非农化水平也存在显著不同。在征地前，当农户家庭处于生计维持型和小富即安型等中低层次劳动决策模式下，其成员就业形态中的涉农比例较高，非农化程度低，比如以农业或兼业为主。即便是兼业，所从事的非农职业形态处于中低层次的简单劳动力型岗位，比如零工或短工等，工资收入水平也极低；而反之，处于效益追求型和自我实现型的农户家庭，其家庭经济收入水平处于当地中上乃至上游水平，劳动成员总体具备较高的非农就业水平，职业形态更趋于更高层次的复杂人力资本型岗位，如技术人员、管理和创业者等。在征地后，受到之前家庭决策模式水平的分化影响以及路径依赖作用，短期内不同失地农户家庭所拥有的经济禀赋、决策要素资源等也存在显著差异，这导致失地农户家庭劳动决策模式进一步分化。由此形成不同失地农户家庭成员所具备的实际就业能力和水平的发展差距更加显著，使得失地农户群体之间在就业转型发展的需求意愿和扶持策略思路上应有所不同。因此，在当前面对新型城镇化与城乡现代化发展战略要求下，应根据农户家庭劳动决策类型和非农化水平的差异特征，分别明确不同失地农户群体短期内的就业发展目标定位。

1. 低度非农化决策水平的失地农户就业发展目标。

处于低度非农化决策水平的农户类型大体以生计维持型和部分小富即安型为主。这些农户在征地前的家庭经济结构中，涉农比例占据了主导地位，收入比例中以农业收入为主，而非农收入占比往往在50%以下，其家庭拥有较多的农地资源。在此劳动决策模式下，不仅家庭就业结构以农业为主，且一些兼业非农领域家庭成员的实际非农就业水平极低，往往在非农职业与非农收入水平上也普遍处于当地较低层次；更主要的是，对于这些长期从事涉农就业的农业型农户而言，其家庭成员大多年纪偏大，以中年为主，缺乏适应城镇非农工作的人力资本水平，自身并不具备转型从事非农职业能力和比较优势，且主动离农意愿也不强，但他们却可能在长期从事农业生产中，积累形成更适应于农业发展的土地情感、农事经验以及其他资源禀赋等条件，这为他们征地后继续从事农业奠定良好的基础条件。

因此，对于这些低度非农化的失地农户，其征地后的就业转型发展目标定位应是，依据比较优势原则，尽可能地发挥其在农业生产领域中的相对优势，实现"离乡进城但不离土"，立足基于农业产业内部对这部分劳动者进行现代化职业改造发展，通过相关培训，将其转型为"职业农民"或"涉农产业工人"，而非简单推动其整体向非农就业转型；同时要改变现有不合理的产业收益格局，努力提升农业价值体系，实现不同产业间收益率均衡发展，保障职业农户家庭收入的持续增长，推动这些依然从事农业的失地农户经济地位不断提升，从以前的温饱型向小康型乃至向最终富裕型攀升，以构筑推动其家庭劳动决策模式发展的内在机制。

当前要结合新型城镇化战略背景下的城乡一体化与农村"四化同步"发展的契机，探索构筑适应农业现代化发展的新型经营模式与经营主体，其中，促进一些具备发展意愿与条件的传统农业型农户向现代农业经营主体转型成为重要内容。要在农地征用开发进程中，积极优化区域产业布局，在适度拓展非农产业的同时，大力改造传统农业，发展现代农业，推动工程化农业、生态农业、都市农业、休闲农业等新兴农业业态发展，进而构筑适应新型城镇化战略下涵盖农业和非农领域的完整现代产业结构。基于推动现代农业发展的要求，要着重整合和培育现代农业要素体系，通过改革农业生产制度，实施农地规模化流转，鼓励传统兼业农户、纯农户积极参与家庭农场、农业企业、农业合作社与农业产业化组织等新型现代农业经营组织建设，同时注重对被征地农户类型中有从事农业意愿和能力的劳动成员，通过开展针对性的现代农业生产、经营和管理等相关培训，使其成为能够适应从事现代农业产业经营的职业化农民与专业农业经营者，提升"农民"职业的技能水平和科技含量，以适应现代农业发展对高素质农业劳动者的需求。

2. 中度非农化决策水平的失地农户就业发展目标。

处于中度非农化决策水平的农户大体以小富即安型和一部分效益追求型为主。从非农化程度衡量，中度非农化农户在征地前家庭经济结构中的非农比例已超过农业，即便家庭中依然拥有一些的农地资源并有部分成员兼业从事一定的农业生产，但农业的地位和比例已急剧下降，不构成对家庭经济发展的主导影响。其就业特征是，家庭成员所从事非农就业的层次水平显著提高，家庭收入结构中的非农收入比重已超过农业成为主体，农户对农地生计依赖度大幅降低。理论上，这些农户具备一定的流转农地意愿，只要相关环境条件具备，其倾向于完全从农业退出，转而从事完全非农就业行为，并谋求非农就业持续发展。

因此，对于中度非农化失地农户的就业转型发展目标定位应是：立足进一步促进其家庭劳动决策模式的升级，以构筑激励家庭成员实现非农就业增长的动力，积极提升非农就业发展层次和质量水平，实施职业提升发展，实现向长期雇工、技术管理层和自主创业等中高层次职业类型升级，不断增加家庭成员非农就业的稳定性和持续性，增加非农劳动收入，持续降低其对农地保障的依赖；通过实施有效的流转土地和相关配套安置政策，最终实现从农业领域的完全就业撤出。

当前，要着力促进那些符合彻底非农转移条件的中度非农农户通过主动流转土地方式，升级家庭劳动决策模式层次，提高非农化水平，实现彻底离开农业发展。瞄准培育具有较强人力资本的非农产业劳动者目标，持续提升家庭成员的非农就业发展与竞争能力，构筑其主动放弃农业经营的直接拉力；同时注重实施积极稳妥的征地与农地流转安置政策，切实保障被征地农民的合法权益，以激励和引导农户深度参与农地流转与农业经营制度变革。积极抓住有利的征地契机，提升家庭劳动决策能力和层次水平，家庭发展定位从温饱或温饱小康型向富裕小康型或富裕型转变，形成更高的目标收入线激励，从而谋求推动家庭成员的非农就业从规模数量到结构质量的全面提升发展。

3. 高度非农化决策水平的失地农户就业发展目标。

高度非农化的农户又称非农农户，其家庭劳动决策形态体现为以效益追求型或自我实现型为主。在征地前，这部分农户就已具备高度的非农化发展特征，在就业行为上表现为，不仅农户整体已不从事实际农业生产，家庭成员大多从事着稳定较高收入的非农职业，对农地的生计依赖度已近乎为零，并且其中一部分农户已成功实现了从乡村迁移至城镇长期居住，成为"名义型"农户。因此，这部分农户在参与征地行为时，不仅具备较强的流转农地与从农业领域退出的意愿和基础，而且理论上也具有流转宅基地，彻底实现从农村退出并转型成为完全城镇市民化的条件与能力。

因此，对于这类高度非农化的失地农户而言，其就业发展目标定位应立足于：一方面，充分保障其在城镇以及非农产业就业与发展的各项权益，消除各类身份和地域歧视，夯实其家庭实现在城镇持久生活和就业创业发展的内在基础；另一方面，重视实施有效的从农地到宅基地等相关土地流转征用安置补偿政策与适应城镇新市民转型的相关配套公共政策改革，以构筑这些农户最终彻底离开农村并成功落户城镇进而转型为现代市民的制度保障。

7.2.2 实施差异化的失地农户就业扶持政策

根据不同失地农户所处的家庭劳动决策模式层次状况，应注重厘清农户家庭内不同劳动成员现有从事的职业层次状况、就业能力、劳动参与意愿以及政策需求特征。从把握农户家庭不同劳动决策模式的特性要求出发，有针对性地研究制定差异化的就业扶持政策。当前可按照失地农户家庭存在的从低到高不同劳动决策模式类型，进一步根据其所对应的非农就业发展程度，将失地农户就业层次划分为三种类型：低端就业型、中端就业型与高端就业型，而针对每种就业类型失地农户扶持政策思路重点应不尽相同。

1. 低端就业型失地农户的扶持政策选择。

低端就业型是指在农地征用后处于无业，或从事农业及短期雇工等下层、中下层职业的被征地农民，其家庭劳动决策模式往往处于极低层次——生计维持型。由于这部分被征地农民总体就业层次水平偏低，因而极易陷入生计压力的风险。

因此，面对这部分扶持低端型就业的政策思路是：要立足于帮助其家庭最终摆脱生计压力并实现温饱乃至初步小康为根本目标，以推动家庭劳动决策模式从生计维持型向小富即安型的升级发展为重心，以帮扶其实现初步非农就业与基本社会保障为着力点，针对失地农民群体实际特点研究制定相应的就业帮扶政策和行动计划；同时，要将缓解弱势群体失业、促进再就业等各类劳动帮困政策、城乡基本社会保障政策与被征地农民就业安置、补偿政策有机契合起来。例如，人社部门为扶持进城农民工就业的"春风行动"政策可考虑向失地农民群体延伸覆盖，财政部门针对各类城镇就业困难群体提供的各类就业和职岗补贴等措施也应将贫困失地农户纳入进来，等等。以此形成推动低端型被征地农民就业发展的政策合力，实现面向就业困难的被征地农民群体就业扶持政策体系全覆盖。

2. 中端就业型失地农户扶持政策选择。

中端就业型一般是指失地农户家庭决策模式大致处于小富即安型或低度效益追求型等中下或中等层次，被征地农民总体从事相对稳定的非农职业，具有一定的职业技能与收入水平，职业层次主要处于的中层"长期雇工"和中上层"技术人员"等。但总体而言，其家庭决策模式层次仍存在着向上升级发展的空间和条件，且从家庭成员从事的职业层次看，与处于上层"创业与管理者"阶层相比，无论是职业层次与收入水平都存在一定差距，此外，部分长期雇工的被征地农民所从事企业层次或工作岗位技能依然偏低（如一般中小企业的简单操作工），长期来说，依然存在某种失业风险。

因此，促进中端型被征地农户就业发展的政策思路是，要努力稳固并积极提升这部分农户的劳动决策模式水平。瞄准更高层次的富裕追求型决策发展目标，实现其家庭成员非农就业规模和质量进一步发展，实现这类农户稳定、稳步的非农就业发展，同时积极鼓励和拓展其追求创业，保障其享有的合法劳动权益和收益增长。当前，要将促进各类中小微企业发展与被征地农民就（创）业扶持政策有机地结合起来，形成推动中端型就业发展政策合力。

一方面，由于广大中小企业是被征地农民就业的主战场，因此扶持中小企业发展是促进被征地农民有效就业的重要途径。要注重扶持本区域中小企业尤其是劳动密集型中小企业的创新创业发展，提升企业产业产品层次与技术水平，提高企业竞争能力，为所吸纳的包括被征地农民在内的所有员工提供大量的持续稳定与高收入回报的劳动就业岗位，从而为被征地农民有效的就业发展创造良好的外部条件。

另一方面，也要注重扶持具有自主创业意愿的被征地农民自主创业，人社与财政等相关部门要面向被征地农民建立系统可行的就业创业扶持体系。围绕被征地农民需求，开展各类 SYB 等创业培训，提供各类创业信息与创业辅导，制定创业金融扶持与创业优惠政策，鼓励被征地农民利用自身所掌握的技能、征地补偿资金或资产物业，兴办各类中小企业、小微企业以及家庭服务业。要重视鼓励和扶持年轻被征地农民（特别是女性）追求自主创业等高层次就业，以创业带动其他家庭成员就业，实现以创业带动就业的扩散效应。针对被征地农民创业新办、扩办中小企业的特点要求，要重点围绕项目载体保障、融资担保、技术升级改造、生产规模扩大、劳动用工、社会保险补助、税费优惠等方面提供政策支持。

3. 高端就业型失地农户的扶持政策选择。

高端就业型失地农户家庭的决策模式层次相对最高，大致分为高度效益追求型或自我实现型。在此层次下，其成员从事的职业层次结构也较高，处于上层"创业与管理者"阶层的比例较大，家庭经济条件位居本区域前列。但考虑到这类失地农户自身仍存在维持现有经济地位，甚至不排除一些还瞄准更高决策模式或追求更大程度自我价值实现目标的发展凤愿，因此，其家庭依然具有推动劳动决策模式持续升级发展和谋求非农就业层次和质量，进一步提升发展的强烈动力。因此，可针对当前这些已从事创业与企业经营的高端就业型失地农户，围绕持续提升其创业经营企业的各方面发展水平，在做大做强企业实力，以不断提升长期竞争能力等方面进行综合扶持。

其核心政策思路在于，将促进区域产业的企业升级转型发展、科技创新政策与扶持被征地农民创业政策有机地契合起来，形成推动高端就业型被征地农民发展的政策合力。现有各类扶持产业转型升级与企业创新发展的政策，只要符合要求，原则上都应推广运用于被征地农民所兴办的各类创业型企业，做到与其他企业一视同仁。各地政府所设立的各类企业引入高端人才和项目的辅导与开发基金也应对被征地农民创业企业开放，鼓励其重点引进和培育能够提升本区域产业层次水平的各类高层次创新创业领军式人才与项目，增强企业发展后劲；同时，鼓励被征地农民兴办的各类企业能充分利用区域高科技创业园区或孵化器等高端创业平台。有关部门也要将被征地农民兴办的各类企业优先纳入区域创新创业服务网络体系，并在产业引导、融资担保、风险管理、研发协助、专利保护、税费优惠等多方面提供政策扶持，以不断提升企业的发展层次与水平。

4. 注重针对一些弱势贫困失地农户家庭实施精准化就业扶贫政策。

此外，本书研究发现，失地农户还存在着区域间以及不同农户家庭内部不同性别成员间的就业发展差距。比如，总体而言，我国中西部地区农户在非农就业层次和水平上滞后于东部地区。此外，一些贫困弱势农户在家庭劳动决策中始终面临着基本生计目标的刚性制约，同时也存在一些人力资本水平低下的女性劳动者、残疾人等就业弱势群体，这些失地农民普遍存在着自我就业发展能力不足的问题和陷入就业型贫困等风险。因此，在制定面向这类失地农民的就业扶持政策时，要实施精准策略，利用我国面向广大中西部贫困地区的各种精准扶贫政策支持，加大基层政府和社会机构对这些弱势失地农户的关心和"一对一结"对帮扶力度，特别要注重促进和帮助这些弱势农户增强和改善家庭劳动供给决策意愿和能力。重视根据其劳动就业能力和安置区实际条件，适时通过提供技能培训、就业岗位提供、项目（市场）对接或者专项就业补贴等多种方式，积极帮扶这些特定群体在力所能及的范围内实现积极就业，甚至开展初始创业活动，以提升其家庭劳动就业水平，从而摆脱"失地＝失业"的窘境；此外，针对农户家庭中那些从事家务活动而不愿意外出就业的女性，要从法律层面保护这些特殊劳动者的权益，通过制定和落实家务活动的法定劳动属性，明确家庭主妇的劳动者地位和享有相应的家庭收益分配补偿的权利，以充分体现和保障家庭主妇的家务劳动价值体系。

7.3　中长期层面促进低端失地农户劳动决策升级，以推动就业均等化发展的策略

基于不同类型失地农户的劳动决策模式特征和就业发展目标要求，实施短期差异化的就业扶持政策，将有利于各类失地农户群体实现不同程度的就业发展；但着眼于长期角度，应推动实现城乡、区域和不同人群之间就业统筹与均等化的长远发展目标。对于失地农户而言，重点要通过实施有效帮扶策略，促进那些处于中低端就业的失地农户家庭努力提升其劳动决策层次水平，以推动其就业实现突破发展，从而不断缩小失地农户就业分化差距，最终实现不同失地农户群体内部以及与其他劳动群体之间的就业均等化发展目标。

7.3.1 注重宣传引导，培育失地农户积极的劳动决策与就业发展观

思想是行为的先导。失地农户劳动就业决策行为的形成，将显著受到其自身的价值观和行为观等认知因素的影响。受长期封闭的自然经济以及传统农耕文化熏陶，我国一些农户的"小农意识"较为显著，不同程度地存在着"安于现状""小富即安"等心理倾向；而本书的调查研究也显示，无论是东部还是中西部地区，都存在一些"小富即安型"等中低端劳动决策模式类型的农户。这些农户由于受"小富即安"等传统小农心理的影响，目光较为短浅，往往仅以追求实现维持型收入目标作为其家庭决策的主要追求；在征地后，特别是在获得相应征地利益补偿的情况，极易在心理上形成自我满足感和安逸状态，缺乏"自我激励"和"积极进取"精神，不愿追求更高的收入增长和家庭发展目标，进而导致其成员进一步提升劳动供给决策和就业发展的意愿严重不足。

因此，对这些中低端决策型的失地农户，应首先消除其心理上存在的消极落后、因循守旧的传统小农思想。重点是相关部门要通过广泛宣传教育，帮助其从传统小农文化认知向现代文明认知转变，推动从农民身份意识向市民身份意识的转变。特别是激励其决策者（户主）以更高层次的失地农户甚至城市居民为参照赶超对象，通过强化自我学习和外部辅导，形成积极进取的成功观和价值观，追求更高的人生理想和发展目标，塑造勇于发展的劳动决策和就业观念，并加以落实。在宣传教育过程中，要注重发挥文化宣传部门、安置社区以及志愿者组织等多方面作用。定期不定期地在失地农户集中安置区举办一系列以市民教育和公民意识培育为主题的讲座和宣传培训，宣传内容注重深入浅出，宣传形式注重喜闻乐见，采取如广场文娱、横幅、图文展板等多种形式，来强化宣传实效。重点是帮助失地农民确立具有激励属性的目标定位，逐渐通过城市社区文化建设帮助失地农民积极改变传统的生产生活方式，促进其在思维方式、生产生活习惯上逐步向城镇市民化转型，鼓励引导失地农户家庭在新的环境下树立更高的奋斗目标，并通过积极的劳动参与和就业创业行为加以实现。

7.3.2 强化失地农户的人力资本积累，构筑推动家庭劳动决策与就业升级发展的内驱力

人力资本是个体自身素质与就业能力的核心体现。本书研究也表明，无

论是征地前还是征地后，人力资本因素是导致农户之间家庭劳动决策模式差异与就业分化的重要内在因素，尤其是户主人力资本水平对农户家庭整体劳动决策能力和决策模式发展具有显著正向影响。总体而言，人力资本禀赋水平越高的农户，不仅其在征地前家庭劳动决策模式总体处于较高层次结构，劳动成员从事的非农职业层次与非农收入水平也相对较高。且在征地后，这类失地农户户主具有较强的新环境下持续学习能力，家庭也将更倾向于追求劳动决策模式的持续升级发展，进而形成更强的推动家庭经济增长和就业发展的内驱力，使得其在后征地环境下的市民化转型发展能力也较强；而相比之下，那些人力资本禀赋较低的农户（户主），其征地前的家庭总体劳动决策模式处于中低层次，劳动成员难以获得很好的非农就业机会，大多停留在传统农业生产阶段，家庭总体收入和经济状况也不理想。因而导致这类农户家庭在征地后极易面临极大的风险冲击，将缺乏足够的适应后征地环境下的家庭经济决策提升和就业发展能力，除非获得外部必要扶持，否则极易陷入生计困境。

由此可见，重视扶持失地农户特别是核心决策主体——户主的人力资本发展，将有助于提升失地农户家庭劳动供给及其他经济决策能力，塑造内生型就业能力成长与发展机制。为此要促进健康、教育等多层面失地农户人力资本积累。

1. 促进失地农户健康人力资本积累。

健康是一类重要而又基础的人力资本形态，而医疗卫生保障是健康人力资本积累的重要途径，当前促进失地农户健康人力资本发展的关键环节在于完善相关医疗卫生供给制度。

首先，要建立完善城乡基本公共卫生服务体系。坚持政府为投入主体，明确政府的公共责任，要结合被征地农户的就业、居住与人口流动特点，通过增加公共卫生投入，优化现有城乡卫生规划布局。重点构筑和完善面向新农村、新市镇、新社区以及城郊集中安置区等失地农户聚集区的相关公共卫生服务体系和医疗机构分布结构，努力实现医疗卫生服务体系全覆盖目标；进一步统筹规划城乡医疗资源布局，健全城乡卫生保障机构，确保包括失地农民在内的各类新群体能平等享有公共卫生服务权益。

其次，加大失地农民医疗保障制度建设。要根据不同地区医保制度与不同被征地农户群体安置特点，分门别类地构建相应的医疗保障体系。对于那些居住城镇且拥有稳定非农职业的被征地农户，应将其纳入城镇职工医疗保障体系范畴，用人单位必须承担参保责任；对于那些居住城镇但就业稳定性不高的被征地农户，可考虑将其纳入城镇居民基本医疗保险体系，实行缴费、补偿标准与城镇居民一视同仁；而对于依然居住在农村或城郊安置点的被征地农户，当地政府尚未实现城乡基本社保制度对接的情形下，可继续实施"新农合"保障；开展各类医保体系的跨区域间整合改革试点，逐步实现不同地区之间参保人员在缴费、转接、续保以及补偿服务的一体化，以适应部分流动就业或频繁迁移的被征地农户医疗保障要求；最后，针对一些有意愿且有承担能力的较富裕失地农户，可积极考虑引入补充医疗保险或商业健康保险，以满足其追求更高层次健康保障需求。

最后，注重对离农转型农户的健康管理机制。使其形成良好的健康意识和科学的生活方式，增强疾病自我预防能力。一些实现离农化的农户家庭伴随着土地流转、征地拆迁与迁居城镇，其生活、生产环境都面临了巨大变迁，尤其是从原先熟悉的传统乡村环境进入了现代城镇化生活，因而可能面临一系列基于环境适应性的健康风险。例如，体力劳动的减少、加之生活水平的改善与营养过度摄入，都会诱发诸如"三高"（高血压、高血糖、高血脂）等现代富贵病的概率增加；而身处新城镇小区，原有社会人际网络被颠覆，当新的社会交往体系缺失下，也会诱发被征地农民的焦虑感、孤独感与被排斥感等社会与心理，久之，也会影响其精神健康。因此当前对失地农户家庭开展健康卫生知识与新生活方式的普及宣传和辅导工作是极其重要的。医疗卫生部门要定期举办面向失地农民的基本卫生知识和保健常识，提高他们的自我预防能力；而基层乡镇、社区、社会健康组织等也要注重倡导失地农民树立起健康的生活理念与积极向上的生活方式，注重定期深入群众，通过广泛沟通谈心，努力化解被征地农民的各类社会适应性与心理健康问题。

2. 提升失地农户教育人力资本水平。

教育人力资本能够改善人的知识结构与能力素质，是个体获得长期较高就业能力的根本保障。本书的相关调查显示，现阶段我国样本地区被征地农民的平均受教育文化水平为初中，且群体内分布差距较大。这与农户间的决策分化与就业分化差异呈现高度相关，导致一些失地农户总体就业层次水平偏低，制约了其进一步就业提升发展的能力和意愿。

应看到的是，当前失地农户的教育人力资本水平不高总体上是与农村教育体制存在的种种问题分不开的，对此，已有大量学者进行了研究。因此本质上应将加快农村教育体制改革作为改善农民教育人力资本积累的重要环节。要探索适应"三农"发展要求的农村教育模式。农村教育的发展定位上，要坚持紧扣农村实际，以提升农民素质、服务新农村发展为导向。农村义务教育要从单纯升学教育转变为综合素质教育，重视对学生的知识和能力的培育；要瞄准当前新农村建设、城乡一体化发展和发扬现代"工匠精神"的背景对农村各类专业人才的需求，深化农村职业教育体制改革，调整教学体系，改进教学方式，强化培养质量；注重发展面向失地农民的社区成人学校、市民讲堂等继续教育体系，加强对包括失地农民在内的各类农村新劳动者的文化知识和实用知识培训，提高其就业发展能力。

此外，要根据多数失地农户进入城镇发展的现实特点与需求，特别重视对失地农户的未成年子女代际教育保障。某种意义上讲，子女作为一部分被征地农户家庭在城镇发展的新生代主体，他们是决定失地农户家庭未来就业发展和最终能否成功实现市民化转型的关键群体，而培育和提升其教育人力资本积累是其重要环节。但由于农地征用开发，导致被征地农户大多向新的安置区或城镇迁移，原有的学校及教育资源供给可能被打破。因此，如何根据形势变化，确保失地农户学龄子女的代际教育公平与有效供给值得各界关注。

当前应按照教育特别是基础教育均等化发展的要求，重视构筑对包括被征地农民子女在内的各类新生代发展群体的教育保障体系。首先，具备城乡教育一体化发展的地区，应逐步推行按照居住地而非户籍原则就近入学制度，实现随被征地农民进城的学龄子女能在城市学校就近入学，享有与城市学生同等的受教育待遇，有关部门要予以相应经费保障；其次，根据不同被征地农户的流动特点，侧重在农村新居住点或城郊安置区等新聚居区域，相关部门除了要重视保障房建设之外，还要注重完善相关周边配套中小学校、幼儿园等教育机构建设，提供必要的师资与教育经费保障，提高教学水平，确保异地迁居拆迁农户的子女能在新的环境下平等享有受教育权利。

7.3.3　以市民化塑造为重心，形成失地农户劳动决策与就业升级发展的目标激励

本书研究表明，失地农户不同的劳动决策模式层次水平是影响其家庭成员非农就业行为倾向和发展程度的内生力量。而征地后农户选择何种劳动决策模式形态本质上是由"四位一体"决策要素体系所决定的，具体涉及家庭赶超群体对象的选择及其目标收入线的制定、消费效用定位、风险预期水平以及城镇化环境适应等四个维度层次。而实现农户决策模式升级发展的关键在于推动上述决策要素水平的提升，这其中既取决于包括户主人力资本禀赋在内的家庭内部条件，也显著受到外部环境因素的影响，其中塑造市民化是重要方面。

对于失地农户而言，市民化的培育与塑造，将有利于失地农户形成城镇

市民的参照目标激励效应，促进其家庭整体劳动决策要素水平的提升，进而推动劳动决策模式的升级和就业发展。这是因为，首先，失地农户市民化经济能力的形成，一定是建立在家庭选择以赶超城镇居民为主的更高目标收入定位，从而有利于提升决策收入要素水平；其次，当失地农户具备市民化社会能力时，其将加大与城镇居民的交往，熟悉并适应城镇化生活方式与社交环境，从而有助于提高其消费效用目标水平；再次，市民化文化能力的塑造，能够促进失地农户的综合素质的提升，既能提升其在城镇的就业发展能力，同时也能增强其参与城镇的主体权利意识和诉求能力，从而营造未来积极预期；最后，当失地农户最终构筑了良好市民化心理能力，意味着其已完全具备城镇居民能力的所有方面，完全适应并彻底融入了城镇化环境。

当前要注重从以下两方面构筑对失地农户市民化的培育机制：

1. 加强失地农民安置区的基本公共服务设施建设。

失地农民安置社区基本公共服务设施体系是衡量失地农民市民化发展水平的重要标志，基础公共服务设施不完善或水平偏低，将给失地农民的城镇就业和生活带来不便，进而制约了失地农民市民化能力的塑造。应基于城乡基本公共服务均等化发展的目标，大力推进各类新建区、失地农民安置区的基本公共服务设施建设，以逐步实现包括失地农民在内的新市民享有与城镇居民均等化的基本公共服务水平。

首先，要强化安置小区综合交通路网建设。优化街区路网结构，拓宽安置区附近的道路，并增加公交车的班次和公交线路，给失地农民创造便利的出行环境。其次，加强社区居委会、社区服务中心等基层组织建设，在安置小区规划建设公安、消防、环卫等公共安全服务机构；科学规划安置区的社会保障、劳动就业服务、教育、医疗等民生保障类公共服务供给，标准逐步实现与城镇居民趋同，从而为失地农民提供完善的民生保障服务；推动信息化社区综合服务平台体系建设，提升社区化管理水平。最后，面向失地农民安置小区打造便利生活服务圈，建设各类邻里中心、零售商业、餐饮、农贸市场、物流配送、通信、银行、娱乐休闲、体育场馆和文化活动场馆等设施，以满足新市民的就业和日常生活需求，提升失地农户消费决策效用水平。

2. 发挥安置社区的市民化行动作用。

农民和市民最本质的区别是自身内在的思维、生活方式和心理。失地农民离开农村融入城市的过程中，总会多多少少遇到困难，如果能使安置社区充分发挥扶持作用，就会有效缓解失地农民市民化困境。应开展面向包括失地农民在内的新市民社区活动，鼓励其积极参与社区治理和公共活动，加强与城市居民的日常沟通，增强适应城市就业和生活的能力。当前面向失地农民的社区市民化行动应包括以下方面：

一是创新社区治理模式。失地农民安置区是介于城市社区和农村社区之间的一种新型社区形态，面向失地农民集聚社区的治理和服务应有自己的特点和模式。应探索将城市社区治理好的模式和做法引入失地农民社区，强化城镇社区与安置社区的沟通和联系，破除城乡社区治理的二元管理体制。要强化安置社区基层组织建设，增强基层社区管理人员、社工、志愿者等队伍力量，要经常深入失地农户家庭，强化沟通交流，化解他们面对新环境的陌生感和不适应。此外，也要保留和借鉴传统农村社区的熟人社会和村民自治等好的方式，鼓励失地农民积极参与社区治理，群策群力，共谋社区建设与发展。

二是注重开展社区市民化专项活动。社区市民化行动是以日常喜闻乐见的方式让失地农民在不知不觉中接受新思想、新理念，从而能够顺利适应城市发展环境的一种社区营造方式。要鼓励失地农民融入社区、服务社区、参与社区的管理和服务，提升自我管理的能力和自我教育的意识，实现失地农民与城市居民的有效融合。通过举办各种类型的特色活动，让社区居民有表达意见的机会，促使他们形成文明意识和市民化行为方式。组建一系列专业社区志愿服务组织，对失地农民从劳动决策、再就业行为到生活等全程进行辅导帮助，从而解决其对新环境下的劳动就业方式和生活习惯不适应等问题。

7.3.4　改革城镇化征地安置制度，为促进失地农户劳动决策与就业升级发展提供支持

当前我国新型城镇化进程正在加速推进，农村大量土地面临征用与流转，这无疑构成了我国农户劳动决策、就业与转型发展的强大外部推力。然而，在此过程中，应高度重视和充分体现农户农民的自愿意识与主动参与原则，任何违背其意愿的"被动强制性"发展政策与行为，都会最终导致农村"四化"同步与农户非农化转型的失败。基于本书的研究观点，农户是否愿意积极主动地参与城镇化土地征用与流转，其根本点在于：能否确保农户在征地行为过程中享有必要合理的权益保障，更重要的是农户在失去土地后能否获得维系其个体及家庭长期可持续生计的发展机会，其中非农就业能力的提升极为关键。而从现实情况看，我国一些地区现有的城镇化及相关征地政策存在一些缺陷与不足，导致农户对征地满意度水平普遍不高，并制约了其劳动就业决策。因此，应着眼于征地过程中，以保障失地农户合法征地权益、提升其家庭劳动决策能力和促进就业发展为核心目标，进一步改革与完善城镇

化征地安置制度。

1. 深化农村土地制度领域改革，保障农户依法享有土地权益。

正如前文分析指出的，受我国长期城乡分割体制影响，农村集体土地与城镇国有土地在土地性质、所有权方式以及征用收益水平方面存在显著的二元化产权态势。同时，农村集体土地在集体所有权与农民承包权等权益划分上也不明确，由此导致农村集体土地非农化开发与权益分割过程中，重城轻乡、重组织轻农民色彩明显，导致土地流转收益分配的"剪刀差"问题严重，最终农民所获得的土地收益偏少；加之一些地区农村基层政府在征地过程中缺乏公开透明流程、违背农民意愿、恶意违规征地与压低农民补偿等违规违法问题，都严重地损害了农民利益。在此情形下，导致农户农民对"被动"流转农地与宅基地等离农行为的抵触心理。因此，当前要通过深化农村土地制度改革，重点化解当前农村土地产权制度弊端。中共十八届三中全会和2017年中央一号文件都明确提出，新时期要加强对农村土地产权与权益界定的制度建设，重点要明确农民对农地承包权与宅基地使用权等合法土地权益的确权登记，允许农民依法租借转让、质押、流转所拥有的相应土地经营使用权，并获得相应土地权益保障，加快建立农村土地使用权流转市场体系，改革现有农地征用补偿政策中仅对土地附着物进行补偿的不合理做法，进一步强化对农户农民的土地使用权转让的权益补偿机制，以有利于农户家庭对征地行为形成良好的发展认知，并采取积极的决策模式。

2. 推动就业优先型城镇化与土地征用发展战略目标转型。

为了促进失地农户形成积极向上的劳动决策机制与就业发展，有必要推动城镇化战略目标及相关政策转型。其核心是摒弃单纯重视 GDP 增长的经济目标，要将区域就业与公共福利增长等民生目标统筹纳入区域城镇化发展规划与土地征用政策的考核范畴，将城镇化作为带动农民非农就业增长的良好契机和重要推手。因此，应确立就业优先型城镇化发展战略目标，要在考量区域经济增长的带动效应基础上，进一步向包括失地农户在内的区域民众就业机会创造和就业升级发展的民生目标倾斜，进而推动征地开发模式和征地补偿等政策转型创新，以营造区域经济发展与就业民生兼顾的良性互动态势，为离农农户就业发展创造良好的外部条件。不同地区要结合本地实际，在推进城镇化进程中，要面向失地农户等普通民众积极创造充分的就业机会与更好的就业环境。

一是积极推进就近城镇化发展战略。所谓就近城镇化是指城镇化开发目标不能仅注重发展大中型城市和大规模迁移农村人口，而是要立足于积极发展各类小城镇和新型农村社区，实现被征地农户"就地就近城镇化、就地就近市民化、就地就近基本公共服务均等化"的城镇化模式。推进就地就近城镇化既能有助于减轻当前城市人口膨胀的压力，缓解大城市的城市病，促进城镇的可持续发展；也可以降低农业转移人口市民化的成本，就地就近城镇化对失地农民而言，不涉及空间的转移，失地农民的适应能力增强，更好地实现就业发展。

二是城镇建设要从基础设施建设、社区管理、产业发展等方面开展有效的综合规划，提升城乡一体化建设水平。要以产业发展为支撑，创造就业的机会，实现"产城融合"发展，增强城镇经济吸纳就业的能力。征地开发项目遴选要优先向那些就业层次高、区域就业、创业带动效应强的开发项目与产业形态倾斜，鼓励符合条件的开发项目（如交通基建、房地产项目等）与投资企业同等条件下要优先吸纳被征地农民就业。

三是针对一些科技型与资本密集型等高端产业开发项目，由于其职业岗位知识与技能要求高，对一般失地农户的直接就业拉动效应不强，应要注重通过广泛的产业配套、市场配套与后勤配套等方式，努力发展一些劳动密集型产业、中小企业以及餐饮、商贸等生活服务业具有显著"就业蓄水池"效应的产业，发挥规模经济与范围经济效应，千方百计地为失地农户营造各类间接就业机会。

四是注重在失地农户聚居的新城镇、集中安置点等区域，积极鼓励用人单位发展各类公益型与半公益型劳动就业岗位。面向那些年龄偏大、体质偏弱、文化程度与技能水平偏低"三低型"的就业困难失地农户，提供诸如社区物业管理、卫生保洁、社区助理等基本岗位。有关部门要在行政审批、场所资源提供、财税补助等多方面提供政策扶持，同时大力发展各类就业中介信息、培训与创业辅导等公共就业服务，以帮助失地农户就近获得就业机会。

3. 改革完善征地补偿安置政策。

在征地过程中的政策层面。当前要继续强化规范拆迁、阳光拆迁等程序公正合法，坚决查处和杜绝少数地区部门与干部的恶意侵犯被征地农民合法权益的各类违规和违法征地拆迁行为；与此同时，要改变当前单纯重视对失地农户的短期利益补偿与收入增长目标，把如何维系失地农户长期收入持续增长纳入征地安置与补偿政策的重要目标，重点围绕扶持提升失地农户劳动决策模式水平和就业发展能力，逐步改革和优化征地安置补偿政策与流程。

征地补偿方式层面上。要改变当前一些地区仅注重面向被征地农户提供一次性"货币补偿"方式，补偿后也不闻不问，缺乏合理引导与宣传，导致少数素质不高的失地农户短期就业意愿降低，出现过度挥霍浪费补偿款，"坐吃山空"，甚至沉迷赌博、吸毒等违法行为。要注重结合失地农户个体条件、发展能力与本人意愿，以引导和鼓励就业为导向，合理制定差异化补偿方式与发放流程。可采取一次性和多次性货币补偿、社保补偿乃至必要的就业补偿等多种安置方式相结合，努力防止单一补偿方式导致失地农户满意度不高和不利于劳动决策与就业发展问题。征地补偿政策思路上，要探索以"长期能力补偿"替代"短期利益补偿"，鼓励和引导失地农户利用征地补偿契机，积极开展旨在增强劳动决策和就业能力的人力资本投资。

在安置区建设方面。要以促进失地农民更好地融入当地城镇居民为重心，科学合理地谋划失地农户安置模式和方式。要改变以往单纯成片大规模的失地农户集中安置模式，取代之以小规模集中和有序分散安置方式。有关部门可尝试采取"大杂居、小聚居"原则，合理规划设计失地农户安置区建设，推进安置区和城镇小区建设规划上的混合布局，也可实施货币化住房安置方式，鼓励失地农户自行购买城镇商品房，以实现与城镇居民完全混居、混业发展。这样可有利于增强失地农户适应城镇化环境和市民化发展能力，激励其家庭制定以适应城镇发展要求的更高层次家庭劳动决策模式，由此促进其家庭成员追求持续的非农就业增长。

7.4　提升失地农民就业质量以营造"就业发展——劳动决策提升"的良性互促效应

就业质量是近年来劳动科学领域所关注的热点议题。而中共十九大报告中也明确提出，"要坚持就业优先战略和积极就业政策，实现更高质量和更充分就业"。就业质量是衡量劳动者的劳动关系和谐程度、劳动收益水平高低以及劳动过程中的获得感和幸福感的重要标志。目前国内外学术界对就业质量的内涵和构成尚没有定论，但总体上，就业质量水平的衡量层面大致包括：工作稳定性、工作待遇与工作环境、学习培训机会、体面劳动以及和谐劳动关系等多角度。

失地农民的就业发展除了关注就业数量和结构之外，更要重视保障和提升就业质量水平。这不仅因为就业质量因素本身就构成了衡量失地农民的就业发展水平的核心指标之一；更重要的是，就业质量是推动失地农户实现家庭"劳动决策提升——就业发展"的正反馈机制和良性互促效应的关键要素。

一方面，当失地农户的劳动决策模式实现升级发展，将推动家庭成员就业质量水平的提升；而另一方面，当失地农户总体处于较高的就业质量水平时，意味着家庭成员将能充分获得由高质量就业所带来的涵盖收入增长、工作与生活方式以及实现自我价值、主观幸福感等一系列经济、社会和心理层面的获得感和满足感，从而极大地提升了就业发展对家庭效用增长贡献的感知水平；反过来，这又能激励家庭决策者（户主）下一阶段继续采取更积极的劳动供给决策行为，将持续推动决策层次和模式的升级，从而构筑了推动家庭成员就业质量持续发展的驱动力……最终形成了彼此间的相互促进和螺旋式发展效应。

由此可见，重视保障和提升失地农户就业质量水平，构成了促进失地农户的就业发展和劳动决策双重提升及其良性互动的重要环节。但从本书的研究发现，当前我国失地农户的总体就业质量水平也不高，特别是处于中低端劳动决策层次的失地农户，其家庭主要劳动成员的就业质量更低。大多存在着诸如职业层次较低、岗位技术水平不高、工资待遇差、劳动强度大、工作环境恶劣、劳动关系紧张以及相关劳动保障度低等问题，导致其家庭也进一步丧失了自我提升劳动决策层次水平的能力和机会，从而陷入"低就业质量—低劳动决策"的恶性循环陷阱。

造成当前失地农户就业质量不高的原因固然很多，除了自身劳动决策观念和决策行为、人力资本等就业能力不足以及家庭劳动就业禀赋资源缺口等内部因素条件之外，还需要重视一系列阻碍失地农户提升就业质量发展的相关外部体制和制度因素，特别是我国长期存在的城乡二元劳动就业市场分割和制度性壁垒。失地农民等新劳动群体的公共就业服务和支持体系不健全，以及相应的劳动权益保障供给不足是当前较为突出的制约因素体系。因此应致力于通过深化相关制度改革和创新，构筑促进失地农民就业质量提升发展的有效机制。

7.4.1　破除阻滞失地农民就业质量提升发展的制度壁垒

当前我国劳动力市场分割存在显著制度性分割障碍。不仅表现为城乡之间的市场割据，还表现为城市劳动力市场内部的分割，即基于劳动者之间的户籍身份、地域差异所导致的非市场化就业体制。在此背景下，进城失地农民工即便具备较高人力资本能力，但由于存在制度性歧视，要么无法进入正式部门就业，要么即使能够进入也只能从事临时工作，难以获取与其人力资本能力相适应的就业收益，造成就业机会不平等和"同工不同酬"现象，滋生了就业领域的腐败和用人的不正之风，构成了失地农户迁移城镇就业发展和就业质量水平难以提升的根本性体制障碍。因此，当前要通过深化体制改革，消除束缚进城农民工就业发展的制度壁垒。

首先，要进一步改革户籍制度，彻底剥离和化解依附于户籍制度的城乡之间、城镇居民和农村居民以及失地农民等新市民之间围绕就业权、居住权、教育权、社会参与权、社会保障权、医疗服务权和公共设施权与福利服务权等方面的不平等待遇，进而从制度层面全面消除各种歧视性体制壁垒。

其次，要深化就业制度改革，构筑城乡一体化就业管理制度。打破不同就业部门之间的制度性界限，消除就业的制度性歧视限制，确保城乡不同劳动者面临的就业机会均等；要加快推动国有部门在劳动用工、工资薪酬决定、绩效考评体系等方面的改革。废除传统计划人事制度，建立以劳动能力绩效为核心、以效率为取向、以市场竞争为手段的现代人力资源管理制度；实现与非国有部门在就业制度上的对接，打通包括失地农民在内的体制外劳动者进入正规就业部门并获得体面劳动机会和劳动收入的职业发展通道。

最后，针对进入城市就业生活的失地农户，要积极探索保障其家庭在就业准入制度、社会保障、居住生活条件以及子女就学等诸方面享受与城市居民同等待遇的制度思路和政策，为促进失地农户成员获得更高质量的就业提升发展和追求现代城镇化生活方式创造积极有利的条件。

7.4.2　开展对失地农民就业质量提升发展的技能培训与专门服务

从增强再择业流动能力和获得更高的就业稳定水平出发，积极开展面向失地农户成员开展持续性职业技能培训。要根据不同失地农户原有决策层次和就业能力水平，因人施技。具体可围绕从事现代农业生产经营领域以及非农产业领域等不同职业技能要求，有针对性开展多种方式的培训，使其掌握专业化职业所需的一技之长。既能有效增加其家庭谋求劳动决策模式提升和择业的成功率，也能提高就业收益水平，因此是促进失地农户就业质量提升发展的重要途径。

（1）健全和完善失地农民就业质量提升发展的技能培训体系，实现培训方式的多元化。首先，要构筑由政府主导的面向失地农民的公共就业技能培训扶持机制。将技能补偿作为失地农民征地安置补偿政策体系的重要内容，设立失地农民就业培训基金，通过政府购买公共服务等途径，与各类职业培训机构合作，开发出多种适应失地农民群体特征和需求意愿的应用型就业岗位技能培训项目，如电工、车工、货车司机、厨师、理发师等，有计划、有针对的组织失地农民参加培训。公共培训项目实行"政府买单""专业培训机构实施""第三方监督""多方综合绩效考核"等培训运行体系，注重培训实效和失地农民满意度。其次，允许一些专业培训组织和人才机构面向失地农民提供一些有偿培训服务和人才开发活动，政府可以提供部分补贴或税收政策支持，但同时履行严格监管责任，杜绝其中可能的欺诈或违规行为；允许并鼓励各种职业中介和拟招收农民工企业等到失地农户聚居区设定固定培训点，有针对性对进城农民工进行岗前定点培训和延续培训；鼓励各类城镇职业教育机构增加招收失地农户学生，提升家庭代际就业发展能力。最后，注重对年老、残疾、患病等就业弱势被征地农民的简单就业岗位扶持，有针对性实施以政府买单为主的实用技能培训和职业帮扶，以实现其个人及家庭适度参与就业的目标。

（2）重视失地农民就业质量提升培训工作的效率和效果。首先，各类培训机构要把实现就业质量的有效提升作为开展失地农民职业技能培训的重要衡量基准，紧贴就业市场需求，设定培训专业方向，注重培训实效，使失地农民能较扎实地掌握相关职业技能，增强择业能力。其次，要在职业培训机构中引入市场竞争机制，形成竞争性劳动力培训市场。允许不同培训机构之间开展有效竞争，尊重并发挥失地农民作为培训市场主体的自由选择权，政府减少直接干预程度，让市场竞争和优胜劣汰机制成为保障失地农民职业培训效率和效果的核心力量。最后，政府要对缺乏培训支付能力的贫困失地农民给予一定的扶持和帮助，如实施由政府买单的困难失地农民的免费培训计划等。

（3）提供有效的失地农民就业质量提升发展的专门化公共就业服务。要建立从就业信息、职业培训、技能鉴定以及职业介绍的四位一体失地农民就业服务体系，其中，政府扮演了核心角色。其既要负责对上述提供上述服务职能的社会服务机构运行进行有效监管，还需要对失地农民的再择业流动提供公益性专项服务。要成立专门面向失地农民就业发展的公共服务部门，提供公共就业服务，具体服务内容包括：相关就业信息披露、免费职业介绍、劳动就业政策咨询、就业指导和技能培训等，以提高其非农就业流动能力。注重通过面向失地农户开展 SYB 创业培训，提供创业辅导，实施创业财税优惠等政策，鼓励和扶持失地农户成员自主创业，以创业带动就业发展，进而提升其家庭整体就业层次与质量水平。

7.4.3　构筑促进失地农民工就业质量发展的劳动保障体系

1. 加强针对失地农民工的劳动权益保障。

一是在招工招聘环节。各类用人单位应贯彻落实《中华人民共和国就业促进法》《中华人民共和国劳动法》等相关法律精神，依法规范设置招聘要求和岗位条件，不得无理由拒绝或歧视招聘外来农民工以及被征地农民工。

二是在用工管理环节，用人单位要与失地农民工签订合法有效的正规劳动合同，明确劳动雇佣权责和用工规范；在岗位安排、工作强度和安全保障、劳动福利、绩效考核、工资报酬、进修培训、职务晋升等多个人力资源管理环节，要保障失地农民工享有与企业其他类型员工之间均等化的劳动权益，实现同工、同业、同制、同酬、同管。

三是在劳动关系环节，要鼓励引导企业营造和谐的劳动关系。增强失地农民工在企业重大决策和经营管理中的表达诉求、参与和监督的权利和能力，以维护其合法的劳动就业权益；有条件的地区，尝试通过组建企业农民工工会或协会等形式，积极发挥劳动组织的作用，增强农民工群体的自组织保障能力。

四是增强失地农民工的体面就业和劳动幸福感。除了完善相应的劳动用工权益保障之外，还要注重提升失地农民工的劳动获得感和幸福感知度。企业要通过爱企、爱岗、敬业等宣传教育，鼓励农民工追求事业成功和卓越才能目标，帮助农民工实施职业生涯规划，成长为业务骨干；在农民工群体内部大力弘扬和培育工匠精神，塑造农民工劳动模范，宣传先进事迹，落实相关待遇和荣誉，以进一步提升农民工群体的体面劳动和光荣感。

2. 构筑完善的失地农民社会保障。

要不断推进城乡社会保障一体化制度建设，将所有类型失地农户都统筹纳入相应的社会保障体系中。对在城镇正规就业的失地农民工，要与城镇劳动者享有同等的职工养老、医疗、工伤、职业安全等多方面社会保险待遇；而对于非正规就业或无业的失地农民，也要通过设立失地农民征地安置保障制度、与城镇居民基本社会保障制度接轨等方式，将这些新市民统筹纳入城镇社会保障体系中，实现应保尽保，使得其与城镇民众一样均等化享有各项基本保障权益，以充分化解失地农户的未来预期和适应性风险，从而有助于提升家庭决策要素水平，促进其实施积极的劳动决策与提升就业发展质量水平。

7.4.4 强化对失地农民劳动就业中的维权保障

一是要增强失地农民自我懂法、用法能力。要通过送法律进社区、进安置点、进企业、进工地等形式，加大面向离农农户法律知识的宣传力度，提高其法律素养，增强法制观念，做守法公民；鼓励其在面临征地拆迁、离农再择业流动以及劳动过程中，善于运用法律武器保护自身合法权益。

二是有关部门要加大保护失地农民就业维权的执法力度。要强化对农民工就业用工市场的检查和执法工作，规范市场秩序。重点查处少数用工单位存在的不与农民工签署劳动合同、歧视农民工、恶性拖欠或拒付工资、劳动条件恶劣、打骂或虐待农民工等一系列严重劳动违法行为，保护农民工的合法劳动就业权益；相关监管部门要履行起对各类农民工侵权案件是否得到依法公正查处的事后督查职能。

三是社会要形成广泛的关心和帮助农民工就业维权的良好环境。媒体舆论界要勇于曝光揭露一些侵犯农民工合法劳动权益的用人单位违规违法行为，比如群体性农民工讨薪事件，特殊行业、企业的劳动环境风险与安全事故等；相关社会组织和专业人士要积极为农民工劳动就业维权发声，提供必要的专业法律和行动支持服务。对于一些具有社会影响度较大的集体维权或弱势农民工遭受侵权等事件，可提供必要的专门声援行动、慈善救助甚至法律援助与公益性诉讼等，以保障失地农民工劳动就业维权行动的充分有效性。

| 第 8 章 |

结　语

8.1　主　要　结　论

本书以新时期我国推进新型城镇化发展战略为研究背景，以适应新型城镇化要求下促进失地农民有效就业发展和市民化转型为研究定位，基于家庭决策视角，循着"家庭决策要素变迁→失地农户劳动供给决策模式形成→成员就业结构行为"的研究逻辑，构筑了一个基于征地进程中家庭劳动供给决策模式变迁机制下的失地农户就业分化结构形成及其转型发展演化规律的理论分析架构，深入剖析了其中的内在作用机理与影响效应；进而运用全国 2294 个有效农户实地调查样本数据，对东、中、西部不同地区城镇化征地中的失地农户家庭就业结构分化和就业形态状况进行了比较分析，在此基础上开发出一套农户劳动决策模式类型的测度量表体系，并对样本地区失地农户劳动供给决策模式类型及其特征进行了测度分析，进一步运用多元 Logistic 模型实证研究了影响失地农户劳动决策模式类型选择的因素体系；侧重从静态和动态不同角度，分别运用质性案例法和演化博弈法等不同方法对失地农户劳动决策模式的异化演变和家庭就业结构分化及成员就业行为特征变化之间的内在关系进行深入探讨，研究结果充分支持与验证了本书的核心观点和相关假设；最后，从把握和引导失地农户劳动供给决策模式提升出发，提出短期和长期促进失地农民有效就业发展的战略思路与公共政策。

本书的主要研究结论大致包括以下 9 点：

（1）理论上不同农户家庭存在着劳动决策要素条件和决策模式类型的差异性，这是导致农户之间劳动成员就业分化发展的内在根源。从就业模式、劳动参与率、职业层次和职业保障等四个维度变量，可对农户的就业状况特征进行衡量和刻画，通过对上述就业维度变量的比较，形成不同农户（农民）之间就业分化发展的特征和分化程度。农户家庭是一个微观经济决策组织，农户家庭实施的劳动供给决策行为及其模式形态是决定其成员就业结构和就业行为的内在力量。农户劳动供给决策行为模式的形成总体是受家庭"四位一体"决策要素体系所决定的，具体包括家庭收入目标、消费效用、风险预期和环境适应性等四个层面决策要素。根据上述不同决策要素水平的差异和组合效应，可进一步凝练形成四类农户劳动供给决策模式，按照非农化程度从低层到高层可依次划分为：生计维持型、小富即安型、效益追求型和自我实现型。每类家庭劳动决策模式的形成条件，在相应的决策组合要素特性与水平各不相同，而基于不同层次类型的劳动决策模式下，农户家庭主要劳动成员（夫妻）围绕劳动分工和劳动时间供给等方面的就业决策行为也呈现出显著的差异性特征。

（2）从理论层面审视，失地农户在征地前后存在着劳动决策行为与模式的演化变迁效应，从而推动了失地农户持续深度的就业分化演进。研究发现，失地农户作为我国城镇化发展进程中形成的一类特殊农村转型群体，与征地前相比，征地后的失地农户从就业结构到就业形态呈现出某种变迁特征，且不同失地农户之间在就业变化程度和特征也具有显著的差异性，使得失地农户具备进一步就业分化演变的条件和属性。而失地农户围绕征地前后的就业演变和分化效应，其实质是由不同农户之间围绕家庭征地前后的劳动决策要素体系变化及由此形成的劳动决策模式变迁演化机制所内生推动的。对于失地农户而言，理论上影响其征地后的家庭劳动决策模式选择的因素具有多层面性，大致可包括农户（丈夫和妻子）人力资本、家庭禀赋、区域环境以及征地政策等一系列综合因素体系，不同因素层面还可进一步细分为若干具体影响变量，而不同变量在理论上对失地农户劳动决策行为的影响效应和程度也具有一定的差异性。基于此，本书提出了若干有待实证检验的研究假设，其中，本书形成的一个核心理论假设是：农户内部人力资本和外部征地政策分别构成了影响失地农户家庭劳动供给决策行为及其模式选择的两个重要而又显著的因素变量。

（3）基于全国东、中、西部 2294 户农户调研数据的统计比较分析，样本地区农户在征地前后存在显著的就业分化属性，且具有某种区域差异性特征。

首先，区域间农户存在着非农就业发展条件的差异。经济较发达的东部地区，征地前农村非农产业较发达，非农化征地程度也较高，农户在教育、健康以及技能等人力资本禀赋水平明显高于中、西部地区农户，同时拥有的社会资本和其他就业资源方面也要强于后两类地区，这构成了不同区域间农民非农就业发展差距形成的内在根源；此外，农户成员之间在非农就业条件上也存在显著的性别差异，总体而言，丈夫（男性）在相关人力资本、社会资本等也普遍超过妻子（女性）。

其次，就全国总体而言，征地前后作为样本区农户主要劳动成员的丈夫（男性）和妻子（女性）之间的就业行为具有一定的分化特征。在就业模式层面，征地前我国农户家庭存在着传统的"男主外，女主内"格局，而征地后一定程度打破了农户传统分工次序，妻子从事非农就业的比例显著上升。职业层次层面，征地前我国农户从事非农职业层次总体不高，以零工和雇工等中低层次为主，男性要高于女性。而征地后，虽然失地农户的职业结构依然中低层次占主导，但却出现了某种极化演变态势。相比征地前，征地后一部分农户成员从事中高层以上职业类型比例攀升，其中男性的增长效应尤其明显；而同时也存在一部分失地农户成员职业层次降低甚至无业，而其中女性更为突出。在劳动时间供给层面，征地前全国样本地区农户成员周均非农劳动时间供给处于较高强度劳动区间，男性平均劳动强度显著大于女性；征地后，受失地农户成员的职业类型仍以中低层次为主的制约，失地农户家庭成员劳动时间供给依然维持较高强度区间水平。工资收入层面，征地前全国样本农户平均月工资水平约为 1001～3000 元之间，其中男性的平均工资水平要超过女性；而征地后，失地农户处于低收入区的比例明显下降，而进入高收入区的比例有所上升，显示了征地及其安置补偿政策能对一部分农户福利改善发挥积极的影响，其中短期内对低收入区的贫困农户家庭女性收入增长效应更为明显。此外，征地政策还能为一些具有较高人力资本水平的农户成员谋求就业升级发展（比如：自主创业）提供良好的契机，发挥了收入增长效应，表现为征地后处于更高收入区的农户比例也有所提升，其中男性的收入增长幅度要比女性大。

再次，通过对我国东中西部样本地区农户进一步比较发现，征地前后的农户就业分化行为同样表现出一定的区域差异特征。一是在就业模式方面。征地前，东部比中、西部地区的农村非农经济发展程度高，因此当地农户从事非农就业比例越大，而西部地区农户拥有的农业资源（如耕地）较多，则农户从事农业或兼业的倾向越高，这其中对家庭男性的影响程度要大于女性；城镇化征地不同程度地提升了各地区农户家庭从事非农就业的比例，特别是对中西部地区原先从事农业/兼业的农户男性而言，构成了其主动/被动的实现非农就业转型的巨大推力。二是在职业层次方面。比较显示，征地前，经济越不发达的中、西部地区，农户成员从事的非农职业层次越低，而男性比女性更为显著；而征地构成了对不同地区农户男女职业层次变化的差异性影响。一方面征地促进了东部地区农户男性的非农职业层次提升效应更为显著，导致东中西部失地农户男性职业层次的发展差距进一步拉大；另一方面，征地对失地农户家庭女性的非农职业发展也具有正向作用，但作用程度总体显著小于男性，且不同地区间的差异较小。三是在非农劳动时间供给方面。研究表明，征地前，我国各地区农户男性的平均劳动参与强度水平较高，周均劳动时间投入达 51 小时以上的比例超过 50%，其中东部和西部平均要大于中部，而征地后，各地区失地农户男性非农劳动参与强度反而进一步提高，但与东部和西部相比，中部地区农户提升幅度相对较少。在征地前，各地区农户女性的劳动就业强度均显著少于男性成员，女性在农户家庭中总体处于次要劳动力地位。征地后的失地农户女性劳动供给强度发生了一定的变化。无论是东部、中部还是西部地区，处于中高强度劳动投入区间比例均比征地前有所扩大，表明与征地前相比，征地后农户女性的边际劳动参与倾向和劳动投入强度呈现一定的提升态势，而从相对比例看，西部和东部失地农户家庭女性的非农劳动投入强度高于中部，这与农户男性的劳动投入变动规律存在相似之处。四是在工资收入方面。在征地前，不同地区农户男性的工资收入总体上呈现东、中、西部差距比例逐步拉大态势。而征地对东、中、西部不同类型的失地农户男性收入增长构成差异性作用效应。其中，征地促进了东部失地农户男性高收入区比例的显著增长，具有典型"创业效应"；征地带动了中部所有收入区的农户男性收入不同程度提升，具有明显的"福利效应"；而征地对西部农户男性的影响体现为某种"减贫效应"，即改善了中低收入区间农户，而对高收入区间则并不明显。征地前，各地区农户女性平均非农收入水平均低于男性，2000 元以下的中低收入区间占主体，而征地虽然也构成了对一些农户女性拓展非农就业机会和实现非农收入增长的积极促进因素，但总体幅度并不高，而对西部地区来说，这种促进效应几乎可以忽略。

最后，运用 R－Q 模型考察我国失地农户就业分化的群体分布特征。研究结论为：征地后处于兼业、短期雇工等极低层次就业的，主要是那些原先分布于西部地区远郊农村的 46～55 岁中老年农民群体，其中以女性居多；征地后从事完全非农就业的且职业形态为长期雇工等中等层次就业的，主要是各地区年龄在 36～45 岁的中壮年失地农民群体，文化程度以初中为主；东部地区一些 35 岁以下的青年男性农民由于拥有较高的人力资本和社会资本，因此征地后更倾向于从事高层次职业，成为选择自主创业的重要群体；而对于中西部地区 56 岁以上的中老年农民而言，当农村土地征用规模超过 91% 以上时，将构成对其显著的就业和生计保障冲击，极易陷入无地、无业和无保障的"三无"困境。

（4）从"四位一体"决策要素组合体系角度，运用 SEM 方法研究开发了一套失地农户劳动决策模式的测量模型。测度量表模型中，一级潜变量为失地农户劳动决策模式，二级潜变量包含"收入感知""消费效用感知""风险感知""适应性"四个维度潜变量，各自涵盖不同三级测量项目变量。对上述变量体系和调研数据进行科学处理和质量检验，最终形成了可用于测度失地农户劳动决策模式的衡量模型体系。运用该测度模型方法对全国样本地区失地农户劳动决策模式类型进行测量和比较分析，研究结论包括：①全国样本失地农户劳动决策模式类型总体以小富即安型为主，不同地区间存在一定的结构偏差。②地区间比较发现，东部地区农户决策模式均值为 9.48，中部为 8.82，西部为 7.94，在决策模式分值上为东部＞中部＞西部，显示了失地农户的决策层次和发展水平存在较为显著的区域梯度差。③不同地区内部存在一定的结构差异。东部地区失地农户总体决策水平较高，且分布较为均衡；中部地区失地农户决策水平处于次之水平，以小富即安型为主（45.19%），同时效益追求型也有一定的比例（27.54%）；与此相反的是，西部地区失地农户总体决策水平处于偏低水平，除了以中低层次的小富即安型占绝对主导（57.97%）之外，作为最低层次的生计维持型农户比例也高达 27.47%。

（5）进一步运用多元 Logistic 模型方法，对影响失地农户劳动决策模式类型选择的因素进行实证研究。所形成的研究结论包括：

①失地农户劳动决策模式类型的选择与其户主的性别和年龄特征存在一定的关联性。相比女性而言，户主是男性的失地农户倾向于选择中高层及以上的家庭劳动决策类型概率更大。不同年龄段家庭之间的决策模式分化度也较为显著，户主年龄越趋于青壮年（45 岁以下），家庭追求高层次决策模式的概率越大。

②户主的人力资本因素对失地农户家庭的劳动决策模式决策发挥了显著正向作用。当户主健康、教育和技能等相关人力资本水平越高，其越将具备更强的家庭中经济决策和经济行动的能力，将更能驱动家庭实现劳动决策模式升级发展。

③不同家庭和区域因素对失地农户劳动决策模式选择具有差异性的影响。总体上家庭越靠近中心城镇的近郊被征地农户，越易受到城镇非农发展机会的辐射，因而选择较高层次的劳动决策模式类型的倾向也越高。社会资本构成了被征地农户劳动决策模式发展的充分而非必要条件，良好的社会资本条件更能促进自我实现型农户的发展。在家庭决策方式上，越是男性（丈夫）

居于决策主导地位的家庭，农户越倾向追求更高层次的家庭劳动决策模式类型。

④征地政策变量对失地农户劳动决策模式决策具体不同的影响效应。一是征地程度变量。完全征地将更有利于促进失地农户的劳动决策和经济行为的转型升级，而不完全征地将可能最不利于贫困农户家庭经济福利的保障和决策发展能力的提升。二是征地项目变量。现阶段城镇化征地项目总体对当地被征地农户的正向就业溢出作用并不强，不能构成促进失地农户家庭劳动决策模式升级发展的显著动力；此外，过度的房地产项目开发将不同程度地损害了失地农户劳动决策发展，其中对效益追求型农户的阻滞效应尤为明显；三是征地补偿方式和程度变量。征地货币补偿方式和适度的补偿程度能显著增加失地农户选择小富即安型与效益追求型这两类决策模式的概率；社保补偿对于一些征地前家庭经济状况低下和以涉农就业为主的中低收入农户能够发挥很好的保障作用；而就业补偿方式对处于最低层次决策模式的生计维持型农户发挥了重要作用。四是征地安置方式变量。与分散安置相比，集中安置方式对失地农户原有的劳动决策机制与社会交往环境不能构成显著改变，因而失地农户更倾向于维持小富即安型等传统决策方式，同时集中安置方式也不利于失地农户彻底融入城镇化市民化发展。

（6）运用静态质性案例研究方法，对我国东、中、西部不同地区农户劳动决策模式及其征地前后家庭的就业特征进行了定性比较分析。总体研究结果表明，受到农户成员个体人力资本、家庭禀赋以及区域环境等不同因素的影响，在征地前，不同地区典型农户家庭业已存在着迥然不同的决策要素机制，这构成了农户4类劳动决策模式形成的内在基础，进而决定了基于不同决策模式类型下农户差异化的就业形态特性；与此同时，受相应不同决策要素的作用，征地对不同劳动决策模式农户的影响效应也有所不同，从而外显为征地后不同决策模式类型的失地农户家庭就业结构和就业行为也呈现出显著的分化特征。其中可清晰地看出，农户人力资本差距构成了解释失地农户劳动决策模式选择及其差异性就业特征的重要内因。

（7）基于质性案例分析发现，不同类型的农户劳动决策模式其形成的要素条件存在差异性，由此导致对征地前后的农户家庭就业结构和就业行为变化迥异的影响效应。

①"生计维持型"，是处于最低层次的一类农户劳动决策模式。其形成的要素特征为：农户总体人力资本水平极其低下，家庭成员健康状况一般或较差，文化程度以小学及以下为主，普遍缺乏专业技能；在征地前，家庭收入水平和经济地位极低，处于本地区贫困或半贫困状况，家庭存在严重的经

济负担和显著的生计维持压力。家庭总体就业模式落后，以农业和农业兼业为主，非农就业程度较低，所从事的兼业职业形态也以中低层次的零工和短期雇工为主；农户家庭无论是经济收入还是消费效用对农地的依存度都极高。

在征地后，征地及其补偿安置总体并未显著改善"生计维持型"失地农户的经济状况，其家庭依然存在着严峻的刚性消费需求增长和生计维持型目标收入线的双重约束。受到自身能力低下和缺乏外部有效帮扶的双重制约下，"生计维持型"失地农户家庭的就业发展也相对滞后，职业层次未得到有效提升。因此，此类失地农户将被迫加大劳动供给时间规模和强度，以达到必要的"生计维持型"收入目标，进而弥补因农地征用所导致的家庭生计保障缺口。在此影响下，"生计维持型"失地农户也普遍存在着未来谨慎性预期和较高的风险感知状况，对城镇市民化认知度也偏低。而不同地区的"生计维持型"农户也存在一定的梯度差距，无论是在贫困度还是征地后就业发展能力上，中、西部地区也显著低于东部地区。

②"小富即安型"，是相比"生计维持型"略高而位于中低层次的一类农户劳动决策模式。其形成要素特征为：农户人力资本水平大致处于中等偏低水平。文化程度以初中或小学为主，具备初步的职业经验类技能；在征地前，家庭收入和经济状况约处于本地农户平均中等水平左右，可近似归类为温饱型或温饱小康型。"小富即安型"农户家庭就业结构中的农业比例均有所下降，家庭成员之间呈现一定的农业、非农领域的劳动分工，所从事的非农职业层次也有所提升，以短期、长期雇工为主，家庭收入构成也逐步过渡到以非农收入为主、农业收入为补充的格局，但受抚育子女等因素影响，家庭仍存在一定的经济压力，农户将基于"维持型"目标收入线对其家庭劳动供给组合和就业安排进行决策。

在征地后，"小富即安型"农户获得比"生计维持型"农户更多的补偿利益，这构成了对这类失地农户家庭收入变化和劳动决策的直接分化影响。其中既存在少部分"谋求进取型"失地农户由此制定了更高层次的城镇居民参照群体和收入增长目标，推动家庭劳动决策向"效益追求型"等更高层次模式的升级发展，但更存在大量的"易于满足型"失地农户。他们秉持并满足于其原有的农村参照群体和既有的维持型收入目标作为决策基础，在家庭没有实现维持型目标收入之前，这类失地农户将会积极增加劳动供给，以实现家庭收入增长；而一旦这一收入目标实现，其家庭将更趋于"小富即安型"决策模式，表现为在心理上产生安于现状与满足感，而在劳动供给更倾向于采取守成式，主动降低劳动投入强度与水平。征地补偿作为一种特定非劳动收入，将更多地体现对"小富即安型"失地农户劳动供给的显著"收入效应"和"消费品效应",有助于加速农户实现其预定的"维持型"目标收入,从而推动不同地区"小富即安型"失地农户的就业意愿和劳动投入强度(时间)趋于下降,甚至少量成员(尤其是女性)选择自愿失业(无业),而倾向增加闲暇和消费。"小富即安型"失地农户具备较好的自我未来预期和适应城镇化生活的能力。

③"效益追求型",是一类较高层次的决策模式类型。其形成要素特征为:农户拥有较高的人力资本水平。家庭成员平均文化程度达初(高)中以上,具备一定的学习和创新创业能力,拥有一些专业职业技能,部分农户也拥有一些社会资本。在征地前,家庭总体经济状况处于本地区中上等水平,属于温饱型小康或富裕型小康型。农户经济结构中非农比例占据绝对地位,而农业所占比重微乎其微,家庭收入来源几乎都来自非农收入,拥有一定规模的资产(财产)型收入,农户家庭经济负担总体较轻。在就业特征方面,家庭非农就业率更高,成员从事的非农职业层次以中上层为主,技术人员或个体经营业主等比例较高,农户劳动供给决策的收入目标定位为追求"富裕型"收入,即致力维系其家庭在所在区域的中高阶层收入定位,并致力向更高的富裕收入阶层努力,"效益追求型"农户具有"不满足于现状"和"积极进取"的发展意识。

征地后,征地补偿将对这类失地农户劳动供给和就业发挥了显著的"替代效应"与"投资品效应",体现为这类农户将倾向将征地补偿利益更多地用于家庭生产性投入与就业发展,而非增加消费支出。"效益追求型"失地农户具有积极的劳动供给倾向,将致力于推动其职业层次提升和就业质量发展,以构筑更强的家庭收入持续增长能力,而受区域条件和政策的影响,其中、东部和西部地区失地农户职业提升发展程度要显著超出中部地区。"效益追求型"失地农户面对城镇化环境下的就业、经济行为、生活方式、社会交往等也具有很强的适应力和驾驭力,总体具备自主融入城镇市民化转型发展的各项意识和能力。

④"自我实现型",是农户劳动供给决策模式体系的最高层次类型。其形成要素特征为:在所有农户类型中"自我实现型"农户的人力资本层次和水平最高,在文化程度上,农户家庭成员中具有大专以上学历的比例较高,而在专业技能方面,拥有一定规模的专业技能、经营管理型人力资本;此外也有一部分农户拥有诸如政治资本等特殊人力资本。农户也拥有较广泛的社交资源和社会资本。

在征地前,此类农户家庭经济来源也已完全脱离农业,农户对农业依存度等于零,多数农户家庭(特别是东部地区)无论是就业还是生活地点都已实现从农村迁居到城镇，与城镇市民无异，而仅保留着"名义"的农村户籍身份和"名存实亡"的农地承包权与宅基地。"自我实现型"农户拥有所在区域相对最高层次的经济收入和经济地位，农户拥有大量的家庭财产和经营性资产，属于较富裕家庭。"自我实现型"家庭劳动供给决策并不存在一个明确的"赶超"对象和目标收入基准，而主要是取决于其家庭成员特别是核心决策者——户主的自我追求和偏好。

在就业特征方面，征地前，相比其他农户，这类农户成员从事的中高层职业层次最高，农户家庭以自雇型和雇他型职业为主，经营管理者职业比例大，其中存在一部分自主创业。家庭拥有大量的经营性资产，家庭收入结构中来源于企业家才能、股权、经营性资产等要素型收入占比更高，而一般劳动工资型收入比例不断减少，农户边际收入增长能力更强。征地对这类失地农户家庭的就业与经济决策不构成显著"收入效应"和"替代效应"影响。征地后，"自我实现型"失地农户成员就业决策的经济动机已经显著弱化，取而代之的将是更重视对其个人自我价值实现动机，特别是当家庭存在有效的代际劳动分工与供给延续机制下，这类农户家庭的劳动就业决策行为重构。受不同决策个体自我偏好转移的影响，将驱动不同失地农户家庭成员的行为决策模式和选择的异化。一部分家庭成员（特别是中老年、女性）更乐意追求高品质的生活价值，而趋于意愿降低劳动供给程度和时间，甚至退出就业，转向社会交往活动与闲暇消费，以提升其个体及家庭的综合效用水平。"自我实现型"农户在征地前就已积累形成了雄厚的适应城镇化环境的经济能力、社会能力和心理能力，因而征地后也最终体现为具备很强的市民化转型发展和适应能力。

（8）从动态视角，运用演化博弈方法研究了失地农户劳动决策行为形成演变及其博弈关系。征地后，失地农户在新的环境下面临着家庭劳动决策模式和就业行为的博弈选择。根据博弈主体的不同，失地农户劳动供给行为动态演变将涉及三个相关博弈主体——政府、农户户主以及失地农户，由此可分别形成基于"失地农户—政府"的外部博弈模型以及基于"户主—农户家庭"的内部博弈模型。

①"失地农户—政府"的外部演化博弈模型。在此博弈模型下，作为博弈一方的政府，主要策略手段是采取不同形态的征地安置政策。在影响失地农户劳动决策博弈时，政府存在两种行动选择：一是扶持就业型安置（简称支持）；二是不扶持就业型（不支持）。而在不同安置政策下，政府面临着短期/长期收益、政策成本及风险等差异性的约束，需要政府进行相应的决策。而同时，对于失地农户而言，其家庭劳动供给行为博弈也存在两种行动选择：

一是谋求家庭劳动决策模式升级和就业发展下的积极型劳动供给（简称积极供给）；二是安于现状，不谋求家庭劳动就业发展的消极型供给（简称消极供给）。

基于政府和失地农户之间存在动态博弈行为及演化特性，整个演化系统将最终收敛于两种相对稳定均衡模式。其中一种为不良模式，即"政府采取不扶持就业安置政策，农户选择消极劳动供给行为"，即为（不支持，消极供给）均衡策略；而另一种则为良性模式，即"政府采取扶持就业的安置政策，农户选择积极劳动供给行为"，即为（支持，积极供给）。只有形成（支持，积极供给）的良性模式下，才能最终实现政府和农户的长期收益均得以均衡增长，形成互动双赢的良性循环，而整个系统也能够更接近于一种理想的帕累托最优状态。而当前我国一些地区围绕政府征地与失地农民发展层面存在着较为突出的不良博弈模式状况，这极易形成农户和政府博弈行为的恶性循环，长期下去双方将陷入"双输"的不利格局。为此，应引导政府和农户在征地发展中形成恰当的决策目标定位，不断改进和调整双方之间基于短期/长期的预期成本和收益状况及其影响度，避免"政府—失地农户"外部劳动供给博弈系统陷入不良均衡模式，而努力向理想模式方向演化，以达到长期共赢与有效均衡，最终实现博弈系统朝向"政府扶持就业，农户积极劳动供给"之良性模式方向演进。

②"户主—农户家庭"的内部演化博弈模型。在放松家庭内部一致性的前提下，户主与家庭构成了失地农户家庭劳动决策内部演化博弈架构中的两个基本行为主体，其中，户主个体的人力资本投资行为将产生学习和不学习两种策略。而农户家庭主体的劳动决策博弈存在两个层面，一是选择是否赶超；二是在赶超对象选择是同等农户家庭还是城镇居民家庭，由于城镇家庭收入与经济状况高于农户家庭，因此，当失地农户家庭选择城镇家庭作为赶超对象时，更有利于家庭提升劳动决策层次，其追求就业发展水平更高。失地农户内部博弈模型具有动态演化路径特征，其最终演化均衡结果同样是存在着良性模式和不良模式。一类为"户主学习、家庭赶超"的良性模式，其中按照赶超对象可进一步细分为：一是次优模式，为"户主学习，家庭赶超同等农户"；二是最优模式，为"户主学习，家庭赶超城镇居民"。另一类是"户主不学习、家庭不赶超"的不良模式。上述模式都具有演化稳定策略属性。

失地农户不同博弈均衡模式的形成取决于相关博弈参与方的行为策略成本/收益之核心参数组合及其变化。为了达到失地农户整体福利增长与共赢格局，需要致力于引导整个演化系统避免陷入不良模式状况，并沿着从"次优模式"→"最优"理想模式的路径良性演进。在此基础上，提出的基本建议为：一是努力提升户主学习收益，降低学习成本，以激励户主的学习行为。二是重视保障和改善家庭赶超决策的预期收益，降低其实施赶超的发展风险和成本，特别是要注重构筑相应的鼓励失地农户围绕"赶超城镇家庭"之最优模式下的家庭积极劳动供给与追求创新创业发展的外部扶持举措和保障措施，以有效分担和降低这部分农户家庭决策的风险和机会成本。三是促进失地农户户主与家庭决策行为的协调化和整体化，减少不必要的非合作博弈行为，以达到减少农户家庭组织成本和提升家庭决策行为的长期效率和效益目标。

（9）促进失地农户有效就业发展，既是提升其可持续生计发展能力的重要基础，同时也是推动新型城镇化与农村"四化"发展的核心内容之一。但由于不同区域农户在征地前后存在着显著的家庭劳动决策机制和模式类型的差异变化，由此导致其群体内部形成了从静态到动态的复杂多元就业结构和就业行为分化演变特征。因此，应立足于从把握和引导家庭劳动决策模式发展角度，分别从短期和长期等不同角度，提出促进失地农户就业发展的战略思路和政策建议。

①确立以"短期差异化—长期均等化"为核心的促进失地农户就业发展的战略思路定位。短期内要立足于把握不同农户征地前后的劳动决策模式的变化及其分化属性，研究差异性扶持其就业发展政策。而长期则注重积极引导和促进中低端失地农户的劳动决策模式的升级发展，构筑推动其家庭成员持续有效就业增长的良性机制和驱动力，最终实现长期就业均等化的发展目标；从长远角度，要通过不断提高失地农民的就业发展质量水平，营造失地农户"就业发展—劳动决策"的可持续良性互动效应。

②提出短期层面基于劳动决策模式分化下扶持不同失地农户就业发展的政策选择。一方面，要根据不同失地农户的劳动决策模式分化和非农化程度差异特征，明确差异性的失地农户就业发展目标。其中针对低度非农化农户，未来可向从事现代农业产业经营的职业化农民与专业农业经营者转型；而中度和高度非农化农户应积极创造条件，推动其家庭劳动决策模式层次的升级发展，不断稳固并提升其家庭成员的非农职业层次和收入水平，鼓励引导其流转农地和宅基地逐步从农业、农村彻底退出，最终融入城镇市民化。另一方面，要从家庭实际非农就业能力水平角度，分别针对低端就业型、中端就业型、高端就业型以及绝对就业贫困型等不同失地农户群体，确立短期不同的扶持就业政策思路。

③提出长期层面促进中低端失地农户劳动决策升级以推动就业均等化发

展的策略。主要建议为：一是要注重宣传引导，培育失地农户积极的劳动决策与就业发展观；二是要强化失地农户（特别是户主）的人力资本积累，构筑推动家庭劳动决策与就业升级发展的内驱力；三是以市民化能力塑造为重心，形成激励失地农户劳动决策与就业升级发展的目标效应；四是改革完善城镇化征地安置制度，为失地农户劳动决策和就业发展提供支持。具体包括：深化农村土地制度领域改革，充分重视和保障农民依法享有土地权益；将就业优先纳入城镇化与土地征用发展战略目标，为失地农户创造充分的就业发展契机；进一步改革和完善征地思路、实施流程与补偿方式等，促进失地农户形成更高层次的劳动决策行为和追求持续非农就业增长的内在激励，构筑其在城镇的可持续发展能力。

④从长远角度来看，要通过破除阻滞失地农民就业发展的制度壁垒、开展对失地农民就业技能培训与专门服务、构筑失地农民工的劳动保障体系以及强化对失地农民劳动就业中的维权保障等多种途径，不断提升失地农民的就业发展质量水平，从而有利于营造失地农户家庭"就业发展—劳动决策提升"的正反馈机制和良性互促效应。

8.2　研究不足与后续方向

受笔者的研究时间和研究条件等限制，本书还可能存在以下不足，值得进一步后续研究丰富：

一是研究内容偏向"截面式"静态分析。本书虽然基于家庭劳动决策视角，构筑了一个基于城镇化征地背景下农户劳动决策行为与模式变迁及对家庭成员就业发展之间的理论分析框架，并采集了全国不同地区农户调查数据进行了实证验证，总体符合科学研究的规范要求；但受研究条件所限，难以形成对每个失地农户基于不同阶段行为演变的系统性持续跟踪，因而研究可能具有一定的局限性。未来应尝试采用持续跟踪和驻点观察方式，特别是围绕特定农户作为稳定研究对象和样本，通过对其征地前、征地后以及"后征地"等不同阶段家庭决策意愿和行为的跟踪调研，获取连续性数据，构建研究失地农户持续动态行为的分析框架。通过对不同阶段农户劳动就业行为决策过程和结果的对比实证研究，以达到深度把握城镇化进程中这类特殊群体的劳动决策和就业发展的内在形成机制及其长期规律。

二是研究数据获取上也有所局限。首先是实证研究数据范围略窄，研究设计虽然是基于全国范围的数据采集，但由于目前缺乏有权威性的全国性失地农民全面普查资料，笔者在我国东、中、西部范围内进行了非完全随机性抽样调查，且受时间与调研条件的制约，仅获得2294份的有效问卷样本和76份访谈案例报告，特别是西部地区有效农户样本和高质量访谈案例数量偏少，存在一些数据不足。后续研究有必要进一步加强与学术同仁以及实际部门的广泛合作，跟踪各地城镇化和失地农民的最新动态，持续扩大在全国范围内（尤其是中、西部地区）调研，增加大样本数据的采集与分析，开展不同层面的区域比较研究。有利于深度揭示我国不同地域、不同经济发展水平以及不同城镇化模式下失地农户的围绕劳动供给等家庭经济决策行为、就业发展和市民化能力等分化演变特征及其影响效应，从而为有关部门针对性制定促进失地农民群体就业发展政策提供有益的决策参考。

参考文献

中文部分

[1] 贝克尔 G. 人类行为的经济学分析（新版）[M]. 上海：格致出版社，2013.

[2] 鲍海君. 论被征地农民的社会保障体系建设 [J]. 管理世界，2002（11）.

[3] 边燕杰. 社会分层与流动. 国外学者对中国研究的新进展 [M]. 北京：中国人民大学出版社，2008.

[4] 蔡昉，都阳. 劳动力流动的政治经济学 [M]. 上海：上海三联书店，2003.

[5] 陈浩，陈雪春. 城镇化进程中被征地农民就业分化与特征分析 [J]. 调研世界，2013（7）.

[6] 陈浩. 农村劳动力非农就业研究：从人力资本角度分析 [M]. 北京：中国农业出版社，2008.

[7] 陈会广. 农民职业分化、收入分化与农村土地制度选择 [J]. 经济学家，2010（4）.

[8] 陈美球，李志朋，刘桃菊，等. 失地农民市民化现状剖析与对策探索 [J]. 中国土地科学，2013，27（11）.

[9] 陈帅，葛大东. 就业风险对中国农村劳动力非农劳动供给的影响 [J]. 中国农村经济，2014（6）.

[10] 陈莹，王瑞芹. 基于农民福利视角的征地补偿安置政策绩效评价 [J]. 华中科技大学学报，2015，29（5）.

[11] 成得礼. 城乡结合部地区失地农民劳动供给的影响因素 [J]. 改革，2008（9）.

[12] 程杰. 养老保障的劳动供给效应 [J]. 经济研究，2014（10）.

[13] 程名望. 中国农村劳动力转移动因与障碍的一种解释 [J]. 经济研究，2006（4）.

[14] 崔宝玉，谢煜. 失地农户养老保障对劳动供给的影响 [J]. 中国人口资源环境，2015（12）.

[15] 丁士军，等. 失地农户收入流动及其影响因素分析 [J]. 中国人口科学，2016

（2）.

［16］丁守海，时新哲．家庭劳动供给行为研究进展［J］.经济学动态，2012（10）.

［17］丁守海．转型期中国劳动供给问题研究［M］.北京：中国环境出版社，2014.

［18］董文波，杜建国，任娟．基于演化博弈的农民工返乡创业研究［J］.华南农业大学学报（社会科学版），2013（2）.

［19］董志强，洪夏璇．行为劳动经济学：行为经济学对劳动经济学的贡献［J］.经济评论，2010（5）.

［20］都阳．劳动力迁移收入转移与贫困变化［J］.中国农村观察，2003（5）.

［21］冯晓平．阶层分化下的被征地农民风险研究［J］.中州学刊，2011（5）.

［22］弗兰克·艾利思．农民经济学：农民家庭农业和农业发展［M］.上海：上海人民出版社，2006.

［23］高铁梅．计量经济分析方法与建模［M］.2版．北京：清华大学出版社，2009.

［24］弓秀云．社会变迁中的家庭劳动供给研究［M］.北京：知识产权出版社，2010.

［25］郭继强．农民劳动供给行为的统一性解读［J］.经济学家，2008（2）.

［26］韩丹．失地农民的身份认同与城市适应［J］.社会科学辑刊，2011（2）.

［27］贺振华．劳动力迁移、土地流转与农户长期投资［J］.经济科学，2006（3）.

［28］胡鞍钢．从人口大国到人力资本大国：1980～2000［J］.人口研究，2003（2）.

［29］胡学勤．劳动经济学［M］.4版．北京：高等教育出版社，2015.

［30］黄祖辉等．中国农户家庭的劳动供给演变：人口、土地和工资［J］.中国人口科学，2012（6）.

［31］黄祖辉，汪晖．非公共利益性质的征地行为与土地发展权补偿［J］.经济研究，2002（5）.

［32］冀县卿，钱忠好．基于市民化后被征地农民视角的征地制度满意度研究［J］.中国土地科学，2011（11）.

［33］康岚．被征地农民被征用土地的意愿及其影响因素［J］.中国农村经济，2009（8）.

［34］李飞．人力资本、社会资本与被征地农民的职业获得［J］.中国农村观察，2010（6）.

［35］李飞，钟涨宝．城市化进程中失地农民的社会交往研究——基于江苏扬州两个失地农民社区的调查［J］.农村经济，2011（4）.

［36］李琴，孙良媛，等．被征地农民是自愿还是非自愿退出劳动力市场［J］.农业经济问题，2009（8）.

［37］李永友，徐楠．个体特征、制度性因素与被征地农民市民化［J］.管理世界，2011（1）.

[38] 廖少宏，宋春玲．我国农村老人的劳动供给行为［J］．人口与经济，2013（2）．

[39] 林乐芬．城市化进程中被征地农民市民化现状研究［J］．农业经济问题，2009（3）．

[40] 林乐芬．征地补偿政策效应影响因素分析［J］．中国农村经济，2012（6）．

[41] 林善浪，王健．家庭生命周期对农村劳动力转移的影响分析［J］．中国农村观察，2010（1）．

[42] 刘德海．演化博弈理论在我国农村劳动力转移中的应用分析［M］．北京：冶金工业出版社，2008．

[43] 刘靖．非农就业、母亲照料和儿童健康［J］．经济研究，2008（9）．

[44] 刘详琪，陈钊．程序公正先于货币补偿：农民征地满意度的决定［J］．管理世界，2012（2）．

[45] 刘详琪，陈钊．程序公正先于货币补偿：农民征地满意度决定［J］．管理世界，2012（2）．

[46] 刘彦随．农村土地流转何以健康前行［N］．人民日报，2015 -04 -22．

[47] 陆学艺．"三农论"：当代中国农业、农村、农民研究［M］．北京：社会科学文献出版社，2002．

[48] 罗伯特·L. 索尔索．认知心理学（中译本）［M］．北京：教育科学出版社，1998 年．

[49] 罗纳德·G. 伊兰伯格，罗伯特·S. 史密斯．现代劳动经济学：理论与公共政策［M］.10 版．刘昕，译．北京：中国人民大学出版社，2013．

[50] 马继迁，张宏如．人力资本、政治资本与失地农民的工作获得［J］．华东经济管理，2015，29（12）．

[51] 马晓河．城镇化是新时期中国经济增长的发动机［J］．国家行政学院学报，2012（8）．

[52] 牟少岩，杨学成．农民职业分化微观影响因素的实证研究——以青岛为例［J］．农业经济问题，2008（11）．

[53] 庞丽华，Scott Rozelle．中国农村老人的劳动供给研究［J］．经济学（季刊），2003（2）．

[54] 彭军，乔慧，郑风田．"一家两制"农业生产行动的农户模型分析［J］．当代经济科学，2015（6）．

[55] 钱忠好．非农就业是否必然导致农地流转［J］．中国农村经济，2008（10）．

[56] 钱忠好．农民土地产权认知、土地征用意愿与征地制度改革［J］．中国农村经济，2007（1）．

[57] 乔根·W. 威布尔．演化博弈论［M］．陈昕，译．上海：上海人民出版社，2015．

[58] 速水佑次郎．发展经济学——从贫困到富裕［M］．李周，译．北京：社会科

学文献出版社．2003．

［59］谭术魁．中国征地冲突博弈模型的构建与分析［J］．中国土地科学，2010（3）．

［60］托达罗（Todaro M P）．第三世界的经济发展［M］．北京：中国人民大学出版社，1991．

［61］汪伟．农民夫妻非农就业决策的微观基础分析［J］．中国农村经济，2010（3）．

［62］王彩芳．集中安置的失地农民社会交往与城市文化适应［J］．农业经济问题，2013（1）．

［63］王春超．中国农户就业决策的发生机制——基于农户家庭调查的理论与实证［J］．管理世界，2009（7）．

［64］王春超．转型时期中国农户经济决策行为研究中的基本理论假设［J］．经济学家，2011（1）．

［65］王晓刚．失地农民就业：现状、困境与安置模式［J］．学术论坛，2012（10）．

［66］王战，荣娇婷．城市化进程中失地农民边缘化原因探析——基于湖北省麻城市的实证研究［J］．武汉大学学报（哲学社会科学版），2015，68（4）．

［67］魏众．健康对非农就业及其工资决定的影响［J］．经济研究，2004（2）．

［68］文军，蒋逸民．质性研究概论［M］．北京：北京大学出版社，2010．

［69］吴杰，何多兴，等．基于幸福指数视角反思失地农民安置补偿问题的研究［J］．中国农学通报，2013，29（2）．

［70］吴明隆．结构方程模型——AMOS的操作与应用［M］．重庆：重庆大学出版社，2010．

［71］吴业苗．城郊农民市民化的困境与应对：一个公共服务视角的研究［J］．中国农村观察，2012（3）．

［72］西奥多·W.舒尔茨．论人力资本投资［M］．吴珠华，等译．北京：商务印书馆，1990．

［73］肖屹．土地征用中农民土地权益受损程度研究［J］．农业经济问题，2008（3）．

［74］谢勇．被征地农民就业状况及其影响因素研究［J］．农业技术经济，2010（4）．

［75］谢勇．就业稳定性与新生代农民工的城市融合研究——以江苏省为例［J］．农业经济问题，2015（9）．

［76］谢勇．土地征用、就业冲击与就业分化［J］．中国人口科学，2010（2）．

［77］许恒周．农民分化对农村土地流转影响的实证研究［J］．中国土地科学，2012（8）．

［78］杨继瑞，汪锐．征地制度的来龙去脉及其变革路线找寻［J］．改革，2014（4）．

[79] 杨磊. 资源、支持与适应: 失地农民市民化的影响因素研究——基于多样本的扎根理论分析 [J]. 华中科技大学学报 (社科版), 2016 (2).

[80] 姚先国. 农民工职业分层与人力资本约束 [J]. 浙江大学学报 (社科版), 2006 (5).

[81] 叶继红. 失地农民职业发展状况、影响因素与支持体系建构 [J]. 浙江社会科学, 2014 (8).

[82] 郁晓晖. 被征地农民的社会认同与社会建构 [J]. 中国农村观察, 2006 (1).

[83] 袁方, 蔡银莺. 城市近郊被征地农民福利变化及个体差距 [J]. 公共管理学报, 2012 (2).

[84] 约翰·M. 史密斯. 演化与博弈论 [M]. 潘香阳, 译. 上海: 复旦大学出版社, 2007.

[85] 臧俊梅, 王万茂. 农地非农化中土地增值分配与被征地农民权益保障研究 [J]. 农业经济问题, 2008 (2).

[86] 曾湘泉. 城镇化、产业结构与农村劳动力转移吸纳效率 [J]. 中国人民大学学报, 2013 (7).

[87] 张川川, John Giles, 赵耀辉. 新型农村社会养老保险政策效果评估——收入、贫困、消费、主观福利和劳动供给 [J]. 经济学季刊, 2015 (1).

[88] 张海波, 童星. 被动城市化群体城市适应性与现代性获得中的自我认同 [J]. 社会学研究, 2006 (2).

[89] 张晖. 被征地农民雇佣就业、自主创业的影响因素分析 [J]. 南京农业大学学报 (社科版), 2012 (1).

[90] 张林秀. 经济波动中农户劳动力供给行为研究 [J]. 农业经济问题, 2000 (5).

[91] 张世伟. 城市中农村迁移家庭的劳动供给行为分析 [J]. 中国人口·资源环境, 2011 (8).

[92] 张世伟, 等. 东北地区城镇家庭劳动供给行为研究——基于劳动供给离散选择模型的经验分析 [J]. 中国人口科学, 2011 (1).

[93] 张文彤. SPSS 统计分析高级教程 [M]. 2 版. 北京: 高等教育出版社, 2009.

[94] 张务伟, 张福明, 等. 农业富余劳动力转移程度与其土地处置方式的关系 [J]. 中国农村经济, 2009 (3).

[95] 赵旭. 失地农民与地方政府利益冲突的演化博弈分析 [J]. 广西大学学报, 2013 (3).

[96] 赵耀辉. 中国农村劳动力流动及教育在其中的作用 [J]. 经济研究, 1997 (2).

[97] 郑杭生. 农民市民化: 当代中国社会学的研究主题 [J]. 甘肃社会科学, 2005 (4).

[98] 钟水映. 征地安置满意度实证分析 [J]. 中国土地科学, 2008 (6).

［99］周毕芬．社会排斥视角下的失地农民权益问题分析［J］．农业经济问题，2015（4）．

［100］周波，陈昭玖．农内因素对农户非农就业的影响研究［J］．农业技术经济，2011（4）．

［101］周蕾，农民工城镇化的分层路径：基于意愿与能力匹配的研究［J］．中国农村经济，2012（9）．

［102］周业安，章泉．劳动供给研究的新进展［J］．教学与研究，2006（2）．

［103］朱冬梅．城郊失地农民就业意向、就业选择与社会支持研究［J］．城市发展研究，2008（1）．

［104］朱明芬．浙江失地农民利益保障现状调查及对策［J］．中国农村经济，2003（3）．

［105］朱晒红．新型城镇化背景下失地农民补偿安置问题——基于政府公共性缺失的视角［J］．农村经济，2014（2）．

外文部分

［1］Ali A M S. Unemployment in agriculture and opportunities for and contributions of off-farm employment to rural economy：A case study from southwestern Bangladesh［J］. Human Ecology, 1993（4）.

［2］Amelina M. Why Russian Peasants Remain in Collective Farms：A Household-Perspective on Agricultural Restructuring［J］. Social Science Electronic Publishing, 2000, 41（7）.

［3］Becker G S. Human capital：a theoretical and empirical analysis, with special reference to education［M］. 3rd. Chicago：The University of Chicago Press, 1993.

［4］Berry A. When do Agricultural Exports Help the Rural Poor? A Political-economyApproach［J］. Oxford Development Studies, 2010, 29（2）.

［5］Bhatta B P, Årethun T. Barriers to rural households' participation in low-skilled off-farm labor markets：theory and empirical results from northern Ethiopia［J］. SpringerPlus, 2013（3）.

［6］Blau P M. Ducan O D. American Ocupational structure［M］. New York：Free Press, 1978.

［7］Blume L, Rubinfeld D L, Shapiro P. The Takingof Land：When Should Compensationbe Paid?［J］. Quarterly Journal of Economics, 2001, 99（1）：71 –92.

［8］Brandt L, Huang J, Rozelle S. Land Rights in Rural China：Facts, Fictions and Issues［J］. China Journal, 2002（47）.

［9］Brencic V, Young D. Time-saving Innovations, Time Allocation, and Energy use：Evidence from Canadian Households［J］. Ecological Economics, 2009（11）.

［10］Brown A, Christy R D. Structural changes in U. S. agriculture：Implications for African American farmers［J］. The Review of Black Political Economy, 1994（29）.

[11] Butt A. Development, Dilution, and Functional Change in the Peri-Urban Landscape: What Does It Really Mean for Agriculture? [J]. FoodSecurity in Australia, 2013 (29).

[12] Chang K-L, Langelett G L. Health, Health Insurance, and Decision to Exit from Farming [J]. Journal of Family and Economic, 2011 (32).

[13] Chayanov A V. The Theory of the peasant economy [M]. Madison: University Press, 1966.

[14] Chen Y-F, Liu Y-S, Xu K-S. Characteristics and mechanism of agricultural transformation in typical rural areas of eastern China: A case study of Yucheng City, Shandong Province [J]. Chinese Geographical Science, 2010 (6).

[15] Chiappori P A, Fortin B, Lacroix G. Marriage Market, Divource Legislation, and Household Labor Supply [J]. Journal of Political Economy, 2002 (1).

[16] David M. Blau Social Security and the Labor Supply of Older Married Couples [J]. Labour Economics, 1997 (4).

[17] De Brauw A, Rozelle S. Migration and household investment in rural China [J]. China Economic Review, 2008 (19).

[18] Deininger K, Jin S. Securing Property Rights in Transition: Lessons from Implementation of China's Rural land Contracting Law [J]. Journal of Economic Behavior and Organization, 2009 (70).

[19] Fearnside P M. Land-tenure Issues as Factors in Environmental Destruction in Brazilian Amazonia: The Case of Southern Para [J]. World Development, 2001, 29 (8).

[20] Fehr E, Goette L. Do Workers Work More when Wages are High? Evidence from a Randomized Field Experiment [A]. IZA Discussion Paper No. 1002, 2004.

[21] Fischel W A, Shapiro P. A constitutional choice model of compensation for takings [J]. International Review of Law and Economics, 1999 (9): 115 −128.

[22] Gbadegesin A. Farming in the urban environment of a developing nation-a case study from Ibadan metropolis in Nigeria [J]. Environmentalist, 1991 (11).

[23] Glenn E N. Constructing Citizenship [J]. American Sociological Review, 2011, 76 (1).

[24] Goldscheider G. Urban migrants in developing nations [M]. Westview Press, 1983.

[25] Herring R J. Persistent Poverty and Path Dependency: Agrarian Reform: Lessons from the United States and India [J]. Ids Bulletin, 1999, 30 (2).

[26] Lee E S. A Theory of Migration [J]. Demography, 1966 (1).

[27] Lent R, Hackent G. Tow and unifying social cognitive theory of career behavior and performance [J]. Journal of Vocational Behavior, 1994 (45).

［28］ Lewis G J. Human Migration ［M］. London: Groom Helm Ltd. , 1982.

［29］ Lucas R E, Jr. Real Wages, Employment, and Inflation ［J］. Journal of Political Economy, 1969 （25）.

［30］ Lundberg S, Pollak R A. Bargaining and Distribution in Marriage ［J］. Journal of Economic perspective, 1996 （4）.

［31］ Lundström C, Kytzia S. Ariane WalzLinking Models of Land Use, Resources, and Economy to Simulate the Development of Mountain Regions ［J］. Environmental Management, 2007 （28）.

［32］ Marshall T H. Citizenship and Social Class ［M］. UK: Pluto Press, 1987.

［33］ Masuo D M, Walker R, Furry M M. Home-based workers: Worker and work characteristics ［J］. Journal of Family and Economic, 1992 （3）.

［34］ Ndhleve S, Musemwa L. Rural household sources of income, livelihoods strategies and institutional constraints in different commodity contexts ［J］. Institutional constraints to small farmer, 2011 （10）.

［35］ Nosal E. The taking of land: Market value compensation should be paid ［J］. Journal of Public Economics, 2001, 82 （3）: 431 −443.

［36］ Okamoto K, Sharifi A. The Impact of Urbanization on Land Use and the Changing Role of Forests in Vientiane ［J］. Integrated Studies of Social and Natural Environmental Transition in Laos, 2014 （29）.

［37］ Ott N. Intrafmily Bargaining and Household Decisions ［M］. New York: Springer, 1992.

［38］ Partridge M D. Part-time workers and economic expansion: comparing the 1980s and 1990s with U. S. state data ［J］. Papers in Regional Science, 2003 （82）.

［39］ Shaw K. Life-cycle Labour Supply with Human Capital Accumulation ［J］. International Economic Reviews, 1989 （2）.

［40］ Shittu A M. Off-farm labour supply and production efficiency of farm household in rural Southwest Nigeria ［J］. Agricultural and Food Economics, 2014 （6）.

［41］ Sicular T, Ximing Y, et al. The Urban-Rural Income Gap and Inequality in China ［J］. Review of Income and Wealth, 2007, 53 （1）.

［42］ Singh I, Squire J, Strauss J. Agricultural Household Models: Extension, Applications, and Policy ［M］. The John Hopkins University Press, 1986.

［43］ Smetschka B, Gaube V, Lutz J. Working Time of Farm Women and Small-Scale Sustainable Farming in Austria ［J］. Ester Boserup's Legacy on Sustainability, 2014 （2）.

［44］ Stark O. The Migration of Labor ［M］. Cambridge, MA: Blackwell, 1990.

［45］ Talyor P D, Jonker L B. Evolutionary Stable Strategies and Game Dynamics ［M］. Mathematical Biosciences, 1978 （40）.

［46］Turner B S. Outline of aTheory of Citizenship ［J］. Sociology, 1990, 24 (24):
189 −217.

［47］Webull J W. Evolutionary Game Theory ［M］. Cambridge, MA: MIT Press,
1995.

［48］Wozniak P J, Scholl K K. Employment motivations of farm spouses ［J］. Life-
styles, 1990 (8).